HORIZONTE 8

Geschichte Realschule Bayern

Autorinnen und Autoren

Dr. Elmar Geus
Dr. Christian Höpfner
Thomas Kuban
Ulrike Lohse
Dr. Ruth Stepper
Reinhard Trummer
Marc Weippert
Andrea Wellenhofer

mit Beiträgen von:

Dr. Ulrich Baumgärtner
Gregor Meilchen
Gabriele Reißmann

Umschlagabbildungen
Vorderseite: Ruhmeshalle mit Bavaria, heutiges Foto
Karte: Liberale und nationale Aufstände in Europa (1830–49)
Rückseite: Einzug Ludwigs XIV. in Arras am 20. Juli 1667, Gemälde 1667

© 2010 Bildungshaus Schulbuchverlage
Westermann Schroedel Diesterweg Schöningh Winklers GmbH, Braunschweig
www.westermann.de

Das Werk und seine Teile sind urheberrechtlich geschützt. Jede Nutzung in anderen als den gesetzlich zugelassenen Fällen bedarf der vorherigen schriftlichen Einwilligung des Verlages. Hinweis zu § 52a UrhG: Weder das Werk noch seine Teile dürfen ohne eine solche Einwilligung gescannt und in ein Netzwerk eingestellt werden. Das gilt auch für Intranets von Schulen und sonstigen Bildungseinrichtungen.
Auf verschiedenen Seiten dieses Buches befinden sich Verweise (Links) auf Internet-Adressen.
Haftungshinweis: Trotz sorgfältiger inhaltlicher Kontrolle wird die Haftung für die Inhalte der externen Seiten ausgeschlossen. Für den Inhalt dieser externen Seiten sind ausschließlich deren Betreiber verantwortlich. Sollten Sie bei dem angegebenen Inhalt des Anbieters dieser Seite auf kostenpflichtige, illegale oder anstößige Inhalte treffen, so bedauern wir dies ausdrücklich und bitten Sie, uns umgehend per E-Mail davon in Kenntnis zu setzen, damit beim Nachdruck der Verweis gelöscht wird.

Druck A^3 / Jahr 2014
Alle Drucke der Serie A sind im Unterricht parallel verwendbar.

Redaktion: Jörg Musiol
Herstellung: Andreas Losse
Umschlaggestaltung: Klaxgestaltung, Braunschweig
Typografie: Hannes Thies, Thomas Schröder
Satz: PixelParc GmbH Mediendesign, Landau
Druck und Bindung: westermann druck GmbH, Braunschweig

ISBN 978-3-14-**112088**-2

Inhalt

1. Europa und die frühneuzeitliche Staatenbildung ... 6

In Europa bilden sich Staaten ... 8
Der König gewinnt an Macht ... 10
Selbstdarstellung eines Königs ... 14
Mehr Geld für den Staat ... 18
Krieg und Streben nach Vormacht ... 22
Das Heilige Römische Reich 1648 bis 1806 ... 26
Eine neue Großmacht in Europa: Preußen ... 30
Der Staat Friedrichs II. wird zum Vorbild ... 34
Methode: Umgang mit Quellen ... 38
England: Gesellschaft und Wirtschaft verändern sich ... 40
Das englische Parlament gewinnt an Einfluss ... 44
Zusammenfassung ... 48

2. Prägung Europas durch Barock und Aufklärung   50

Die Erfindung eines neuen Stils – das Barockzeitalter ... 52
Den Herrscher loben – Kunst, die Macht ausdrückt ... 56
Methode: Umgang mit Architektur ... 60
Aufklärung? – Im Geschichtsunterricht! ... 62
Was ist der Mensch? ... 66
Methode: Texte exzerpieren ... 70
Aufklärung und Absolutismus ... 72
Alltag der Menschen in der vorindustriellen Gesellschaft ... 76
Ausgrenzen und Strafen ... 80
Infrastruktur und Information ... 82
Zusammenfassung ... 84

3. Barock als Kunst- und Kulturepoche der Heimatregion ... 86

„Über allen Schlössern" – die Residenz in Würzburg ... 88
Die ganze Welt in einem Bild ... 92
Fürstenglanz und Gott zum Ruhm – Barock in Bayern ... 94

4. Thematischer Querschnitt: Die Rolle der Frau in der vorindustriellen Gesellschaft ... 96

Frauen im Wandel der Zeiten ... 98
Maria Ward ... 100
Markgräfin Wilhelmine von Bayreuth ... 102
Rahel Varnhagen ... 104
Methode: Im Internet recherchieren ... 106

Inhalt

5. Grundlagen der Moderne 108

Voraussetzungen der Industriellen Revolution
in England 110
Die Industrielle Revolution in England 114
Die Besiedlung Nordamerikas 118
Der Weg der Kolonien in die Unabhängigkeit ... 122
Die amerikanische Verfassung 126
Rechtmäßige Eigentümer ohne Land 128
Frankreich steht vor großen Veränderungen ... 132
1789 – in Frankreich wird alles auf den Kopf gestellt . 136
Die Revolution geht weiter – Frankreich von 1789–91 140
Methode: Umgang mit Strukturbildern 144
Die Revolution hat viele Gesichter –
Frankreich von 1791–99 146
Die Bedeutung der Französischen Revolution ... 152
Napoleons Weg zur Macht 154
Methode: Umgang mit Historiengemälden 158
Napoleon verändert Europa 160
Bayern wird Königreich 164
Das Ende Napoleons 166
Zusammenfassung 170

6. Der Widerstreit zwischen Restauration und Emanzipation 172

Die Wiederherstellung der alten Ordnung 174
Enttäuschte Hoffnungen 178
Methode: Umgang mit Karikaturen 182
Wirtschaftliche Veränderungen im Deutschen Bund .. 184
Die deutsche Revolution von 1848 188
Der Traum von Einheit und Freiheit 192
Der Traum zerplatzt 196
Bayern unter Ludwig I. 198
Zusammenfassung 202

7. Thematischer Rückblick: Kriegs- und Notzeiten 204

Not prägt das Leben in Bayern 206
Gegen den Hunger 210

Inhalt

Minilexikon 214

Register 219

Quellenverzeichnis 221

Bildquellenverzeichnis 223

Methodenseiten im Überblick:

Umgang mit Quellen	38
Umgang mit Architektur	60
Texte exzerpieren	70
Im Internet recherchieren	106
Umgang mit Strukturbildern	144
Umgang mit Historiengemälden	158
Umgang mit Karikaturen	182

Hinweiszeichen

In diesem Buch findest du verschiedene Hinweiszeichen, die dir helfen, dich in deinem Geschichtsbuch zurechtzufinden.

Manche Wörter sind **fett** gedruckt. Diese Begriffe werden im Minilexikon näher erklärt.

Alle Begriffe, die auf den jeweiligen Zusammenfassungsseiten der Kapitel **fett** gedruckt sind, gehören zum sogenannten Grundwissen. Im Minilexikon werden diese Wörter farbig **hervorgehoben**.

Einige Wörter sind *kursiv* geschrieben. Sie werden am Rand der jeweiligen Seite erklärt.

M Der Buchstabe **M** bezeichnet alle Materialien, die den Text ergänzen und mithilfe der Arbeitsaufgaben erschlossen werden. **M** kann ein Bild, eine Karte, ein Diagramm, eine Zeichnung oder eine Textquelle sein.

Die Lupe kennzeichnet Aufgaben, die nicht allein mit den Materialien der Seite gelöst werden können. Hier musst du selbst Dinge erforschen oder erkunden.

1. Europa und die frühneuzeitliche Staatenbildung

Schloss Versailles

Europa im Zeitalter des Absolutismus

Parlament in London

Friedrich II.

Maria Theresia

Europa und die frühneuzeitliche Staatenbildung

M 1 **Kirche St. Martin in Bamberg,** erbaut zwischen 1686 und 1693

M 2 **Domplatz mit Neuer Residenz des Bamberger Fürstbischofes,** erbaut zwischen 1697 und 1703

M 3 **Bürgerhaus in Bamberg** Es war das Wohnhaus eines sehr wohlhabenden Beamten am Hofe des Fürstbischofes. Es wurde 1713 erbaut.

In Europa bilden sich Staaten

Nach dem Dreißigjährigen Krieg
Im Jahr 1648 war der Dreißigjährige Krieg mit dem Westfälischen Frieden beendet worden. Katholische und protestantische Gebiete standen nun im Heiligen Römischen Reich gleichberechtigt nebeneinander. Der römisch-deutsche Kaiser hatte durch den Krieg an Macht und Einfluss verloren: im Reich an die vielen kleinen Fürsten, die im Frieden eine bevorzugte Stellung erhielten, und in Europa an Frankreich und Schweden, die nun führende Mächte waren.

Übereinstimmende Kennzeichen der Epoche
In der historischen Wissenschaft beschreiben die Historiker die Frühe Neuzeit häufig als die Zeit der Staatenbildung und fassen damit mehrere Erscheinungen und Entwicklungen zusammen, die in der Epoche fast zeitgleich zu beobachten sind:
- In Europa nahm eine Vielzahl von Staaten wie unter anderem Frankreich, England oder Schweden ihre heute bekannte äußere Gestalt an.
- Es festigten sich die Regeln, nach denen z. B. König und Adel oder König und Parlament gemeinsam über das Land herrschten.
- Durch ein dichtes Netz von einheitlichen Behörden und eine einheitliche Rechtsordnung konnten die Gebiete von den Herrschern einfacher und zentral verwaltet werden.

Die zunehmende Kontrolle des eigenen Herrschaftsgebietes durch den jeweiligen Fürsten ist ein sehr typisches Kennzeichen der Gesamtepoche und der Staatenbildung. Gewöhnlich erstreckte sich diese über einen langen Zeitraum, wurde aber durch den Westfälischen Frieden beschleunigt. Jedes der vielen deutschen Gebiete entwickelte sich nun zu einem eigenen kleinen Staat.

Eine festgefügte Ständeordnung
Die Gedankenwelt des Mittelalters hatte bereits in der Renaissance eine große Veränderung erfahren. Der Mensch und seine Lebenswelt waren anstelle der Bibel und der Religion in den Mittelpunkt gerückt. Seitdem orientierten sich die Gelehrten bei der Erforschung der Natur an wissenschaftlichen Methoden und gewannen neue Erkenntnisse.

Für die einfachen Menschen, die Bauern und Handwerker in den Dörfern und Städten, veränderte sich hingegen nur wenig. Für sie blieb das Leben von der Abhängigkeit vom Grundherren geprägt.

An der Spitze der Gesellschaft standen nach wie vor der Klerus und der Adel, die über Land und Leute herrschten: über die Handwerker, Kaufleute und Bürger in den Städten ebenso wie über die Bauern und übrigen Menschen, die auf dem Land lebten. Noch entschied allein die Geburt über den Stand und man konnte diese gesellschaftlichen Beschränkungen nicht überwinden. Innerhalb des Bürgertums wurden aber persönliche Leistung, Fertigkeiten, Wissen und wirtschaftlicher Erfolg zu wichtigen Werten. Die reichen Bürger zeigten dies unter anderem im Zierschmuck ihrer schlossartigen Häuser. Die Frühe Neuzeit wird auch dadurch geprägt, dass die Bürger in vielen Ländern politische Mitsprache und Mitbestimmung einforderten.

M 4 Dialektkarte zum heutigen Bayern

Aufgaben

1. Fasse die Ergebnisse des Dreißigjährigen Krieges in eigenen Worten zusammen.
2. Benenne die typischen Kennzeichen eines frühneuzeitlichen Staates.
3. a) Ordne deine Region dem jeweiligen Dialektgebiet zu. → M4
   b) Erkläre, warum es im modernen Bayern keinen einheitlichen Dialekt gibt.
4. 🔍 Ermittle typische Dialektbezeichnungen deiner und angrenzender Regionen (z. B. für das Wort Kartoffel).

Europa und die frühneuzeitliche Staatenbildung

Der König gewinnt an Macht

Ein milder Maitag im Jahr 1670: Der König lässt seine prachtvollen Kutschen bereit machen, erlesene Speisen heranschaffen, denn **Ludwig XIV.**, König von Frankreich, möchte einen Ausflug machen. Selbstverständlich haben sich die meisten Adligen versammelt, um den Herrscher zu begleiten. Zahlreiche seiner 3000 Reiter sind vor Ort und warten auf den Befehl zum Aufbruch. Mehrere Hundert Diener stehen bereit, dem König jeden Wunsch zu erfüllen. In kaum zu überbietendem Aufwand lebt Ludwig: Ausflüge, Tanzveranstaltungen, Theateraufführungen, Luxus: alle Tage ein nicht endendes Fest.

Ein Kind auf dem Thron

Ludwig XIV. wurde 1643 König von Frankreich. Da er erst vier Jahre alt war, erledigte der Kardinal Jules Mazarin als leitender Minister die Regierungsgeschäfte. Für Frankreich hatte sich der Einsatz im Dreißigjährigen Krieg gelohnt. Als einheitliches, nicht zersplittertes Land stieg es zur Kontinentalmacht auf. Aber die Menschen litten immer noch unter den Folgen des Krieges. Die Lebensmittelpreise waren hoch und die Bevölkerung unzufrieden. Innenpolitisch bekämpfte der Kardinal die „Fronde". Dabei handelte es sich um ein lockeres Bündnis von Parlamentariern, Bürgern und Adligen gegen den König und den Kardinal. Im August 1648 musste sogar ein bewaffneter Aufstand in Paris niedergeschlagen werden.

Innenpolitisch gelang es Mazarin, die Macht des Königs zu erweitern und das Mitspracherecht der Stände, also des Adels, einzudämmen. Er verfolgte drei Ziele, die er für die Krone durchsetzen wollte:
- Niederwerfung des rebellischen Adels und der Fronde,
- Vernichtung des protestantischen Einflusses,
- weitere Stärkung Frankreichs in Europa.

M 1 Ludwig XIV. als Kind
Gemälde von 1645

M 2 Der Hofstaat unterwegs

„Der Staat bin ich"

1661 starb Mazarin und Ludwig, inzwischen 22 Jahre alt, übernahm die Herrschaft in Frankreich. Alle erwarteten die Ernennung eines neuen leitenden Ministers, doch Ludwig wollte allein entscheiden. Der König sollte die ganze Macht haben und ein absoluter Herrscher sein.

Absolut kommt aus dem Lateinischen „absolutus" und bedeutet „uneingeschränkt", „losgelöst", denn der König steht über dem Gesetz. Das bedeutet nicht, dass er sich nicht an die Gesetze halten muss, sondern dass er sie nach seinen Vorstellungen beschließen und verändern kann. Seine Macht ist von Gott gegeben, daher ist er keinem Menschen Rechenschaft schuldig. Dies wird als **„Gottesgnadentum"** bezeichnet. Diese Auffassung wurde von der katholischen Kirche unterstützt. Zwar waren derartige Gedanken nicht neu, aber Ludwig interpretierte sie neu und radikaler als zuvor.

Erste Maßnahmen als Herrscher

Eifrig machte sich Ludwig daran, seine Gedanken in die Praxis umzusetzen. Kern des **Absolutismus** ist die Alleinregierung. Daher wurde als Erstes die Regierungsspitze verändert. Nun gab es keinen Ersten Minister mehr und nur noch wenige Ratgeber. Je einen für Finanzen, für Außenpolitik und für das Kriegswesen. Damit wollte der König den Einfluss des Adels ausschalten, denn ein kleiner Kreis ist leichter zu lenken und zu überprüfen. Außerdem gelangt er schneller zu Entscheidungen. Ludwig ließ sich jede Anordnung seiner ihm untergebenen Minister vorlegen, um die letzte Kontrolle zu haben.

Danach reformierte Ludwig die Verwaltung der Provinzen und setzte sogenannte „Intendanten" ein. Dies waren Verwaltungsfachleute aus dem Bürgertum, die seine Anordnungen vor Ort durchsetzten und die Eintreibung der Steuern überwachten.

Auch gelang es ihm, allmählich die bestehenden Vertretungen des Volkes zu entmachten. Der König war nun oberster Richter und Gesetzgeber, ihm unterstanden die Gerichtshöfe in den Provinzen. Wenn jemand dort zu mächtig wurde, schickte der König einen Haftbefehl oder die Entlassung.

Neben einer straffen Verwaltung, einer gut funktionierenden Wirtschaft beruhte Ludwigs Absolutismus auf der Kontrolle des Adels. Ein weiterer Punkt war das stehende (also ständig bereite) Heer, das der König aufbaute. Ludwig konnte seine Vorstellungen durchsetzen, weil:
- er auf eine neue Art regierte (wenige Spezialisten statt vieler),
- Fachkräfte vor Ort seine Befehle durchsetzten (Intendanten),
- der Adel durch wirtschaftliche Krisen mit dem König zusammenarbeiten musste und
- er mit dem stehenden Heer über mehr Macht verfügte.

M 3 Ludwig XIV., Stich von 1664

Vorteile
+ ständig kampfbereit
+ besserer Zustand der Armee
+ bessere Ausbildung der Soldaten
+ gut zur Machtdemonstration

Nachteile
− teuer
− ständige Kosten
− neue Macht neben dem König

M 4 Stehendes Heer

Aufgaben

1. Erläutere Ludwigs Absolutismus. Auf welchen Grundgedanken ruht er?
2. Erkläre mit eigenen Worten den Begriff „Gottesgnadentum".
3. Betrachte die Bilder: Woran kann man Ludwigs Macht erkennen? → M1, M2, M3
4. Beurteile die Vor- und Nachteile eines stehenden Heeres vor dem Hintergrund des Absolutismus. → M4

Europa und die frühneuzeitliche Staatenbildung

M 5 Aufstand der Fronde
Das Volk erhebt sich in Paris gegen das absolutistische Königtum. Zeitgenössischer Holzstich

M 6 Jacques-Bénigne Bossuet: Die Politik nach den Worten der Heiligen Schrift

Bossuet war ein einflussreicher Geschichtsschreiber und Theologe. Er verfasste ein Buch, welches das absolutistische Königtum erläutert.

Wir haben schon gesehen, dass jede Gewalt von Gott kommt. [...] Die Fürsten handeln also als Gottes Diener und Statthalter auf Erden. Durch sie übt er seine Herrschaft aus. [...] Deshalb ist, wie wir gesehen haben, der königliche Thron nicht der Thron eines Menschen, sondern Gottes selber. [...]
Die königliche Gewalt ist also absolut. [...] Niemand kann nach dem, was wir ausgeführt haben, daran zweifeln, dass der ganze Staat in der Person des Fürsten verkörpert ist. Bei ihm liegt die Gewalt. In ihm ist der ganze Wille des Volkes wirksam. Ihm allein kommt es zu, alle Kräfte zum Wohl des Ganzen zusammenzufassen. Man muss den Dienst, den man den Fürsten schuldet, und den, den man dem Staate schuldig ist, als untrennbare Dinge ansehen.

Geschichte in Quellen, Bd. 3. S. 451

M 7 Jean Bodin: Die Souveränität

Bereits vor Ludwig XIV. schrieb Bodin im 16. Jahrhundert über die Macht im Staat.

Souveränität ist die absolute und dauernde Macht eines Staates [...] und bedeutet so viel wie „höchste Befehlsgewalt". [...]
Nur den göttlichen und natürlichen Gesetzen sind alle Herrscher der Welt unterworfen, und es liegt nicht in ihrem Ermessen, dagegen zu verstoßen, wenn sie nicht des Verbrechens der Beleidigung der göttlichen Majestät schuldig werden und sich gegen Gott auflehnen wollen. [...]
Daher bleibt unser Grundsatz bestehen: Der Fürst ist weder seinen Gesetzen noch denen seiner Vorgänger unterworfen, wohl aber den von ihm eingegangenen rechtmäßigen und billigen Abmachungen. [...]
Ist der souveräne Herrscher den Ständen unterworfen, so ist er weder Herrscher noch souverän, und der Staat weder ein Königreich noch eine Monarchie, sondern eine reine Aristokratie mit mehreren, an Macht gleichen Herren [...].

Geschichte in Quellen, Bd. 3. S. 257 ff.

M 8 Ludwig XIV. über seine Grundsätze

Ludwig XIV. begründet für seine Nachfolger sein Handeln folgendermaßen:

Was die Personen betrifft, die mir bei meiner Arbeit behilflich sein sollten, so habe ich mich [...] entschlossen, keinen Premierminister mehr in meinen Dienst zu nehmen. [...] Es war also nötig, mein Vertrauen und die Ausführung meiner Befehle zu teilen, ohne sie ganz und ungeteilt zu geben, indem man den verschiedenen Personen verschiedene Angelegenheiten gemäß ihren besonderen Fähigkeiten übertrug. Dies ist vielleicht das Erste und Wichtigste, was ein Herrscher können muss. Ich entschloss mich noch zu einem weiteren Schritt. Ich wollte die oberste Leitung ganz allein in meiner Hand zusammenfassen.

Geschichte in Quellen, Bd. 3. S. 426

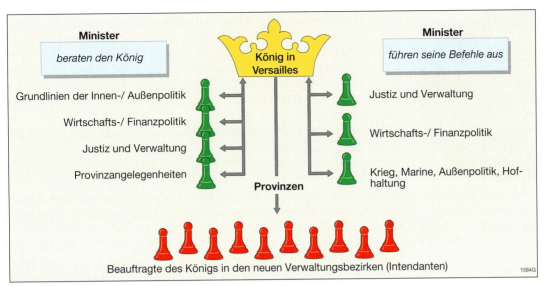

M 9 Regierung und Verwaltung unter Ludwig XIV.

M 10 Ludwig XIV. mit dem obersten Staatsrat

Zur Linken des Königs (1) und hinter ihm stehen sein Sohn (2), sein Bruder (3) sowie sein Vetter, der Prinz von Condé (4). Zu seiner Rechten stehen die Mitglieder des Staatsrates, unter ihnen der Finanzminister Colbert (5), der Kanzler Le Tellier (6) und der Kriegsminister Louvois (7).

Aufgaben

1. Nenne mögliche Gründe für den Aufstand der Fronde. → M5
2. Erläutere den Absolutismus mit eigenen Worten. → M6, M7
3. Beschreibe den Aufbau des absolutistischen Staates. → M8, M9, M10

Selbstdarstellung eines Königs

Wohin man auch sieht …

Zeit seines Lebens hat sich Ludwig als König verherrlichen lassen, was auf vielfältige Weise geschah. Medaillen, Porträts, Reiterstatuen, Schlösser, alles hatte nur den einen Zweck: den Ruhm des Herrschers zu vermehren.

Bereits bei der Geburt wurde am Bild Ludwigs gearbeitet. Schon die ersten Gemälde zeigten ihn mit den Herrscherinsignien, die seinen herausragenden Rang allen zeigen sollte. Auch die Dichtkunst lieferte Beiträge zur Verherrlichung des Königs. So lobte ein Gedicht den König mit 58 Adjektiven wie z. B. klug, unsterblich, fromm. Durch viele Aufträge förderte Ludwig Literatur, Kunst und Wissenschaft, aber jedes Werk musste ihn bejubeln.

In dieser Zeit war die Sonne ein beliebtes Symbol für die Darstellung der Macht. Mit ihr wurde die uneingeschränkte Größe des Herrschers verglichen, allein die im Zentrum stehende Sonne gibt Licht, Wärme und Leben. Ludwig sah sich als Sonne für Frankreich und nannte sich deshalb **Sonnenkönig.** Auf vielen Bildern und Zeichnungen findet man die Sonne als Symbol für den König.

M 1 **Die Sonne als Symbol des Königs,** Wanddekoration aus den Gemächern Ludwigs XIV.

Versailles – Bühne für den König

Das Schloss **Versailles** wurde als Schauplatz der Verherrlichung errichtet. Alles, auch die riesige Gartenanlage, diente dem Ruhm des Königs, der in Gemälden, Statuen und Brunnenfiguren dargestellt wurde.

Versailles war ursprünglich ein kleines Jagdschloss in einem sumpfigen Gebiet am Rande von Paris. Ludwig XIV. baute Versailles zu einem prächtigen Schloss aus und machte es zum Zentrum seines Landes.

Die Kosten waren extrem hoch, denn Ludwig ließ nur die teuersten Materialien verwenden. Bis zu seinem Tod arbeitete man an Versailles, zeitweise waren 36 000 Arbeiter auf der Baustelle unter körperlich harten Bedingungen beschäftigt.

M 2 **Die Baustelle von Versailles**

M 3 **Ludwig heilt Kranke,** zeitgenössisches Gemälde

M 4 **Schlafzimmer Ludwigs XIV.**

Versailles: Zentrum der Macht

Alles ist in Versailles auf die Mitte des 415 Meter langen Schlosses ausgerichtet, wo das Schlafzimmer und die Arbeitsräume des Königs liegen. Daneben gab es insgesamt über 2000 Räume. Seit 1682 war Versailles der offizielle Regierungssitz, an dem Ludwig auf seinem Thron auch ausländische Abgesandte empfing. Hier wurden alle Entscheidungen getroffen und die Adligen mussten vor Ort sein, wollten sie nicht ihren letzten Einfluss auf den König verlieren. So waren sie gezwungen, nach Versailles zu ziehen, wo sie viel Geld für das teure Hofleben ausgeben mussten. Ludwig gelang es dadurch, den Adel zu entmachten.

Das Leben des Monarchen fand wie auf einer Bühne statt. Ludwig XIV. lebte dabei wie in einem goldenen Käfig. Niemand konnte sich dem strengen **Hofzeremoniell** entziehen, jeder musste sich an die genauen Vorschriften halten. Dies galt auch für den Tagesablauf, der genau vorgeschrieben war und wie ein Theaterstück mit immer denselben Schauspielern ablief: vom Aufstehen und Anziehen über das Empfangen von Bittstellern und Ministern bis zu Abendvergnügungen wie Tanzbälle, Billardspiele und Theateraufführungen. Natürlich durften auch luxuriöse Festessen nicht fehlen. Alles in allem lebten schließlich 20000 Menschen in diesem Hofstaat, darunter allein 7000 Diener.

Alles drehte sich in Versailles um den König. Ein Diener bewachte ständig Ludwigs Bett, auch wenn er nicht darin lag, und sorgte dafür, dass jeder es ehrfürchtig grüßte. Dies galt auch für die großen Porträts, denen man nicht den Rücken zuwenden durfte. Man musste rückwärts und gebückt das Zimmer verlassen.

Der König: Bild und Realität

Die Öffentlichkeit sah den König nie ohne seine Perücke. Diese machte ihn größer, denn Ludwig war nur 1,60 m groß. Deshalb trug er auch Absatzschuhe.

Um 1685 hatte er durch Operationen viele Zähne verloren. Solche Mängel kamen auf Bildern nicht vor, nach außen hin wurde nur das Bild des prächtigen, absolutistischen Herrschers vermittelt. Ludwigs Lebensweise und Regierungsstil wurden zum Vorbild seiner Zeitgenossen. Die europäischen Fürsten eiferten ihm nach, trugen Perücken, ließen Schlösser bauen und versuchten, in gleicher Pracht und so uneingeschränkt wie er zu herrschen.

Aufgaben

1. a) Zeige auf, welche politischen Absichten hinter Ludwigs Selbstdarstellung steckten.
   → M1, M3
   b) Vergleiche die Selbstdarstellung mit der Realität.
   c) 🔍 Gibt es auch heute Menschen mit ähnlicher Darstellung in der Öffentlichkeit? Beschreibe Gemeinsamkeiten.
2. Erkläre mit eigenen Worten den Begriff „Sonnenkönig". → M1
3. Erläutere die Bedeutung von Versailles für Ludwigs Politik. → M2, M4
4. Schreibe einen Brief eines Fürsten an einen Verwandten und gehe dabei auf mögliche Ereignisse am Hof Ludwigs ein (z. B. Jagd, Ball, Theater).

Europa und die frühneuzeitliche Staatenbildung

M 5 Die Baustelle

Der Brief einer Gräfin zeigt 1678 die Schattenseiten der Arbeiten in Versailles.

Der König will sich am Samstag nach Versailles begeben, aber es scheint, dass Gott es nicht will, wegen der Unmöglichkeit die Gebäude in einen Zustand zu bringen, um ihn empfangen zu können, und wegen der übermäßigen Sterblichkeit der Arbeiter, deren man jede Nacht, wie aus dem Hôtel-Dieu [Krankenhaus], Karrenladungen voll Toter fortführt. Man hält diesen traurigen Zug geheim, um die Bauhütten [Arbeiter] nicht zu erschrecken.

Ziegler, Gilette (Hg.): Der Hof Ludwigs XIV. in Augenzeugenberichten. S. 28 f.

M 6 Am Hof in Versailles

Brief Liselottes von der Pfalz, vermählt mit dem Bruder von Ludwig XIV., an die Herzogin von Hannover, 22.05.1675:

Dabei stehet man hier erstlich um halb elf auf, gegen zwölf geht man in die Mess, nach der Mess schwätzt man mit denen, so sich bei der Mess einfunden; gegen zwei geht man zur Tafel. Nach der Tafel kommen Damens; dieses währet bis um halb sechs, hernach kommen alle Mannsleute von Qualität, so hier sein; dann spielt Monsieur à la bassette [ein Glücksspiel mit Karten] und ich muss an einer anderen Tafel spielen […] oder ich muss die übrigen in die Opéra führen, welche bis neun währt. Wann ich von der Opéra komme, dann muss ich wieder spielen bis um zehn oder halb elf, dann zu Bett. Da können Euer Liebden denken, wie viel Zeit mir übrig bleibt.

Krieger, H.: Materialien für den Geschichtsunterricht, Bd. IV. S. 132

M 7 Die Sonne als Symbol des Königs

In seinem politischen Testament schreibt Ludwig XIV. über die Sonne als Symbol.

Ich meinte, das Sinnbild müsse, ohne sich bei untergeordneten Dingen aufzuhalten, an die Pflichten eines Fürsten erinnern und so mich immerdar mahnen, sie zu erfüllen. Man wählte das Bild der Sonne, welches nach den Regeln der Kunst das vornehmste von allen ist. Die Sonne stellt das lebendigste und schönste Muster für einen großen Monarchen vor [dar], weil sie einzig in ihrer Art ist und ihren Glanz den anderen Gestirnen mitteilt, von denen sie wie von einem Hofstaate umgeben wird. Unparteilich spendet sie ihr Licht allen Weltgegenden, überall weckt sie Leben und Freude durch die regelmäßig ruhige Bewegung, in welcher sie stillzustehen scheint, überall und immerdar sich selbst gleich.

Das politische Testament Ludwigs XIV.; zit. n.: Schmitt, Eberhard; Volkmann, Herbert: Absolutismus und Französische Revolution, Schülerband. S. 24

M 8 Eine historische Studie. Englische Zeichnung aus dem 17. Jh.

M 9 Ludwig XIV.
In seinem berühmten Gemälde zeigt Hyacinthe Rigaud um 1700 den König in kostbarem Hermelin.

Aufgaben

1. Vergleiche die Pracht des Königs mit dem Alltag der Arbeiter. → M5, M9
2. Beschreibe den Tagesablauf am Hofe Ludwigs XIV. → M6
3. Betrachte die Zeichnung und stelle Vermutungen über die Absicht des Künstlers an. → M8
4. Erstelle eine Mind-Map zum Gemälde mit den Begriffen Kleidung, Krönungsinsignien und deren Bedeutung. → M9
   Orientiere dich an der Methode „Umgang mit Historiengemälden". → S. 158
5. 🔍 Zeige Ähnlichkeiten zwischen dem gewünschten Bild des Königs und heutiger Werbung.

Europa und die frühneuzeitliche Staatenbildung

Mehr Geld für den Staat

Frankreich kurbelt seine Wirtschaft an

Ludwig XIV. führte einen aufwändigen Lebensstil, der immer mehr Geld erforderte. Finanzminister Colbert musste deshalb ständig mehr Geld für seinen König heranschaffen. Im Mittelpunkt seiner Bemühungen stand die Weiterentwicklung der Wirtschaft, die mehr Gewinn erwirtschaften sollte. Dabei waren ihm folgende Punkte besonders wichtig:
- ein besseres, ertragreicheres Steuersystem durchzusetzen,
- die Zölle, Maße, Gewichte und Münzen zu vereinheitlichen,
- Schutzzölle gegen ausländische Waren zu errichten,
- fortschrittliche Produktionsmethoden zu übernehmen,
- Häfen auszubauen,
- den Canal du Midi (Verbindung von Mittelmeer zum Atlantik) zu errichten.

All diese Überlegungen folgten einem wichtigen Grundsatz: Ziel war es, einerseits möglichst viel Geld durch den Verkauf von Waren ins Ausland zu bekommen. Andererseits galt es aber, selbst möglichst wenig Geld durch den Ankauf von Waren im Ausland auszugeben. Dafür griff der Staat ganz gezielt in die Herstellung von Gütern und den Handel ein.

Diese Wirtschaftsform nennt man **Merkantilismus**. Als Generalkontrolleur der Finanzen war Colbert sicherlich einer der einflussreichsten Männer Frankreichs. Ihm gelang es 1664 die Zölle in der Mitte und im Norden Frankreichs abzuschaffen. Dadurch konnte die Wirtschaft angekurbelt und gleichzeitig ein entscheidender Schritt auf dem Weg zu einem Zentralstaat geleistet werden.

M 1 Jean Baptiste Colbert, Gemälde von 1667

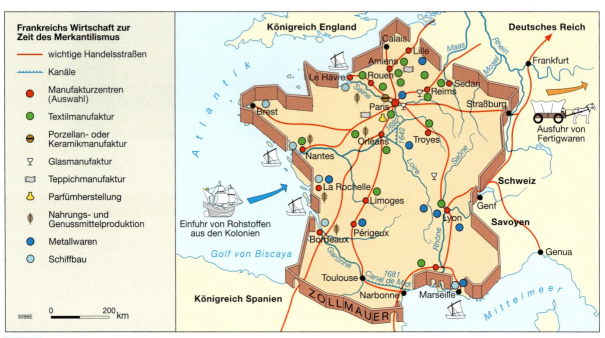

M 2 Das System des Merkantilismus

18

„Manufaktur ist ein Ort, an dem mehrere Arbeiter und Handwerker zusammenkommen, um bei derselben Art von Arbeit zusammenzuwirken."

M 3 Definition aus einem Lexikon von 1761

M 4 **St. Louis Cathedral,** im French Quarter von St. Louis

M 5 **Schleuse des Canal du Midi.** Der Kanal war das größte Bauwerk, das in jener Zeit errichtet wurde. Heutiges Foto

Manufakturen: schneller mehr produzieren

In den **Manufakturen** wurde die Produktion einer bestimmten Ware in Einzeltätigkeiten zerlegt und an die Mitarbeiter verteilt. Ein Arbeiter stellte zum Beispiel bei einem Stuhl die Lehnen her, ein anderer die Beine und ein weiterer die Sitzfläche. Damit konnte man schneller mehr produzieren. Wichtig war, dass sämtliche Arbeitsgänge an einem Ort konzentriert wurden. So entfielen weite und zeitraubende Transportwege. Im Textilbereich ging dies besonders gut, da hier die Tätigkeiten leicht in einzelne Schritte aufgeteilt werden konnten.

Colbert trieb diese Vorgehensweise weiter voran und unterstützte Manufakturgründungen durch Zuschüsse und Kredite, gewährte Steuerfreiheit und verteilte Prämien. Außerdem warb er ausländische Fachkräfte an und verbesserte die Qualität der Produkte durch staatliche Kontrollen. Bis ins kleinste Detail wurden Werkzeuge, Arbeitszeit, Arbeitsgänge und Material geregelt. Das Ziel war, Luxusgüter günstig herzustellen und teuer weiterzuverkaufen, um so großen Gewinn zu erreichen.

Kolonialpolitik

Ein starker Konkurrent im Welthandel waren die Niederlande, die über eine große Flotte verfügten. Nahezu die Hälfte aller Schiffe fuhr unter holländischer Flagge. Ein Grund für die wirtschaftliche Überlegenheit lag in ihren Überseegebieten, die als Rohstoffquellen dienten. Hier hatte Frankreich Nachholbedarf, sodass Colbert Kolonialgesellschaften gründen ließ. So sollten die Erträge aus den Kolonien gesteigert, mehr Rohstoffe und in Frankreich nicht erhältliche Waren ins Mutterland transportiert werden. So entstanden Niederlassungen und Ansiedlungen in Amerika wie z. B. im Raum St. Louis. Sogar ein heutiger Bundesstaat der USA hat einen Namen französischer Herkunft: Louisiana. In diesem Zusammenhang baute man neue Schiffe, um eine ausreichende Handelsflotte zur Verfügung zu haben. Daher verzehnfachte sich in kurzer Zeit der Etat für die Marine.

Colberts Bemühungen waren erfolgreich, es gelang ihm, mehr Geld für seinen König zur Verfügung zu stellen. Doch der Finanzminister konnte nicht verhindern, dass Ludwig XIV. immer mehr ausgab, obwohl er ihn mehrfach zum Sparen aufgefordert hatte. Der Hofstaat in Versailles mit seinen Festen und die zahlreichen Kriege, die der König führte, ließen die Ausgaben schneller steigen als die Einnahmen. Letztlich konnte Colbert trotz aller Anstrengungen nicht so viel Geld bereitstellen, wie Ludwig verbrauchte.

Aufgaben

1. Erkläre das System des Merkantilismus.
   → M2, M3, M5
2. Erläutere die Bedeutung der Kolonien für die Wirtschaft.
   → M2, M4
3. a) Finde im Atlas Orte in Kanada und in den USA, die auf französischen Einfluss hindeuten.
   b) Erkläre, warum in Kanada auch Französisch Amtssprache ist.

M 6 Colberts Wirtschaftsprogramm

In einer Denkschrift von 1664 erläutert Colbert seine Überlegungen zur Wirtschaft.

Ich glaube, man wird ohne Weiteres in dem Grundsatz einig sein, dass es einzig und allein der Reichtum an Geld ist, der die Unterschiede an Größe und Macht zwischen den Staaten begründet. Was
5 dies betrifft, so ist es sicher, dass jährlich aus dem Königreich einheimische Erzeugnisse (Wein, Branntwein, Weinessig, Eisen, Obst, Papier, Leinwand, Eisenwaren, Seide, Kurzwaren) für den Verbrauch im Ausland im Wert von 12 bis 18 Millionen
10 Livres hinausgehen. Das sind die Goldminen unseres Königreiches, um deren Erhaltung wir uns sorgfältig bemühen müssen. […] Je mehr wir die Handelsgewinne, die die Holländer den Untertanen des Königs abnehmen, und den Konsum der
15 von ihnen eingeführten Waren verringern können, desto mehr vergrößern wir die Menge des hereinströmenden Bargeldes und vermehren wir die Macht, Größe und Wohlhabenheit des Staates. Außer den Vorteilen, die die Einfuhr einer größe-
20 ren Menge Bargeld in das Königreich mit sich bringt, wird sicherlich durch die Manufakturen eine Million zurzeit arbeitsloser Menschen ihren Lebensunterhalt gewinnen.

Geschichte in Quellen, Bd. 3. S. 448

Jahr	Einnahmen	Ausgaben
1726	181	182
1751	259	256
1775	377	411
1788	472	633

Ausgaben 1788:
Insgesamt   633

davon:
Hof   42
Armee   107
Marine   52
Zinsen   261
Sonstiges   171

M 7 Französischer Staatshaushalt
(in Mio. Livres)

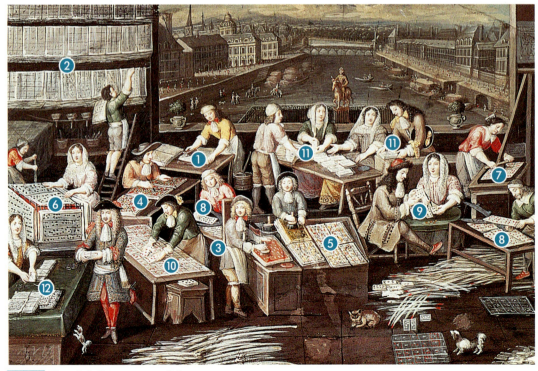

M 8 Eine Spielkartenmanufaktur

M 9 Colberts Fördermaßnahmen

Colbert beschäftigte sich in seiner Denkschrift von 1664 mit Maßnahmen, um den Handel zu fördern.

Alle Verwaltungsvorschriften im Königreich bezüglich der Wiederherstellung der Manufakturen sollten erneuert, die Ein- und Ausfuhrtarife überprüft [...] und es sollte jährlich eine bedeu-
5 tende Summe für die Wiederherstellung der Manufakturen und die Förderung des Handels [...] ausgeworfen werden. Desgleichen bezüglich der Schifffahrt: Zahlung von Gratifikationen [Belohnungen] an alle, die neue Schiffe bauen oder
10 große Handelsreisen unternehmen. Die Landstraßen sollten ausgebessert, die Zollstationen an den Flüssen aufgehoben, die kommunalen Schulden weiterhin abgelöst werden. Man bemühe sich unablässig, die Flüsse im Innern des Königreiches
15 schiffbar zu machen [...]; man prüfe sorgfältig die Frage einer Verbindung der Meere [...], unterstütze tatkräftig die Ost- und Westindische Kompanie und ermuntere jedermann zum Eintritt [...].

Geschichte in Quellen, Bd. Renaissance. S. 448

direkte Steuern

Steuern auf Personen und Besitz

indirekte Steuern

Verbrauchssteuer auf Getränke

Salzsteuer

Zölle, die an den Grenzen des Königreiches und zwischen einigen Provinzen erhoben werden

M 10 Steuern zur Zeit Colberts

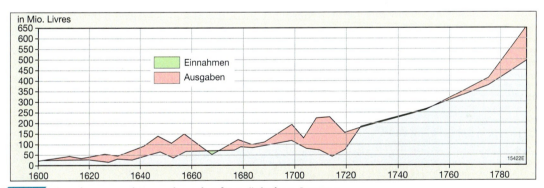

M 11 Einnahmen und Ausgaben des französischen Staates

Aufgaben

1. Schildere Colberts Bemühungen in der Wirtschaftspolitik und ihr Ergebnis. → M6
Orientiere dich an der Methode „Umgang mit Quellen". → S. 39
2. Vergleiche Einnahmen und Ausgaben und erkläre die hohen Kosten für Armee und Zinsen. → M7
3. Beschreibe die einzelnen Arbeitsschritte in der Manufaktur und verdeutliche die Vorteile dieser Vorgehensweise. → M8
4. Beschreibe, wie man den Handel nach Colbert noch fördern könnte. → M9
5. a) Welche Bevölkerungsgruppe trug die Hauptlast der Steuern? → M10
   b) Überlege dir Gründe, warum Colbert diese Bevölkerungsgruppe in seinem Förderprogramm nicht berücksichtigte.

Europa und die frühneuzeitliche Staatenbildung

Krieg und Streben nach Vormacht

Kampf als Mittel der Politik

Ludwig XIV. wollte Frankreich zum mächtigsten Land in Europa machen. Es sollte die Vormacht, die **Hegemonie,** über andere Fürsten und deren Ländereien, innehaben. Dabei wurde die Androhung von Krieg und sogar der Krieg selbst für den französischen König immer mehr zu einem selbstverständlichen Mittel der Politik. Zu diesem Zweck benötigte Ludwig ein ständig bereites Heer, das zunehmend vergrößert werden musste, um die vielfältigen Eroberungspläne des Königs durchführen zu können.

Den Krieg gegen die spanischen Niederlande rechtfertigte Ludwig durch seine Frau, eine spanische Prinzessin. Er behauptete, dass er dadurch Ansprüche auf diese Gebiete habe. Dann zog er mit einer riesigen Armee von 120 000 Soldaten direkt gegen die Vereinten Niederlande. Erst als die Holländer ihre Schleusen öffneten und ihr Land unter Wasser setzten, konnten sie den französischen Vormarsch stoppen. Obwohl die europäischen Mächte Frankreich gemeinsam Einhalt geboten, konnte es im Frieden von Nimwegen (1679) seinen Besitz vergrößern.

Eine andere Methode praktizierte der Sonnenkönig im Elsass. Er ließ alte Urkunden nach Gebieten durchsuchen, die früher einmal französisch waren, und meldete seine Ansprüche darauf an. Elsass und auch Straßburg fielen so in seine Hände. Er nannte diese Aktion „Reunion" – Wiedervereinigung. Der geschwächte Kaiser des Heiligen Römischen Reiches hatte nicht die Macht, sich gegen dieses Vorgehen zu wehren.

M 1 **Ludwig XIV. auf einem Pferd,** Gemälde um 1685

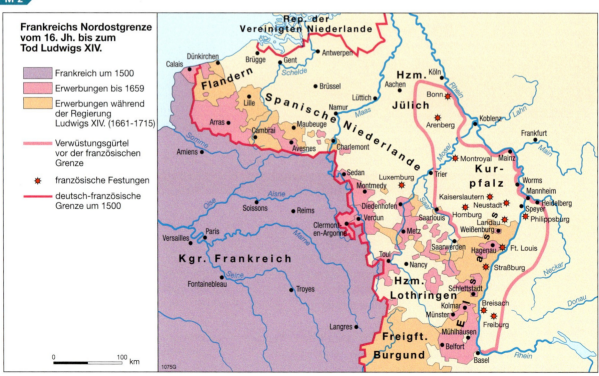

M 2 Frankreichs Nordostgrenze vom 16. Jh. bis zum Tod Ludwigs XIV.

- Frankreich um 1500
- Erwerbungen bis 1659
- Erwerbungen während der Regierung Ludwigs XIV. (1661-1715)
- Verwüstungsgürtel vor der französischen Grenze
- französische Festungen
- deutsch-französische Grenze um 1500

M 3 **Das zerstörte Schloss in Heidelberg,** heutiges Foto

Der Krieg erreicht das Heilige Römische Reich

Als der Kurfürst der Pfalz starb, hatte Ludwig XIV. wieder einen Anlass für einen Krieg gefunden. Für seinen Bruder, der mit Liselotte, der Schwester des verstorbenen Kurfürsten, verheiratet war, forderte er die Pfalz. Dem schnellen Vordringen der französischen Truppen folgte ein umfassendes Bündnis gegen Ludwig: England, die Niederlande, Spanien, Österreich, Schweden und viele deutsche Fürsten wollten dieses Vorgehen nicht hinnehmen.

Beim Rückzug befahl der französische Kriegsminister die Zerstörung der aufgegebenen feindlichen Gebiete: Worms, Mannheim, Speyer und andere Städte wurden zerstört. Die Ruine des Heidelberger Schlosses gibt heute noch Zeugnis dieses Vorgehens.

Die entscheidende Schlacht fand 1692 auf dem Meer statt. Ludwigs Flotte verlor gegen die englischen und niederländischen Schiffe. Erst fünf Jahre später wurde ein Frieden geschlossen, der Frankreich erneut schonte.

Mit dem **Spanischen Erbfolgekrieg** von 1701 bis 1714 endete Frankreichs Traum von der Hegemonie in Europa, denn Gewinner dieses Krieges war England: Es stieg zur führenden Seemacht auf.

Bilanz eines absoluten Herrschers

Am ersten September 1715 um 8 Uhr 15 starb Ludwig XIV. in seinem Bett. Er war 76 Jahre alt und seit 72 Jahren König. Man zog dem Leichnam frische Wäsche an und setzte ihn aufrecht ins Bett. Dann wurde die Tür zum Schlafgemach geöffnet und sein Hofstaat konnte ihm die letzte Ehre erweisen und an ihm vorbeiziehen.

Kein König hatte in dieser Zeit länger und uneingeschränkter regiert als Ludwig XIV. Keiner trieb einen so großen Aufwand, um sich verherrlichen zu lassen, keiner führte mehr Kriege als er.

Trotz großer und auch erfolgreicher Anstrengungen, die Wirtschaftskraft Frankreichs zu erhöhen, war das Land finanziell ruiniert. Die vielen Kämpfe mit Nachbarstaaten, die vielen Soldaten, all dies kostete Unsummen. Und doch hatte er es nicht geschafft, sein Land zur führenden Macht in Europa zu machen.

Die Bevölkerung litt Hunger und hatte für den Prunk des Sonnenkönigs wenig übrig. So jubelte man, als die Nachricht seines Todes die Provinzen Frankreichs erreichte.

Nur das Ausland blieb von seinem Prunk geblendet, verfolgte weiterhin eine absolutistische Politik und ahmte Versailles und das französische Hofzeremoniell nach.

M 4 **Medaille auf die Zerstörung Heidelbergs,** um 1693

Aufgaben

1. Überlege dir Gründe für Ludwigs Vorgehen im Pfälzischen Krieg. → M3, M4
2. Erstelle eine Liste mit Städten, die unter Ludwig XIV. „erworben" wurden, sowie mit französischen Festungen dieser Zeit. → M2
3. Ziehe mit eigenen Worten Bilanz über Ludwigs Einfluss und seine Politik.

Europa und die frühneuzeitliche Staatenbildung

M 5 Das Vorgehen im Elsass

Der Kriegsminister Louvois schreibt an den Intendanten im Elsass.

Ich benötige eine sehr sorgfältige Übersicht, aus der ich die Namen aller Ortschaften ersehen kann, die im Jahre 1672 noch nicht im Besitz des Königs waren und die zwischen dem Bistum Basel, der
5 [Franche] Comté, dem Rhein, der Saar und den Gebieten des Kurfürsten von der Pfalz liegen [...], desgleichen was Ihnen von Souveränitätsansprüchen auf diese Gebiete bekannt ist.

Geschichte in Quellen, Bd. 3. S. 522

M 6 Kriegserklärung Ludwigs XIV. an die Vereinigten Niederlanden, vom 6.4.1672

Das Missfallen Seiner Majestät über das Betragen, das die Generalstaaten der Vereinigten Niederlande seit einiger Zeit ihm gegenüber an den Tag gelegt haben, hat sich so gesteigert, dass Seine
5 Majestät ohne Minderung seines Ruhmes nicht länger seine Empörung über eine Handlungsweise verbergen kann [...] Seine Majestät erklärt daher hiermit, dass er sich entschlossen hat, die Generalstaaten der Vereinigten Niederlande zu Meer und
10 zu Lande mit Krieg zu überziehen [...].

Geschichte in Quellen, Bd. 3. S. 515

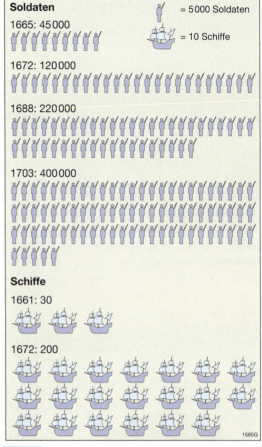

M 7 Schaubild über die Aufrüstung Ludwigs XIV.

M 8 Elsässischer Festungsort Fort-Louis
Ludwig ließ 1686 eine Festungsanlage für weitere Vorstöße ins Elsass bauen.

M 9 Die Zerstörung Heidelbergs

Der Historiker Frieder Hepp fasst die Zerstörung der Stadt am 22. Mai 1693 folgendermaßen zusammen:

An diesem Tag vollendeten die Truppen des französischen Sonnenkönigs unter ihrem Brigadier Mélac das Zerstörungswerk, das sie vier Jahre zuvor [...] begonnen hatten. Nachdem ihnen die
5 Stadt kampflos in die Hände gefallen war, pferchte man die Bevölkerung in der Heiliggeistkirche zusammen und setzte die Kirche in Brand. Auf dem Schloss sprengte man den Pulverturm, der zusammen mit den übrigen Gebäuden des Areals
10 und den Häusern der Stadt in hellen Flammen aufging. Die Stadt und ihre Bewohner wurden Opfer des großen Brandes, der viele Häuser bis auf die Keller zerstörte. Auf der Suche nach Beutegut und verwertbarem Metall öffnete man sogar die kur-
15 fürstlichen Gräber und warf die Gebeine der Bestatteten auf die Straße.

Hepp, Frieder: Medaille auf die Zerstörung Heidelbergs. Kurpfälzisches Museum, Nr. 262

M 11 Der Herzog Saint-Simon über das Ende Ludwigs XIV.

In seinen Erinnerungen beschreibt der Zeitgenosse Saint-Simon die Reaktionen auf den Tod des Königs.

Der Hof teilte sich in zwei Lager; die einen voller Hoffnung [...], sich einmischen zu können, und also beglückt über das Ende eines Regimes, unter dem sie nichts zu erwarten gehabt; die anderen, des lastenden, drückenden Jochs [...] seit Langem
5 überdrüssig, seufzten erleichtert auf [...], kurzum, alle waren froh, endlich von diesem Zwang erlöst zu sein [...], Paris, der lähmenden Abhängigkeit seit Langem müde, atmete auf in der Hoffnung auf einige Freiheit [...]. Die Provinzen, die über
10 ihren Ruin und ihr langsames Dahinsiechen bereits schier verzagten, schöpften neuen Mut und bebten vor Lebensfreude; die Parlamente und sämtliche Angehörige des Richterstandes, denen durch Edikte und Erlasse die Hände gebunden
15 waren, schmeichelten sich, nun wieder Geltung und Ansehen zu erlangen. Das ausgeblutete, unterdrückte, verzweifelte Volk dankte Gott in fast schon anstößigen Kundgebungen für eine Befreiung [...]. Europa, das hochbeglückt war,
20 nach so vielen Jahrzehnten endlich eines Monarchen ledig zu sein, der ihm so lange sein Gesetz aufgezwungen [...].

Die Memoiren des Herzogs von Saint-Simon, Bd. 3. S. 338

M 10 Ortsschild von Saarlouis

Aufgaben

1. Erkläre das Vorgehen Frankreichs bei den „Vereinigungen" (Reunionen).
   → M5, M8
2. Beschreibe die Aufrüstung und ihren Zweck.
   → M6, M7
3. Schreibe als Bewohner Heidelbergs einen Brief an deinen Freund in Nürnberg und schildere die Vorgänge in deiner Stadt am 22. Mai 1693. Gehe dabei auf mögliche Gründe für Frankreichs Maßnahmen ein.
   → M9
4. Recherchiere im Internet die Geschichte von Saarlouis. Finde weitere Beispiele für derartige Orte. Orientiere dich an der Methodenseite „Umgang mit dem Internet" → S. 106
   → M10
5. Erläutere, warum die einzelnen Bevölkerungsgruppen erleichtert über Ludwigs Tod waren.
   → M11

Europa und die frühneuzeitliche Staatenbildung

Das Heilige Römische Reich 1648 bis 1806

Ein Reich ohne Zusammenhalt …

Knapp zwei Jahrzehnte nach dem Dreißigjährigen Krieg beschrieb der hoch angesehene Jurist Samuel von Pufendorf das Heilige Römische Reich als reformunfähiges „Monster" einer längst überholten Zeit. Das Reich zerfiel in etwa 350 größere und weit über 1000 kleinere Herrschaftsgebiete. An der Spitze stand nach wie vor der Kaiser, doch dieser Titel brachte nur noch Ansehen, aber keine politische Macht mehr mit sich. Diese hatte sich längst auf die vielen Fürsten des Reiches verlagert.

Der Westfälische Frieden von 1648 garantierte den deutschen Fürsten weitgehende Eigenständigkeit. Die Idee des Absolutismus verstärkte die Fürsten im Bestreben, die gesamte Macht im eigenen Gebiet in Händen zu halten und diese mit niemandem teilen zu müssen. Beispiele für solche absolute Fürsten finden sich im ganzen Reich: Maximilian II. Emanuel von Bayern oder Friedrich August II. von Sachsen, die fast zeitgleich regieren.

Das Heilige Römische Reich (oder Römisch-Deutsche Kaiserreich) verlor durch die Zersplitterung endgültig seine politische Führungsrolle in Europa an Staaten, die klar auf ein politisches Zentrum, wie einen absoluten König oder ein machtvolles Parlament, ausgerichtet waren.

Ein Staatsaufbau, der aus eigenständigen Gebieten besteht, aber gleichzeitig einen großen Gesamtstaat umfasst, wird als **Föderalismus** bezeichnet. Das moderne Deutschland, die Bundesrepublik, ist ein Beispiel für einen föderalen Staat. Sie setzt sich aus einzelnen Bundesländern mit eigenständigen Rechten zusammen.

… aber mit einer gemeinsamen Vertretung

Auch wenn die einzelnen Fürsten sich als absolut und unabhängig fühlten, waren sie über das Kaiserreich doch aneinander gebunden. So war z. B. der Unterhalt der Reichsarmee, die das Reich schützen sollte, nur gemeinsam zu bewerkstelligen. Eine gemeinsame Verwaltung des Reiches wurde im **Reichstag** angestrebt und in den *Reichskreisen* auch zum Teil verwirklicht.

Seit 1663 tagte der „Immerwährende Reichstag" jährlich für einige Wochen oder Monate immer in Regensburg. Diese Einrichtung erinnert an ein modernes Parlament. Doch damals handelte es sich um eine Versammlung der Kurfürsten, der anderen weltlichen und geistlichen Fürsten sowie der großen und kleineren Reichsstädte. Diese bildeten drei eigenständige Gruppen, auch Kollegien genannt. Deren widerstrebende Interessen prallten immer wieder aufeinander, besonders da bei Abstimmungen im Reichstag nur die Stimme des Kollegiums gezählt wurde. Keiner war bereit, sich dem anderen unterzuordnen oder gar wichtige Rechte an das Reich zurückzugeben.

Die Beratungen im Reichstag zogen sich oft über Jahrzehnte hin oder scheiterten vollkommen. Auf gemeinsame Beschlüsse konnte man sich dagegen dann einigen, wenn man die eigenen Fürstenrechte oder Stadtrechte absicherte oder gegen Kaiser und Reich handelte. Die habsburgischen Kaiser kümmerten sich in erster Linie um ihre von den Osmanen bedrängten Gebiete.

M 1 **Maximilian II. Emanuel von Bayern** (1662–1726), verwickelte seinen Staat in verschiedene europäische Kriege. Sein Traum, eine Königskrone zu bekommen, erfüllte sich jedoch nicht. Ölgemälde, um 1700

Reichskreise

Die Hauptaufgaben der zehn größeren, sehr unterschiedlichen Reichskreise waren Überwachung und Kontrolle (z. B. Münzprägung, Zölle, Reichssteuer) und das Heeresaufgebot.
Das heutige Bayern umfasst Gebiete des ehemaligen fränkischen, schwäbischen und des bayerischen Reichskreises.

M 2 **Friedrich August II. von Sachsen** (1670–1733), Kurfürst August „der Starke", errichtete in Sachsen einen absolutistischen Staat. Durch Bestechung ließ er sich auch zum König von Polen wählen. Ölgemälde, 1718

M 3 **Europa um 1700**

Uneinheitliche Rechtsordnungen im Reich

Die Zersplitterung des Reiches und die mangelnde Bereitschaft, gemeinsam zu Einigungen im Interesse des ganzen Reiches zu kommen, wird in den Rechtsordnungen besonders deutlich. So gab es z. B. kein einheitliches Strafrecht im Reich. Verbrechen wurden nach unterschiedlichen Gesetzbüchern beurteilt und sehr verschieden bestraft. In manchen Gebieten galt die Peinliche Halsgerichtsordnung Kaiser Karls V. von 1532, in anderen Teilen des Reiches eigene Strafrechtsordnungen oder es wurde nach dem Sachsenspiegel von 1220 Recht gesprochen.

Zwar gab es zwei oberste Gerichtshöfe, das ständische *Reichskammergericht* und den kaiserlichen Reichshofrat, doch kein einheitliches Gerichtsverfahren. Recht sprach in der Regel immer noch der Grundherr oder ein örtliches Gericht des jeweiligen Fürsten.

So zersplittert wie das Recht waren auch Maße, Gewichte, Währungen und sogar der Jahreskalender. Das absolutistische Bestreben der Fürsten nach ihrem eigenen Staat verstärkte diese Uneinheitlichkeit zusätzlich. Das einst glanzvolle und mächtige Heilige Römische Reich war, wie Samuel Pufendorf es charakterisierte, zu einem „Monster" verkommen.

Reichskammergericht

Die Aufgabe der beiden obersten Gerichtshöfe lag darin, die Rechte kleinerer Reichsstände wie Klöster oder Städte zu schützen.
Prozesse wurden dort grundsätzlich nur schriftlich geführt und dauerten oft mehrere Jahre oder Jahrzehnte.

Aufgaben

1. 🔍 Suche zu den heutigen Bundesländern Informationen wie Wappen, Flaggen, Hauptstädte, Dialektwörter oder Sehenswürdigkeiten.
2. Erkläre, aus welchen Gründen Max II. Emanuel oder Friedrich II. August versuchten, die Königswürde zu bekommen. → M1, M2
3. Beschreibe mithilfe der Karte M3 den Gegensatz des Heiligen Römischen Reiches zu Frankreich oder Großbritannien.

Europa und die frühneuzeitliche Staatenbildung

M 4 Deutschland – ein eigenartiges Staatsgebilde

Der in Europa hoch angesehene Jurist Samuel von Pufendorf (1632–1694) untersuchte als erster Wissenschaftler den gesamten Staatsaufbau des Heiligen Römischen Reiches. In seinem sehr umfangreichen Werk zeigte er auch die Schwächen des föderalen Staatsaufbaus auf.

Es bleibt uns also nichts anderes übrig, als das deutsche Reich, wenn man es nach den Regeln der Wissenschaft […] betrachten will, einen irregu-
5 lären und einem Monstrum ähnlichen Körper zu nennen, der sich im Laufe der Zeiten durch die fahrlässige Gefälligkeit der Kaiser, durch den Ehrgeiz der Fürsten und durch die Machenschaften der Geistlichen aus einer regulären Monarchie zu
10 einer disharmonischen [ungleichmäßigen] Staatsform entwickelt hat […].
Dieser Zustand ist die Quelle für die tödliche Krankheit und die inneren Umwälzungen, da auf der einen Seite der Kaiser nach Wiederherstel-
15 lung der Königsherrschaft, auf der anderen Seite die Stände nach völliger Freiheit streben. […]

Pufendorf, S: Verfassung. S. 106 f.

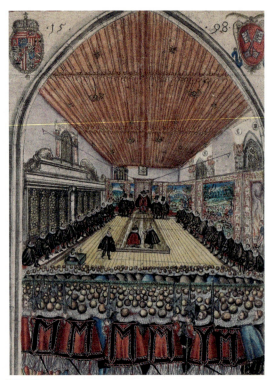

M 5 Reichstagssitzung in Regensburg
Gemälde von Peter Zimmermann, 1598

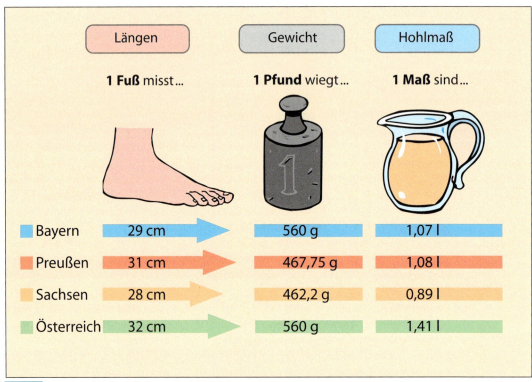

	Längen 1 Fuß misst…	Gewicht 1 Pfund wiegt…	Hohlmaß 1 Maß sind…
Bayern	29 cm	560 g	1,07 l
Preußen	31 cm	467,75 g	1,08 l
Sachsen	28 cm	462,2 g	0,89 l
Österreich	32 cm	560 g	1,41 l

M 6 Uneinheitliche Maße und Gewichte

M 7 „Deß H. Römischen Reichs Wappen Adler mitsamt seinen vornehmsten Ständen", Kupferstich um 1610
Der Augsburger Künstler Wilhelm Zimmermann stellte die Territorien des Reiches und das Gesamtreich in einem doppelköpfigen Reichsadler bildlich dar. In der obersten Reihe finden sich die Wappen der sieben Kurfürsten: Kleinere Gebiete und Reichsstädte wurden unter verschiedenen Wappen und Bezeichnungen zusammengefasst.

Aufgaben

1. a) Benenne die Gründe, die Pufendorf als Ursachen für das „monströse Reich" sieht. → M4
   b) Welche Haltung nimmt Pufendorf dem Föderalismus gegenüber ein? → M4
2. Beschreibe die auf dem Reichstag vorgegebene Sitzordnung der drei Kollegien. → M5
3. a) Berechne deine Körpergröße, dein Gewicht und den Inhalt einer Getränkeflasche in den unterschiedlichen Maßeinheiten verschiedener Gebiete. → M6
   b) Suche die Bedeutung der alten Maßeinheiten wie z. B. Klafter, Scheffel, Tagwerk, Schoppen, Joch, Pfund, Gros. Vergleiche die alten und modernen Maßeinheiten.
4. Erkläre mithilfe des Kupferstiches den Begriff „Föderalismus". → M7

Europa und die frühneuzeitliche Staatenbildung

M 1 Gendarmenmarkt in Berlin
1710 wurden mehrere Orte zur Stadt Berlin vereint. Viele Bauten aus dieser Zeit wie das Schloss Charlottenburg oder die Kirchen am Gendarmenmarkt prägen noch heute das Stadtbild Berlins.
Foto, 2009

Eine neue Großmacht in Europa: Preußen

Der stetige Aufstieg eines unbedeutenden Staates

Noch am Ende des Dreißigjährigen Krieges war das Kurfürstentum Brandenburg ein unbedeutendes Gebiet innerhalb des Reiches. Seine Herrscher hatten 1701 etwas erreicht, wonach die meisten deutschen Fürsten vergeblich strebten: Sie konnten sich Könige nennen, allerdings nur in den preußischen Gebieten, die außerhalb des Heiligen Römischen Reiches lagen und mit dem Kurfürstentum nicht direkt verbunden waren.

Der Aufstieg Preußens im 18. Jahrhundert wurde von seinen absolutistischen Herrschern mitgestaltet. Wichtige Merkmale ihrer Politik waren,
- die preußische Wirtschaft und die Staatsfinanzen durch eine merkantilistische Wirtschaftspolitik zu stärken und
- das Land mit Siedlern aus ganz Europa zu bevölkern. Es kamen z. B. protestantische Glaubensflüchtlinge aus Frankreich oder Österreich nach Brandenburg-Preußen.
- die Landesteile zu verbinden und mit einer dem König und preußischen Staat treu ergebenen Beamtenschaft zu verwalten,
- alle Einrichtungen des Staates fortwährend zu kontrollieren
- und Preußen durch eine starke Armee von Bündnispartnern unabhängig zu machen. Die Disziplin und der Gehorsam der Soldaten, deren Gleichschritt und technische Neuerungen wie der Eiserne Ladestock wurden zu Kennzeichen der preußischen Armee.

Unter **König Friedrich II. von Preußen** stieg das ehemals bedeutungslose Land nach einer ganzen Reihe von Kriegen zu einem der mächtigsten Staaten in Europa, zu einer Großmacht auf. Es wurde zum wichtigsten Gegenspieler für Habsburg und dessen **Kaiserin Maria Theresia von Österreich,** die sich gegen Preußen behaupten musste.

M 2

M 3 Friedrich II. von Preußen (1712–1786), Gemälde von Antoine Pesne, 1740

M 4 Maria Theresia (1717–1780), war Erzherzogin von Österreich und Königin von Ungarn und Böhmen. Ihr Mann wurde aufgrund ihrer Macht 1745 zum Kaiser des Heiligen Römischen Reiches gewählt. Seither nahm sie für sich auch ohne Krönung den Kaisertitel in Anspruch. Gemälde von Martin van Meytens

Preußen als Gegenspieler zu Österreich

Friedrich II. übernahm 1740 einen finanziell unabhängigen Staat mit der viertgrößten Armee Europas. Er hatte keine Hemmungen, zugunsten Preußens Krieg zu führen, und wollte die österreichische Provinz Schlesien erobern. Dort gab es z. B. Rohstoffe und andere wirtschaftliche Vorteile wie Eisenhütten oder Textilmanufakturen. Der Zeitpunkt erschien ihm günstig, da in Österreich mit Maria Theresia eine Frau auf dem Thron gefolgt war. Der preußische König hielt sie für schwach und als Königin unerfahren. Dies glaubte er für Preußen ausnutzen zu können. Er selbst führte die Armee an und seine gut ausgebildeten Soldaten eroberten schnell ganz Schlesien.

Doch Maria Theresia dachte nicht daran, sich den Preußen kampflos zu ergeben. Im Jahr 1756 schmiedete sie zusammen mit der russischen Zarin Elisabeth ein Bündnis, das Schlesien wieder österreichisch werden und Preußen von der Landkarte löschen sollte. Nach sieben Jahren Krieg mit rund 400 000 getöteten preußischen Soldaten und Zivilisten schienen Preußen und sein König verloren. Doch der Tod der russischen Zarin ließ das Bündnis zerbrechen. Maria Theresia musste 1763 das Gebiet endgültig an den preußischen König abtreten. Friedrich II. und Maria Theresia kannten sich nicht persönlich und hatten füreinander nur Verachtung und gehässigen Spott übrig.

Mit Glück, taktischem Geschick und der Überlegenheit seiner Soldaten begründete er seinen Ruf als Feldherr. Er wurde in ganz Europa bewundert und mit dem Beinamen „der Große" verehrt.

Die polnischen Teilungen

Obwohl beide gegeneinander Krieg geführt hatten, machten Friedrich II. und Maria Theresia bei gleichem Interesse auch gemeinsame Sache. Zusammen mit Russland besetzten sie Polen, das gegen den Bund dieser drei Großmächte nichts unternehmen konnte. Zunächst wurde Polen kleiner, bis es 1795 nicht mehr existierte und vollständig von den drei Mächten besetzt war. Den größten Nutzen aus den polnischen Teilungen hatte Brandenburg-Preußen. Durch die erste Teilung konnte es seine beiden größeren Gebietshälften miteinander verbinden. Nach der zweiten Teilung dehnte es sich weit in Richtung Osten aus. Das fruchtbare Land lockte neue Siedler an und sorgte für ein weiteres Wachstum des preußischen Staates.

Der Aufstieg Brandenburg-Preußens veränderte die politischen Kräfteverhältnisse in Mitteleuropa. Am Ende war eine neue Großmacht in Europa entstanden. Innerhalb des Reiches stritten nun zwei Königreiche um die endgültige Vorherrschaft. Dieser preußisch-österreichische **Dualismus** prägte die folgenden hundert Jahre der deutschen Geschichte.

Aufgaben

1. a) Beschreibe das Wachstum Preußens mithilfe der Karte M2.
   b) Erkläre, welchen Nutzen Preußen von der Teilung Polens hatte. → M2

2. a) Benenne die Gründe, warum Friedrich II. gerade Maria Theresia angriff. → M3, M4
   b) Bewerte das Handeln Friedrichs II. und den ihm verliehenen Beinamen. → M3

Europa und die frühneuzeitliche Staatenbildung

M 5 Die Entwicklung Brandenburg-Preußens bis 1786

M 6 Schlesien als Ziel Friedrichs II.

Der habsburgische Kaiser Karl VI. hatte seine Tochter Maria Theresia als Thronfolgerin in Österreich vorherbestimmt. Der preußische König Friedrich II. schrieb am 6. November 1740 hierzu:

Schlesien ist aus der ganzen kaiserlichen Erbschaft dasjenige Stück, auf welches wir am meisten Recht haben und das die günstigste Lage für das Haus Brandenburg hat. Es ist billig [gerecht] […], die
5 Gelegenheit des Todes des Kaisers zu ergreifen, um sich in Besitz des Landes zu setzen.
Die Überlegenheit unserer Truppen über die unserer Nachbarn; die Schnelligkeit, mit der wir sie operieren [militärisch handeln] lassen können,
10 ist vollständig und überhaupt der Vorteil, den wir unseren Nachbarn voraushaben, ist vollständig und gibt uns bei einer unvorhergesehenen Gelegenheit wie dieser eine unbegrenzte Überlegenheit […]. Ich schließe aus dieser ganzen Erörte-
15 rung, dass wir uns noch vor dem Winter in den Besitz Schlesiens setzen […] müssen.

Geschichte in Quellen, Bd. 3. S. 671.

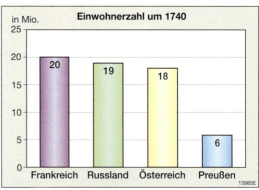

M 7 Wichtige europäische Staaten im Vergleich

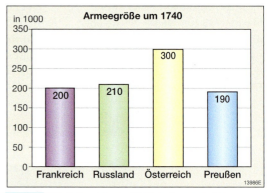

M 8 Wichtige europäische Armeen im Vergleich

M 9 Drei Großmächte teilen Polen.
Der polnische König (2. von links) zeigt auf sein Land, während dieses von den übrigen Monarchen aufgeteilt wird.
Karikatur, um 1773

M 10 Strafen in der preußischen Armee

Der Soldatenkönig Friedrich Wilhelm I. legte 1713 die strengen Regeln der preußischen Armee fest:

7. Ein Soldat, der sich seinem Offizier widersetzt oder widerspricht, wird mit dreißigmaligem Gassenlaufen bestraft. Wer aber seinen Degen oder sein Gewehr zieht, wird mit dem Tode bestraft. […]
5 11. Wenn ein Soldat nach dem Zapfenstreich [Signal zur Nachtruhe] nicht rechtzeitig in sein Quartier zurückkehrt, soll [er] mit Gassenlaufen bestraft werden. […]
15. Wer auf Wache schläft, vor der Ablösung weg-
10 geht oder sich betrinkt, soll im Frieden mit Gassenlaufen, im Feld [Krieg] aber mit dem Tod bestraft werden. […]
18. Ein Soldat, der in der Schlacht ohne Befehl vor dem Feind flieht, wird ohne jede Gnade mit dem
15 Tode bestraft.
19. Ein Soldat, der sich ohne Erlaubnis von der Garnison entfernt, wird mit Gassenlaufen und bei Wiederholung […] mit dem Erhängen bestraft.

Geschichte in Quellen, Bd. 3. S. 590 f.

M 11 Militärstrafe des Gassenlaufens
In der preußischen Armee wurden Disziplinvergehen hart bestraft. Gerichtsverfahren fanden dabei nicht statt, sondern die Strafe wurde von einem Offizier festgelegt.
Radierung von Daniel Chodowiecki, 1774

Aufgaben

1. Beschreibe die Maßnahmen, die den Aufstieg Brandenburg-Preußens begleiteten, mithilfe der Karte M5.
2. Erkläre anhand der Textquelle M6 und der Karte M5 das Motiv Friedrichs II. für den Angriff auf Schlesien.
3. Vergleiche die Diagramme der europäischen Staaten miteinander.
   → M7, M8
4. a) Ordne den abgebildeten Personen die Großmächte zu. → M9
   b) Begründe, welchen Vorteil Preußen aus den polnischen Teilungen hatte. → M5
5. a) Beschreibe die Strafe des Gassenlaufens. → M10
   b) Erkläre, warum die preußischen Soldaten ihren Offizieren bedingungslos gehorchten.
   → M11

Europa und die frühneuzeitliche Staatenbildung

Der Staat Friedrichs II. wird zum Vorbild

Als Friedrich II. 1740 preußischer König wurde, hatte er eine klare Vorstellung von der zukünftigen Entwicklung seines Staates. Jede seiner Regierungshandlungen musste sich immer am Wohl, am Vorteil und der Nützlichkeit für den preußischen Staat messen lassen. Der Wille des Königs musste dahinter zurückstehen. Diese Zielsetzung unterschied ihn deutlich von anderen absolutistischen Herrschern.

Die Justizreformen in Preußen

Eine wichtige Reform betraf das Rechts- und Gerichtswesen in Preußen. Schon zu Beginn seiner Regierung griff Friedrich unmittelbar in diesen Bereich ein und hob am dritten Tag seiner Regierung die Folter in ganz Preußen auf. Für ihn war die Folter eine unsinnige Methode; ebenso die Todesstrafe, die weitgehend abgeschafft wurde. Um jedoch die Disziplin in der preußischen Armee nicht zu gefährden, ließ Friedrich II. diese Bestrafung dort ausdrücklich bestehen.

Anders als man es von einem absolutistischen Herrscher erwarten konnte, gab er ein wichtiges Recht freiwillig aus den Händen: Obwohl er oberster Richter blieb, griff er nicht mehr direkt in Gerichtsverfahren ein. Allerdings behielt er sich ein Überprüfungsrecht vor und kontrollierte seine Gerichtsbeamten und Richter sehr streng.

Friedrich erkannte, dass die Gerichte und das Recht in Preußen verbessert werden mussten. Deshalb beauftragte er Juristen, es neu zu ordnen, und kontrollierte den Fortgang der Arbeiten. Ein einheitliches Recht galt ihm als wichtiger Baustein, um die zerrissenen Gebiete Brandenburg-Preußens und die neuen Landesteile schnell miteinander zu vereinen.

M 1 Das Sumpfgebiet des Oderbruchs um 1740

Das Land wird besiedelt und friedlich erweitert

Beim Anblick eines trockengelegten Sumpfgebietes soll Friedrich II. gesagt haben, er habe im Frieden eine Provinz gewonnen. Im Zentrum Brandenburgs, unweit von Berlin, hatten in seinem Auftrag holländische Arbeiter große Sumpfgebiete trockengelegt. Über 300 000 neue Siedler strömten in dieses neue und sehr fruchtbare Siedlungsland. Trotz der Kriege verdoppelte sich unter Friedrich daher die Bevölkerungszahl des Staates:

- Facharbeiter und gut ausgebildete Handwerker wurden überall in Europa angeworben, nach Preußen zu kommen. Diese brachten Fortschritte im Handwerk und der Landwirtschaft nach Brandenburg.
- Neben steuerlichen Privilegien erhielten die Einwanderer auch eine einfache Unterkunft und weitere Dinge, die zum Lebensunterhalt notwendig waren (z. B. eine Ziege, einige Hühner oder ein Schwein).

Außerdem bot der preußische König etwas an, was damals in keinem anderen Land zu finden war: religiöse Toleranz. Allen Preußen und auch den Einwanderern war die Ausübung ihrer jeweiligen Religion gestattet. Friedrich II. war der religiöse Glauben seiner Untertanen gleichgültig, solange diese seinem Staat nützten und die Macht Preußens sicherten oder sogar noch steigerten.

... und nach der Trockenlegung 1765

34

M 2 Friedrich II. der Große
(1712–1786), Porträt von Anton Graf, um 1781

König und gleichzeitig oberster Beamter

Friedrich II. fühlte sich als Herrscher in Preußen einem obersten Beamten gleichgesetzt, der an die Spitze des Staates gestellt war. Dies beschrieb er 1752 so, dass er „erster Diener seines Staates" sei. Er überwachte und kontrollierte ständig die Umsetzung seiner Anweisungen. Seine persönlichen Überprüfungen, sogenannte Visitationen, waren im ganzen Land gefürchtet. Jederzeit konnte solch eine unangemeldete Überprüfung stattfinden, denn er misstraute seinen eigenen Beamten. Brandenburg-Preußen entwickelte sich unter Friedrich zu einem in ganz Europa beachteten Musterstaat:

- Alle Waren sollten möglichst in Preußen selbst hergestellt werden, um das Geld im Lande zu halten. Daher wurden die preußische Wirtschaft gefördert und königliche Manufakturen gegründet.
- Um den preußischen Staat unabhängig zu machen und die Ernährung der Bevölkerung zu sichern, befahl Friedrich II. den Bauern, Kartoffeln anzubauen.
- Die Schulpflicht wurde strenger als bisher kontrolliert und die Universitäten wurden gefördert.

Die Gesellschaft änderte sich hingegen kaum. Der Adel bestimmte weiterhin über die in Leibeigenschaft lebenden Bauern. Nur Adlige besetzten die wichtigen Stellen in Staat und Militär. Ein sozialer Aufstieg oder politische Ämter waren für Bürger kaum erreichbar.

Friedrich II. wird von Zeitgenossen oft als ein kühler, manchmal auch menschenverachtender Machtpolitiker beschrieben. Als er starb, waren seine Preußen froh, endlich vom „alten Fritz" befreit zu sein.

Reformen unter Maria Theresia und ihrem Sohn Joseph II.

Auch Maria Theresia, vor allem aber ihr Sohn Joseph II., nahmen in ihren habsburgischen Ländern Reformen vor. Nach dem Vorbild Preußens strebten beide eine Stärkung des Staates an:

- Justiz und Verwaltung wurden voneinander getrennt,
- die Einwanderung in habsburgische Gebiete in Südosteuropa gefördert,
- die Beamtenschaft besser ausgebildet und kontrolliert.

Anders als seine Mutter erkannte Joseph II. die unterschiedlichen Religionen in seinem Herrschaftsgebiet an und gestand religiöse Freiheiten zu. Dennoch blieb die katholische Kirche bevorzugt und behielt wichtige Rechte im Schulwesen oder auch bei der Eheschließung. Dagegen schaffte Joseph II. die Folter und Todesstrafe in allen seinen Ländern vollständig ab und hob die Leibeigenschaft der Bauern auf. Zwar mussten die Bauern noch Abgaben an den ehemaligen Grundherrn leisten, konnten nun aber ohne dessen Zustimmung selbst über ihr Leben bestimmen.

M 3 Kaiser Joseph II.
(1741–1790), Porträt

Aufgaben

1. Belege die Aussage, dass Preußen im Frieden eine Provinz gewonnen habe. → M1
2. Erstelle jeweils eine Mind-Map zu den Reformen Friedrichs II. und Josephs II. Ordne deine Ergebnisse nach folgenden Oberpunkten: Recht, Besiedlung, Religion, Beamtentum, Gesellschaft.
→ M2, M3

Europa und die frühneuzeitliche Staatenbildung

M 4 Schloss Sanssouci in Potsdam
Friedrich II. lebte dort fast ausschließlich von Offizieren und Beamten umgeben. Seine Untertanen durften ihm an einem bestimmten Platz im Park Bittschriften übergeben. Foto, 2006

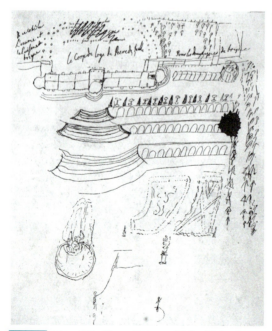

M 5 Eigenhändiger Entwurf Friedrichs II.
Das Schloss und die Parkanlage wurden nach seinen Plänen errichtet. Federzeichnung, 1744

M 6 Gedanken über die Rechtspflege in Preußen

Im Jahr 1752 fasste Friedrich seine Ansichten über die Aufgaben eines Herrschers zusammen. Er begann mit einem Kapitel zur Rechtspflege.

In eigener Person Recht zu sprechen, ist eine Aufgabe, die kein Herrscher übernehmen kann, ein König von Preußen noch weniger als ein anderer. Die unendlichen Einzelheiten eines einzigen Rechtshandels würden die Zeit verschlingen, die er vorzugsweise anderen Zweigen der Regierung widmen muss. Spricht der Fürst aber auch nicht selber Recht, so folgt daraus nicht, dass er die Rechtspflege vernachlässigen darf. Ich habe in Preußen [...] Gesetze vorgefunden, die, statt den Parteien zu helfen, die Rechtshändel verwirrten und die Prozesse in die Länge zogen. [...]
Ich habe mich entschlossen, niemals in den Lauf des gerichtlichen Verfahrens einzugreifen; denn in den Gerichtshöfen sollen die Gesetze sprechen und der Herrscher soll schweigen.

Friedrich der Große: Testament von 1752. S. 2 f.

M 7 Gedanken über Friedrich II.

Über Friedrich II. urteilte ein österreichischer Gesandter wie folgt:

Sein Charakter ist Misstrauen und Verstellung. Er ist beständig auf der Hut und achtet auf das Geringste, was seine Nachbarn tun; somit wird er sicherlich keine Gelegenheit verabsäumen, um
5 aus ihren etwaigen Fehlern Nutzen zu ziehen. Er ist großmütig und bestechend in Worten, höflich und huldvoll gegen die, welche er nötig hat, aber hart und unerbittlich, wenn sein Interesse im Spiel ist. [...]
10 Unbegreiflich erscheint die allgemeine Unzufriedenheit, die in allen seinen Ländern zutage tritt. Adel und Offiziere drücken sich zwar schonend aus, aber das Volk und die Soldaten schimpfen auf die Regierung so frei und offen, wie man es in
15 London kaum dulden würde, und doch ist jedermann für die Person des Königs begeistert. Persönlich gehasst wird er nach meiner Meinung nur von einem Teil seiner Familie, und selbst da weiß man sich so gut zu verstellen, dass öffentlich nichts
20 davon zu merken ist.

Volz: Friedrich der Große. S. 208 f.

M 9 Grabmal von Kaiserin Maria Theresia und ihrem Mann Franz I. Stephan
Im Vordergrund der Sarg Josephs II. aus Kupfer

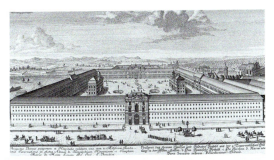

M 8 Allgemeines Krankenhaus in Wien (1784)
Es wurde von Joseph II. gegründet und gefördert. An der damals modernsten Klinik Europas wurden Ärzte wissenschaftlich ausgebildet und neue Behandlungsmethoden erforscht.

M 10 Joseph II. über den Staat

In einem persönlichen Schreiben teilte Joseph II. 1784 seine Herrschaftsauffassung allen höheren Beamten in Österreich mit:

Wer dem Staat dient oder ihm dienen will, muss [...] ganz auf sich selbst verzichten. [...]
Da das Wohl nur eines sein kann, nämlich das der Allgemeinheit [...].
In allen Fällen muss jeder von dem Grundsatz aus- 5
gehen, dass er nur ein Individuum [ein einzelner Mensch] im Staate ist und dass das Interesse der größten Zahl [der Allgemeinheit] dem seinigen immer vorgehen muss [...] und sogar dem des Herrschers [...]. 10

Geschichte in Quellen, Bd. 3. S. 650 f.

Aufgaben

1. Vergleiche den Plan und das Schloss miteinander und beschreibe die Übereinstimmungen.
   → M4, M5
2. Benenne die Gründe, die Friedrich II. für sein eigenes Handeln angibt.
   → M6
3. Beschreibe, wie Friedrich II. von dem Gesandten in der Textquelle charakterisiert wird. → M7
4. a) Gib die Herrschaftsauffassung Josephs II. in eigenen Worten wieder. → M10
   b) Beschreibe, wie in M8 und M9 seine Herrschaftsauffassung zum Ausdruck kommt.

Methode: Umgang mit Quellen

M 1 „Soll ein Fürst selbst regieren?"

Nach einer schweren Krankheit verfasste Friedrich II. 1752 ein umfangreiches politisches Testament. Er wollte darin einem Nachfolger wesentliche Grundsätze seiner Politik überliefern. Fast alle seine Schriften verfasste Friedrich in französischer Sprache, sodass es sich hier um eine Übersetzung des Originals handelt:

In einem Staat wie Preußen ist es durchaus notwendig, dass der Herrscher seine Geschäfte selbst führt. Denn ist er klug, wird er nur dem Staatsinteresse folgen, das auch das seine ist. […]
5 Eine gut geleitete Staatsregierung muss ein ebenso fest gefügtes System haben wie ein philosophisches Lehrgebäude. Alle Maßnahmen müssen gut durchdacht sein, Finanzen, Politik und Heerwesen auf ein gemeinsames Ziel steuern: nämlich
10 die Stärkung des Staates und das Wachstum seiner Macht.
Ein System kann aber nur aus einem Kopfe entspringen; also muss es aus dem des Herrschers hervorgehen. Trägheit, Vergnügungssucht und
15 Dummheit: Diese drei Ursachen hindern die Fürsten an ihrem edlen Berufe, für das Glück ihrer Völker zu wirken. Solche Herrscher machen sich verächtlich, werden zum Spott und Gelächter ihrer Zeitgenossen, […]. Sie vegetieren [dahinleben]
20 auf dem Throne, dessen sie unwürdig sind […]. Ihre Pflichtvergessenheit gegen ihre Völker wird geradezu strafbar.
Der Herrscher ist nicht zu seinem hohen Rang erhoben, man hat ihm nicht die höchste Macht
25 anvertraut, damit er in Verweichlichung dahinlebe, sich […] mäste und glücklich sei, während alles darbt. Der Herrscher ist der erste Diener des Staates. Er wird gut besoldet, damit er die Würde seiner Stellung aufrechterhalte. Man fordert aber
30 von ihm, dass er werktätig für das Wohl des Staates arbeite und wenigstens die Hauptgeschäfte mit Sorgfalt leite.
Er braucht zweifellos Gehilfen. Die Bearbeitung der Einzelheiten wäre zu umfangreich für ihn.
35 Aber er muss ein offenes Ohr für alle Klagen haben und […] Recht schaffen.

Friedrich der Große: Testament von 1752. S. 52 ff.

M 2 König Friedrich II., der Große
zeittypisches Gemälde des preußischen Königs von Johann Heinrich Christoph Franke, um 1763

M 3 Uniform Friedrich des Großen von 1786
Friedrich II. trug seit seinem Regierungsantritt zumeist eine einfache Soldatenuniform. Dieser von ihm zuletzt getragene Uniformrock hat noch Spuren von Schnupftabak und vom Stock abgewetzte Stellen.

Quellen in standardisierter Form erschließen und interpretieren

Der Umgang mit Quellen ist für die Erschließung, Auswertung und Interpretation von geschichtlichen Ereignissen unentbehrlich. Die Quellen ermöglichen dem Betrachter einen unmittelbaren Blick in die Vergangenheit oder lassen die Vergangenheit zumindest nahe an ihn heranrücken. Unter dem Begriff der historischen Quelle werden zumeist Bilder, Schriftstücke und Gegenstände zusammengefasst oder anders gesagt: alles, was man sehen, lesen oder anfassen kann.

Auch wenn die Quelle bereits durch ihre Herkunft, ihr Alter oder ihr Aussehen einen historischen Wert trägt (z. B. ein Brief Friedrichs II.), gelangt man erst durch die Auswertung der in der Quelle enthaltenen Informationen zu gesichertem Wissen. Die weitere Aufgabe ist es, diese Informationen mithilfe des historischen Vorwissens zu bewerten. Hierdurch wird entweder der Erkenntnisstand gestützt oder ein neuer, bislang nicht berücksichtigter Aspekt in die historische Betrachtung aufgenommen. Dies kann so weit führen, dass sich aufgrund neuer Quellenerkenntnisse der gesamte Blick auf eine Person oder einen Zeitabschnitt verändert.

Jede Quellenform, ein Text, ein Bild oder ein Gegenstand, erfordert von den Historikern eine eigene Herangehensweise bei der Auswertung. Dennoch lassen sich wichtige übereinstimmende Arbeitsschritte festlegen.

Fragen an alle Geschichtsquellen

1. Entstehungszeit der Quelle
– Wer ist der Autor und aus welcher Zeit stammt die Quelle?
– Sammle deine historischen Kenntnisse zu der betreffenden Person und dem entsprechenden Zeitabschnitt.

2. Inhalt der Quelle
– Was wird in der Quelle gesagt oder ist auf bzw. in dieser dargestellt?
– Fasse den Inhalt des Textes zusammen oder beschreibe das Bild.

3. Absicht der Quelle
– An wen richtete sich die Quelle ursprünglich und welche Absicht wurde mit der Quelle (dem Text, dem Bild, dem Gegenstand) verfolgt?
– Ermittle den Empfänger und erkläre die Absicht des Verfassers.

4. Aussagewert der Quelle
– Welche historische Erkenntnis ergibt sich unmittelbar aus der Quelle?
– Fasse die Ergebnisse der Quellenbetrachtung zusammen.

5. Bewertung der Quelle
– Welche Rückschlüsse ergeben sich aus der Interpretation der Quelle?
– Interpretiere die Quelle mithilfe deiner historischen Kenntnisse.

Fragen an diese Geschichtsquellen

1. Erstelle eine Tabelle, in der du zu jeder der drei Quellen ihre Entstehungszeit, den Inhalt und die Absicht einträgst.

	Entstehungszeit	Inhalt	Absicht
M1: …			

2. Begründe, dass für Friedrich II. sein Staat stets an oberster Stelle stand.

England: Gesellschaft und Wirtschaft verändern sich

Das Machtgefüge ändert sich in England
Prunkvolles Leben wie am Hofe Ludwigs XIV. von Frankreich suchte man in England vergebens. Anders als im absolutistischen Frankreich begannen bereits im 16. Jahrhundert die gesellschaftlichen Schranken in England zu verschwinden. Einflussreiche, vermögende und gebildete Bürgerliche konnten im Ansehen sogar auf eine Ebene mit dem Adel gelangen. Der Hochadel (Peers) besetzte die wichtigsten politischen Ämter, während der niedere Adel (Gentry) im Gegensatz zu seiner tatsächlichen wirtschaftlichen Macht nur wenig politische Mitsprache hatte. Durch ein hohes Einkommen konnten einfache Kaufleute in die Gentry aufsteigen.

Die Gesellschaft in England wandelt sich
So zählten zur Gentry reiche Kaufleute und Großgrundbesitzer, die politisch mitbestimmen durften und das *Zensuswahlrecht* erhielten. Diese „Gentlemen" erweiterten ihre großen Landwirtschaftsbetriebe, die durch Hecken und Zäune „eingehegt" wurden und mit denen die Kleinbauern und Pächter nicht konkurrieren konnten. Die Kleinbauern gaben oft ihre Höfe auf und zogen in die Städte, um in den Handwerksbetrieben Arbeit zu finden. Zusammen mit den Almosenempfängern bildeten sie die einfachen Leute („common people"). Bauern, die einen eigenen Hof besaßen oder gepachtet hatten, bezeichnete man als Freibauern und zählte man zur sogenannten „Yeomanry".

Es ging den Menschen durch Armut und die „Große Pest" von 1665 sehr schlecht, aber die Bevölkerung wuchs stetig. Im Gegensatz zum übrigen Europa erlebte England ein großes Bevölkerungswachstum. London verdoppelte seine Einwohnerzahl zwischen 1665 und 1714 sogar auf 400 000, was aber das Entstehen großer Elendsviertel zur Folge hatte.

England hat Kolonien auf der ganzen Welt …
Wichtige englische Handelsniederlassungen wurden neben Afrika auch in Nordamerika, in Indien und in Australien gegründet. Das englische Parlament erließ 1651 die Navigationsakte, ein Gesetz zur Sicherung des britischen Handels und Unterdrückung der ausländischen Konkurrenz, wogegen vor allem Frankreich protestierte.

Die erste britische Kolonie auf dem nordamerikanischen Kontinent war Jamestown in Virginia, das 1607 entstand. England musste sich das Land in Nordamerika mit den Konkurrenten Spanien, Holland und Frankreich teilen. Durch den vergrößerten Kolonialhandel schlossen sich einige englische Kaufleute zu großen Handelsgesellschaften zusammen, wie z. B. zur privaten **East India Company** (Britische Ostindische Handelsgesellschaft). Diese wurde ähnlich wie die Hanse zum Schutz der Handelswege gegründet. Sie organisierte neben dem Handel mit Indien den Südamerika- und Karibikhandel und verfolgte Piraten. Zeitweise konnte die East India Company die Politik in der indischen Kolonie bestimmen. 1813 verlor die Gesellschaft allerdings ihre Sonderrechte und man übertrug diese Rechte an die englische Krone. Das Parlament erließ hierzu 1858 ein neues Gesetz.

M 1 **Englischer Gentleman,** ein Angehöriger der Gentry

Zensuswahlrecht

beschränktes, vom Vermögen bzw. der Steuerleistung abhängiges Wahlrecht

M 2 Das offizielle Emblem der „Britischen Ostindischen Handelsgesellschaft" kennzeichnete deren Waren. Mit Schablonen, Stempel und Brenneisen wurde es aufgetragen.

M 3 England und seine Kolonien bis 1763

Australien

abgeleitet von lateinisch „terra australis" auf Deutsch „südliches Land"

In *Australien* gab es bereits holländische und spanische Kolonien, bevor James Cook 1770 das Land für die britische Krone in Besitz nahm. Weil aber auch andere Mächte großes wirtschaftliches Interesse an Kolonien hatten, kam es zur Rivalität zwischen England, Frankreich und Holland. Ab ca. 1650 verlagerte sich der Handel mit dem europäischen Festland zu den Überseegebieten und jeder zehnte Engländer lebte vom Handel mit den Kolonien. In dieser Zeit entstand auch der Dreieckshandel mit englischen Fertigprodukten nach Afrika, Sklaven von dort nach Amerika und exotischen Rohstoffen zurück nach England. Aus Indien bezog England Tee, Gewürze, edle Stoffe und Parfums.

… und führt Krieg mit Frankreich

Der **Siebenjährige Krieg** wurde nicht nur in Europa ausgetragen. Auch in den Kolonien standen sich Franzosen und Engländer feindlich gegenüber und kämpften um die Vorherrschaft vor allem auf dem nordamerikanischen Kontinent. Die meisten Indianerstämme verbündeten sich mit den Franzosen. Deshalb bezeichnet man diesen Krieg als Franzosen- und Indianerkrieg. Nach dem Sieg der Briten fielen 1763 im Britisch-Französischen Friedensschluss alle französischen Territorien östlich des Mississippi (außer New Orleans) sowie die von Franzosen besiedelten Gebiete um Québec und Montreal, das schließlich Kanada bildete, an England. Spanien hatte auf der Seite Frankreichs gekämpft und musste nach dem Krieg Florida an England abtreten.

Aufgaben

1. Erläutere die gesellschaftliche Veränderung im England des 16. Jahrhunderts.
2. Begründe, weshalb so viele Menschen vom Land in die Städte zogen.
3. Recherchiere im Internet, in welchen Ländern die englische Königin heute Staatsoberhaupt ist.

M 4 Einhegung von Großgrundbesitz

Ein zeitgenössischer Bericht schildert den Vorgang der Einhegungen:

In Northamptonshire und Lincolnshire hat die Einhegung der Gemeindeländereien sehr vorgeherrscht […]. Es ist nichts Ungewöhnliches, vier oder fünf reiche Viehmäster große, jüngst einge-
5 hegte Gebiete besitzen zu sehen, die sich früher in der Hand von 20 bis 30 Pächtern und ebenso vielen kleineren Eigentümern befanden. Alle diese wurden mit ihren Familien und ihrem Besitztum hinausgeworfen […].

zit. n.: Marx, K.: Das Kapital. S. 753 f.

M 5 Über die britische Ostindische Handelsgesellschaft

Anthony Farrington, ehemaliger Handelsbeamter, schrieb über die East India Company:

Die East India Company war keine einfache Handelsorganisation. Sie war eine besondere Firma, denn sie genoss staatliche Unterstützung. Sie besaß ein Handelsmonopol, kannte also keine
5 Konkurrenten, zumindest keine britischen. Sie wurde unterstützt von der königlichen Flotte und von der britischen Armee. Für ihre Geschäfte in Asien durfte sie sogar eigene Truppen unterhalten. Und sie bekam von der britischen Regierung
10 günstige Darlehen.

Farrington, Anthony: Trading Places: The East India Trading Company an Asia 1600–1834. London, 2002. (übersetzt)

M 6 Die englische Gesellschaft im 17. und 18. Jahrhundert

Zur Erläuterung:
Peers: Hochadel, weltliche und geistliche Lords
Gentry: niederer Adel, ländliche Großgrundbesitzer, reiche städtische Bürger
Yeomanry: selbstständige Bauern
Wahlrecht: Das Wahlrecht hatten erwachsene Männer mit einem Jahreseinkommen von mindestens 40 Schilling.

M 7 Überreste der Einhegung auf der britischen Insel Aran

M 8 Aus der Navigationsakte von 1651

Die Navigationsakte war ein Gesetzesbeschluss des englischen Parlaments vom 9. Oktober 1651 zur Regulierung von Schifffahrt und Seehandel.

Um die Zunahme der Seemacht zu fördern und die Schifffahrt dieser Nation zu ermutigen, die unter der guten Fürsorge und im Schutze Gottes ein so großes Mittel der Wohlfahrt und Sicherheit dieses
5 Gemeinwesens ist, wird durch dieses Parlament verfügt, dass vom 1. Dezember 1651 an Güter oder Waren welcher Art auch immer, die aus Asien, Afrika oder Amerika stammen, sowohl von den englischen als von anderen Kolonien in die englische Republik eingeführt werden sollen, auf kei- 10 nem anderen Schiffe als nur einem wirklich dem Volke dieser Republik zugehörigen und wovon Kapitän und Matrosen zum größten Teil Engländer sind […]. Und es wird weiter verordnet, dass keine Waren, die aus Europa stammen, nach dem 15 1. Dezember 1651 nach England eingeführt werden auf irgendeinem Schiff, es sei denn wirklich englisch […].

zit. n.: Ranke, L. von: Geschichte Englands. Band 1. S. 84

M 9 Der Broadquay existiert noch heute im alten Hafenviertel von Bristol.
Gemälde von Peter Monamy

Aufgaben

1. a) Beschreibe die Veränderungen in der Landschaft Englands. → M4, M7
   b) Überlege, welche sozialen Folgen diese Änderungen hatten. → M4, M7
2. Erläutere die Besonderheiten der Britischen Ostindischen Handelsgesellschaft. → M5
3. Erkläre, warum man jemandem, der mehr Steuern zahlt, das Wahlrecht gibt. → M6
4. Notiere, welche Vorteile England aus der Navigationsakte von 1651 zog. → M8
5. Verfasse aus der Sicht eines Hafenarbeiters am Broadquay einen kurzen Bericht darüber, welche Arbeiten und Waren du im Laufe eines Arbeitstages erledigen und transportieren musst. → M9

Europa und die frühneuzeitliche Staatenbildung

M 1 **Parlamentseröffnung durch Königin Elisabeth II.,** Foto von 2008
Seit über 700 Jahren ist es Tradition, dass der König oder die Königin von England das Parlament eröffnet.

Parlament

Das Parlament (von altfranz.: parlement = Unterredung; franz.: parler = reden) ist eine Volksvertretung, die aus einer oder zwei Kammern bestehen kann.

Das englische Parlament gewinnt an Einfluss

Wer hat die Macht in England?

In England berieten – wie auch in anderen europäischen Staaten – im Mittelalter die Fürsten und Bischöfe den König bei wichtigen Entscheidungen. Die Macht des Königs war nicht absolut, denn die Könige waren von ihren Rittern und Fürsten abhängig, weil sie für Kriege auf Soldaten und Geld angewiesen waren. In England wurde die Königsmacht seit 1215 durch die **„Magna Charta Libertatum"** kontrolliert, eine Urkunde, welche die Rechte des Königs einschränkte und die Rechte der Kaufleute und Bauern bestätigte. Sie enthielt vor allem das wichtige Mitbestimmungsrecht der Fürsten. Der König durfte nur noch mit Zustimmung des **Parlaments** Steuern erhöhen oder Gesetze ändern.

Die Entwicklung des englischen Parlaments

Das *Parlament* teilte sich 1265 in zwei Kammern, nachdem niedere Ritter und bürgerliche Vertreter dem Parlament beitreten konnten. So entstanden das Oberhaus (House of Lords), in dem die Fürsten und der Klerus saßen, und das Unterhaus (House of Commons), in dem wohlhabende Kaufleute und die Vertreter der Städte und Grafschaften tagten. Die Kaufleute wurden mit der Zeit sehr reich und forderten mehr politische Mitsprache. Die Lords standen bei Streitigkeiten meist auf der Seite des Königs. Der König versuchte aber immer wieder, die Rechte des Parlaments einzuengen, während im Gegenzug das Parlament danach strebte, seine Rechte weiter auszubauen, wie z. B. das alleinige Recht, Gesetze zu erlassen.

Die Könige wollen absolutistisch herrschen

Die Streitigkeiten zwischen der Krone und dem Parlament erreichten unter der Herrschaft Jakobs I. und seines Nachfolgers ihren Höhepunkt. Da Jakob I. absolutistisch herrschen wollte, glaubte er, er müsste sich nicht an die Gesetze halten.

Als Jakob I. Geld brauchte, musste er für eine Steuererhöhung das Parlament einberufen. Die Parlamentarier forderten jedoch, sollten sie dem zustimmen, mehr Rechte für sich. Deshalb löste der König das Parlament auf, zog mit Gewalt Steuern ein und ließ seine politischen Gegner hinrichten. Als sein Sohn Karl I. an die Macht kam, versuchte er sich mit dem Parlament zu einigen. Er unterschrieb 1628 die „Petition of Rights", in der die Rechte des Parlaments und der Bürger bestätigt wurden. Zur Finanzierung eines Krieges berief er das Parlament wieder ein. Das Parlament verweigerte ihm jedoch das Geld, worauf es zu einem Bürgerkrieg kam, in dem die Truppen des Königs gegen die Parlamentstruppen kämpften.

Der König verlor den als **„Bloody Revolution"** (1642–1649) bezeichneten Bürgerkrieg, wurde gefangen genommen und vom Parlament vor Gericht gestellt. Da er einen Krieg gegen sein eigenes Volk geführt hatte, wurde er zum Tode verurteilt und hingerichtet. Nach dem Tod des Königs wurde Großbritannien (England, Schottland und Irland) zur **Republik** unter der Bezeichnung **„Commonwealth"**. Damit kam das Parlament nun an die Macht.

M 2 **Jakob I.** war von 1603 bis 1625 König von Großbritannien. Porträt von John de Critz, um 1606

M 3 Oliver Cromwell
Er verlieh sich selbst den Titel „Lordprotector" (ursprünglich: Erzieher des Thronfolgers).

In der Friedenszeit nach dem Bürgerkrieg wurde England von **Oliver Cromwell** regiert, der auf der Seite des Parlaments die Truppen gegen die Krone angeführt hatte. Er löste 1653 das Parlament nach Unstimmigkeiten auf und regierte das Commonwealth als Diktator bis zu seinem Tod. Sein Nachfolger konnte Cromwells Herrschaftsform nicht aufrechterhalten und scheiterte schließlich – das Parlament erlangte die Macht zurück und beschloss, wieder einen König einzusetzen.

England braucht einen neuen König
So wurde die Monarchie 1660 durch das Parlament mit Karl II., dem Sohn Karls I., wieder eingeführt. Sein Nachfolger wurde 1685 sein Bruder Jakob II. Da dieser jedoch absolutistisch herrschen wollte, wurde er vom Parlament abgesetzt und vertrieben. Englischer König wurde auf Beschluss des Parlaments **Wilhelm III. von Oranien** aus den Niederlanden, ein entfernter Verwandter des englischen Königshauses, der nicht in die Vorgeschichte verwickelt war. Dieser landete am 5. November 1688 in England und vertrieb Jakob II. ins französische Exil. Dieser Herrscherwechsel verlief unblutig und wird deshalb als „**Glorious Revolution**" (Glorreiche Revolution) bezeichnet.

Der Kompromiss – die parlamentarische Monarchie
Erst nachdem 1689 die **Bill of Rights** (Gesetz der Rechte) durch Wilhelm anerkannt wurde, erklärte ihn das Parlament zum neuen König. Die Bill of Rights verhinderte die Alleinherrschaft des Königs und teilte die Macht zwischen dem Parlament und dem König auf. Folgende Rechte legte die Bill of Rights fest: Das Parlament
- darf ohne Beschränkung beraten,
- bewilligt die Steuern,
- legt per Abstimmung Gesetze fest,
- muss zustimmen, wenn der König ein Heer aufstellt,
- kontrolliert, dass jeder Verhaftete nach spätestens drei Tagen vor einen Richter geführt wird.

In Wilhelms Regierungszeit gelang es dem Parlament, seine Rechte wesentlich zu erweitern, so hatte z. B. der König keinen Einfluss mehr auf die Parlamentswahlen und ein Speaker (Sprecher) teilte regelmäßig dem König die Parlamentsbeschlüsse mit. Dieses Regierungssystem nennt man bis heute **parlamentarische Monarchie.** Das vom Volk gewählte Parlament erlässt die Gesetze, die Regierungsgeschäfte werden vom Premierminister und seinen Ministern geführt. Bei der parlamentarischen Monarchie hat die Krone keine Möglichkeit, die Regierung abzusetzen, und übt weniger Einfluss auf die Staatsgeschäfte aus. Das Parlament ist bis heute das politische Machtzentrum in Großbritannien.

M 4 Statue Wilhelms III. von Oranien, König von England, Schottland und Irland
John van Nost zugeschrieben

Aufgaben

1. Überlege, weshalb die Magna Charta Libertatum (1215) den Fürsten Vorteile brachte.
2. Schildere die Ursachen und den Verlauf der Machtkämpfe in England.
3. Erkläre, weshalb Wilhelm III. von Oranien König von England wurde.

Europa und die frühneuzeitliche Staatenbildung

M 5 Der Standpunkt Jakobs I.

Diese Schrift erschien 1598, als Jakob I. (1603–1625) König in Schottland war:

Die Könige in Schottland waren bereits da, bevor es Stände oder Rangabstufungen […] gab, bevor überhaupt Parlamente abgehalten oder Gesetze gemacht wurden. Sie verteilten das Land, das
5 ihnen ursprünglich ganz gehörte, sie riefen durch ihren Befehl Stände ins Leben, sie entwarfen Regierungsformen und richteten diese ein.
Hieraus folgt notwendig, dass die Könige Urheber und Schöpfer der Gesetze waren und nicht umge-
10 kehrt. […] Es entspricht den erwähnten grundlegenden Gesetzen, wenn wir täglich sehen, wie im Parlament (das nichts anderes ist als der höchste Gerichtshof des Königs und seiner Vasallen) die Gesetze von den Untertanen nur erbeten, aber
15 vom König allein, wenn auch auf ihre Bitte und mit ihrem Rat gemacht werden. Der König erlässt nach eigenem Ermessen, ohne den Rat des Parlaments oder der Stände täglich Gesetze und Verordnungen […].

Margedant, Udo: Englands Weg zum Parlamentarismus. S. 52

M 6 Bill of Rights (1689)

Die Bill of Rights (dt.: Gesetz der Rechte) aus dem Jahr 1689 regelt die Rechte des englischen Parlaments gegenüber dem Königtum.:

Schildgeld oder Hilfsgeld (für das Heer des Königs) soll […] nur erhoben werden durch gemeinsamen Beschluss Unseres Königreiches […] Um den gemeinsamen Rat des Königreiches über die Erhebung eines Hilfsgeldes […] einzuholen, werden
5 Wir die Erzbischöfe, Bischöfe, Barone, Äbte und Grafen und größere Barone einzeln durch Unsere Briefe laden lassen; […] Kein freier Mann soll verhaftet, gefangen gehalten, enteignet, geächtet, verbannt werden […], es sei denn aufgrund eines
10 gesetzlichen Urteilsspruchs. […] Niemandem werden Wir Recht oder Gerechtigkeit verkaufen, niemandem verweigern oder verzögern.

Quellen zur Neueren Geschichte, Heft 16. S. 28 ff.

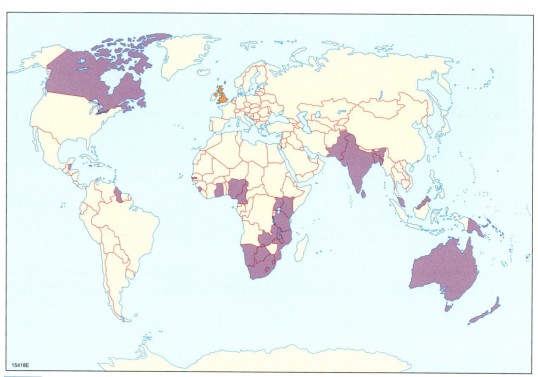

M 7 **Das Commonwealth of Nations (heute)** entwickelte sich aus dem größten Teil der Gebiete des früheren britischen Königreichs. Es besteht heute aus 54 unabhängigen Staaten. In 16 dieser Staaten ist die englische Königin Staatsoberhaupt.

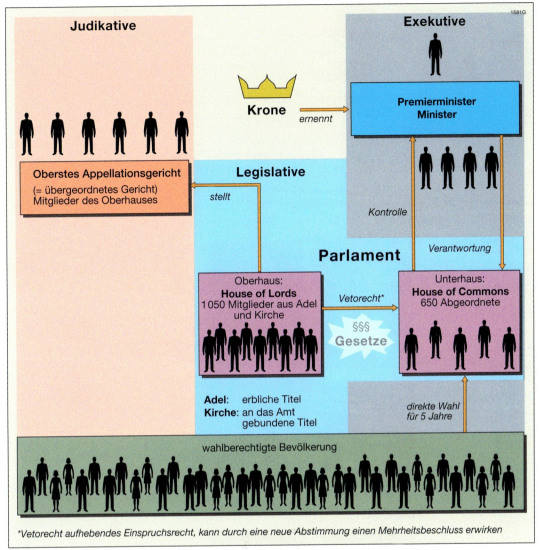

M 8 Schematische Darstellung der parlamentarischen Monarchie in England

Aufgaben

1. a) Fasse den Standpunkt des englischen Königs Jakob I. mit eigenen Worten zusammen. → M5
   b) Untersuche, ob seine Argumente „absolutistisch" sind. → M5
2. In der Auseinandersetzung zwischen König und Parlament wurden auch Rechte für den Einzelnen errungen. Schreibe sie aus der Quelle heraus. → M6
3. Schreibe aus der Sicht eines anwesenden Parlamentsmitgliedes einen kurzen Bericht über die Unterzeichnung der „Bill of Rights". Berücksichtige dabei, dass dies für England ein wichtiges Ereignis war. → M6
4. Finde mithilfe eines Atlasses mindestens sieben Staaten des heutigen Commonwealth heraus. → M7
5. a) Beschreibe die Aufgaben des Ober- und Unterhauses, des Premierministers und des Königs. → M8
   b) Recherchiere im Internet, welche politischen Aufgaben die Krone in Großbritannien hat. → M8

Europa und die frühneuzeitliche Staatenbildung

Ludwig XIV. (1638–1715)

Oliver Cromwell herrscht als Diktator in Großbritannien (1649–1658)

Förderung von Manufakturen (ab 1664

| 1600 | 1625 | 1650 | 1675 |

Jeweils drei Dinge gehören zusammen. Ordne in deinem Heft immer je einen Namen (1–8) einem Bild (A–H) und einer Aussage einander zu.

1. Friedrich II. …
2. Maria Theresia …
3. Jean Baptiste Colbert …
4. Oliver Cromwell …
5. Jakob I. …
6. Ein Gentleman …
7. Joseph II. …
8. Ludwig XIV. …

A
B
C
D
E
F
G

 A
 E
 B
 F
 C
 G
 D

 H

… beteiligte sich an der Aufteilung Polens.

… sagte: „Der Staat bin ich!"

… regierte England als Lordprotector.

… gehörte der Gentry in England an.

… sagte: „Ich bin der erste Diener meines Staates!"

… war der Begründer des Merkantilismus.

… führte in Österreich aufgeklärte Reformen durch.

… wollte in England absolutistisch herrschen.

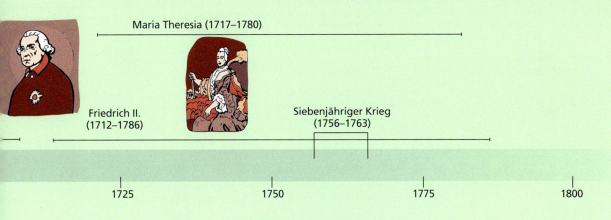

Zusammenfassung

Der französische König **Ludwig XIV.** regierte als König mit uneingeschränkter Macht. Er allein bestimmte über das Land, das Militär, erließ Gesetze und urteilte gleichzeitig als oberster Richter. Entsprechend des **Gottesgnadentums** sah sich Ludwig nur Gott gegenüber als verantwortlich. Er bestimmte über die Religion und wurde von der katholischen Kirche unterstüzt. Der **Sonnenkönig** Ludwig XIV. wurde zum Vorbild für andere Herrscher in Europa.

Allerdings war der finanzielle Aufwand für das **Hofzeremoniell** in Schloss **Versailles** enorm. Ebenso mussten das stehende Heer und Ludwigs Kriege um die **Hegemonie** in Europa finanziert werden. Um mehr Geld für den König zu erwirtschaften, griff der Minister Colbert mit dem **Merkantilismus** gezielt in die französische Wirtschaft ein. Dennoch gelang es nicht, die ständig zunehmende Verschuldung des Staates aufzuhalten. Letztlich scheiterte Ludwig XIV., denn am Ende seiner Herrschaft war nicht Frankreich, sondern England die Vormacht in Europa.

Das Heilige Römische Reich (Deutscher Nation) bestand aus sehr vielen einzelnen Fürstentümern. Der **Föderalismus** prägte das Reich, denn dessen absolute Herrscher strebten einerseits nach Unabhängigkeit vom Kaiser. Andererseits waren die Fürsten aber auch an das Reich gebunden. Im **Reichstag** sicherten sie gemeinsam immer wieder ihre Rechte gegen den Kaiser ab.

Im 18. Jahrhundert stieg Preußen zu einer der führenden Großmächte in Europa auf. **König Friedrich II. von Preußen** vergrößerte seinen Staat und stärkte ihn durch Reformen. Die Kriege um Schlesien brachten Friedrich II. immer wieder in Konflikt mit **Kaiserin Maria Theresia von Österreich.** Der **Dualismus** der beiden Großmächte Österreich und Preußen prägte auch das folgende Jahrhundert deutscher Geschichte.

Das englische Königreich entwickelte sich zur führenden europäischen Kolonial- und Handelsmacht. Allerdings beeinflusste dies auch die englische Gesellschaft, denn reiche Bürger und Adlige forderten immer mehr politische Mitsprache. Die englischen Könige wollten aber absolutistisch herrschen. Erst nach einer Reihe von Kämpfen setzte sich das Parlament durch. Wilhelm von Oranien wurde nach der Unterzeichnung der **Bill of Rights** englischer König. Das englische Königreich ist seitdem eine **parlamentarische Monarchie,** in der die Rechte des Königs zugunsten des Parlaments eingeschränkt sind.

Filmtipp

Die Deutschen, Teil 6 –
Preußens Friedrich und die Kaiserin.
ZDF 2008

Lesetipp

Desplat-Duc, Anne-Marie:
Charlotte, die Rebellin. Am Hof des Sonnenkönigs.
DTV 2009

Tremain, Rose; Deffner, Elfie:
Des Königs Narr. Roman aus dem England des 17. Jahrhunderts.
DTV 2003

Spieletipp

Friedrich,
Histogame Spieleverlag

2. Prägung Europas durch Barock und Aufklärung

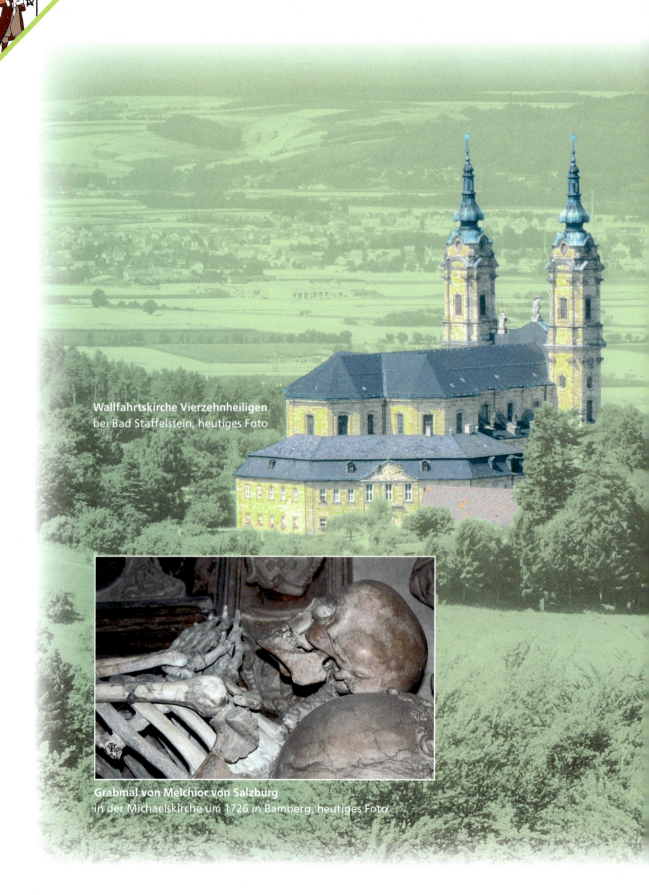

Wallfahrtskirche Vierzehnheiligen bei Bad Staffelstein, heutiges Foto

Grabmal von Melchior von Salzburg in der Michaelskirche um 1726 in Bamberg, heutiges Foto

| 1500 | 1550 | 1600 | 1650 | 1700 | 1750 | 1800 | 1850 |

Zentren des Barock

Alltag auf einem Bauernhof, Gemälde, um 1600

Isaac Newton, Kupferstich um 1726

Prägung Europas durch Barock und Aufklärung

M 1 **Reiter auf Kamel aus Perlen**
Perlenfigurine eines unbekannten Meisters, vor 1706 gefertigt
Die Perlen, die den Kamelkörper bilden, sind unregelmäßig, also „schiefrund".

M 2 **Skelettdarstellung an der Begräbniskapelle des Würzburger Doms.** Die barocke Kapelle wurde als Grablege des Fürstbischofes Johann Philipp von Greiffenclau an den Dom angebaut.

Die Erfindung eines neuen Stils – das Barockzeitalter

Barock – schiefrund und fehlerhaft

Der Stil des **Barock** ist bis in unsere Zeit gegenwärtig. In vielen Orten finden sich Kirchen, Schlösser oder Gärten, aber auch Gemälde und Plastiken (Steinfiguren) aus dieser Kunstepoche. Außerdem kennen wir berühmte Schriftsteller und Komponisten aus dieser Zeit. Dabei wurde der Begriff „Barock" zunächst abwertend verwendet: „Barocco" bezeichnet im Portugiesischen eine nicht gleichmäßig gewachsene Perle. Eine solche schiefrunde Perle war von minderer Qualität und daher kaum zu verkaufen. Zudem vermutet man heute, dass der Begriff „Barock" auf ein lateinisches Wort zurückgeht, das übersetzt Warze bedeutet. Damit wird noch deutlicher, dass das Wort negativ gemeint war. In der damaligen Zeit galt der Barock als eine Kunst, die fehlerhaft war, die verunstaltet war, die wie eine Warze ein Auswuchs ist.

Hinter dieser Einschätzung verbirgt sich aber eine ganz andere Sicht von Kunst als die der Epochen zuvor: „Schiefrunde", „verunstaltete" Barockkunst wurde bereits von Zeitgenossen als eine Spielart des „Bizarren" beschrieben. Das heißt, dass diese Kunst versuchte, etwas sehr eigenwillig, absonderlich oder verzerrt darzustellen. Das Übertriebene, das heute schwülstig wirkt, betrifft aber immer nur Details: Als Ganzes sind barocke Kunstwerke nie chaotisch, sondern wohlgeordnet.

Krieg – allgegenwärtiger Tod und Suche nach Vergnügen

Ohne Vorwissen sind barocke Kunstwerke nur schwer zu verstehen. Die Künstler der damaligen Zeit verwendeten eine andere „Sprache", sie bedienten sich für uns heute unverständlicher Symbole und Zeichen. Das Zeitalter des Barock, welches das 17. und 18. Jahrhundert prägte, brachte Herrscher hervor, die sich selbst in den Mittelpunkt rückten. Diese absolutistischen Fürsten sahen sich als den Nabel der Welt und wollten durch Bauten, Kunstwerke oder die Neuanlage ganzer Städte unsterblich werden.

In dieser Epoche gab es zudem viele kriegerische Auseinandersetzungen und religiöse Konflikte:
- Die katholische Kirche bekämpfte Luthers neue evangelische Lehre nicht nur mit Worten, sondern auch mit Bauten, die die Größe des Katholizismus zeigen sollten.
- Der Dreißigjährige Krieg (1618–1648) wurde auf ganz andere Weise von der Kunst des Barock aufgegriffen: Die Angst vor dem Tod war allgegenwärtig und wurde künstlerisch verarbeitet.

Um den Leiden des Kriegs zu entfliehen, stellten zahlreiche Maler und Dichter dem eine andere Welt gegenüber: In dieser betonten sie die Vergnügungen, das Genießen und die Sinnesfreuden des Lebens wie zum Beispiel dadurch, dass sie ausgelassene Gelage feierten.

Angemessener Auftritt in einer streng geordneten Welt

Barocke Kunst zeigt aber noch viel mehr. Die damalige Gesellschaft war in Stände gegliedert. Sie wiesen den Menschen aufgrund ihrer Herkunft oder ihrer Tätigkeit einen festen, unverrückbaren Platz zu. Dies funktionierte über Kleider- oder Sitzordnungen, zum Beispiel in der Kirche, aber auch durch die barocke Kunst. Ein Vertreter des Adels, der Geistlichkeit oder des Bürgertums trat in der Öffentlichkeit nach bestimmten Regeln auf. Wurde er gemalt, verwendete der Künstler ebenfalls genau festgelegte Symbole, um die Person und ihren Stand darzustellen. Es ging also um weit mehr als um die Darstellung eines Menschen, eines Individuums. Es ging immer auch darum, die Persönlichkeit als Teil eines Ganzen zu zeigen: Der Einzelne war Teil der Gesellschaft und in diese fest eingebunden.

Barocke Kunst: Abwandlung eines immer gleichen Themas

Auf vielen barocken Kunstwerken findet man immer wieder die gleichen Zeichen und Symbole: Totenköpfe oder Sanduhren standen für den Tod und dafür, dass das Leben schnell vorübergeht. Kleine Engel, sogenannte Putten, in Kirchen zeugten von der vielfachen Verehrung Gottes. Reife Trauben auf Gemälden spielten auf den Herbst an und sind ein weiteres wichtiges Motiv des Barock: das der Vergänglichkeit. Man war überzeugt, dass das Leben wie eine Blume verwelkt. Daher finden sich auf vielen Gemälden Skelette oder tote Tiere.

Das Selbstverständnis der barocken Künstler war also ein ganz anderes als das der Künstler heute: Es war nicht wichtig, etwas Neues, noch nie Dagewesenes zu schaffen. Vielmehr war die Aufgabe des Malers, Bildhauers, Architekten, Dichters, Komponisten oder Kunsthandwerkers, die vorgegebenen Formen und Symbole neu anzuordnen, sie also zu variieren: Man wählte ein für jeden verständliches Zeichen, zum Beispiel eine antike Sagengestalt wie Amor, den Gott der Liebe. Dann ordnete man auf dem Gemälde die Symbole – den Bogen und den Liebespfeil – und die Haltung der Figur neu an. Gleiches gilt für andere Kunstgattungen wie Musik, Architektur und Kunsthandwerk:

- In den Fugen (Klavierstücken) von **Johann Sebastian Bach** wird eine Melodie mehrfach wiederholt oder auch „spiegelverkehrt" gespielt.
- Die Bauwerke von Architekten wie **Gianlorenzo Bernini,** der den Petersplatz in Rom gestaltete, oder **Balthasar Neumann,** der die Würzburger Residenz erbaute, werden von Fassaden bestimmt, in denen bestimmte Teile wie Verzierungen über Fenstern immer wiederkehren.
- Die **Gebrüder Asam** gestalteten in Süddeutschland zahlreiche Innenräume von Kirchen, in denen sie auf sich ähnelnde Ornamente und Symbole zurückgriffen.

Heute hat man bei manchen barocken Kunstwerken den Eindruck, die Künstler hätten ihre Ideen voneinander gestohlen. Dabei haben sie das vorgegebene Thema nur abwechslungsreich bearbeitet.

M 3 Amor
Gemälde von Parmigianino um 1533 im Stil der Malerei unmittelbar vor dem Barock

M 4 Amor
Gemälde von Caravaggio, um 1600

Aufgaben

1. Zeige anhand der ursprünglichen Bedeutung von Barock, wie dieser Stil sich in der Perlenfigurine zeigt. → M1
2. Erkläre, wie die Kunst des Barock die ständische Gesellschaft wiedergibt.
3. Vergleiche die Gemälde von Parmigianino und Caravaggio in Bezug auf die Körperhaltung und den Gesichtsausdruck des Amor, die abgebildeten Gegenstände und anderer Details.
→ M3, M4

53

Prägung Europas durch Barock und Aufklärung

M 5 Über den Sinn der Städtearchitektur

Der französische Denker Descartes bemerkt 1637 über planvolle Stadtarchitektur Folgendes:

[…] Werke, die aus mehreren Stücken bestehen und von der Hand verschiedener Meister stammen, [sind] häufig nicht so vollkommen wie die Arbeiten eines Einzelnen. […] Ebenso sind jene
5 alten Städte, die erst im Laufe der Zeit zu Städten geworden sind, verglichen mit jenen regelmäßigen Plätzen, die ein Ingenieur nach freiem Entwurf auf einer Ebene absteckt, für gewöhnlich ganz unproportioniert [nicht ebenmäßig] und
10 man muss sagen, dass ihre Häuser eher der Zufall so verteilt hat und nicht die Absicht vernünftiger Menschen.

Descartes, René: Discours de la méthode. 1637

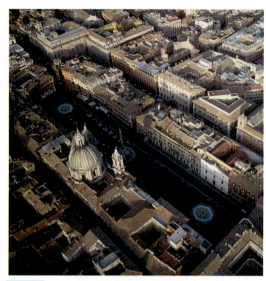

M 6 Piazza Navona in Rom

Brunnen in der Mitte von Plätzen und Kreuzungen dienten als Erholungs- und Orientierungspunkte für Pilger. An anderen zentralen Orten Roms wurden Obelisken (rechteckige, schmale Säulen) aufgestellt, sodass die Pilger auf den neuen, breiten Straßen zur nächsten Wallfahrtskirche gelangen konnten. Der Brunnen auf der Piazza Navona wurde von Gianlorenzo Bernini gestaltet.

M 7 Neuanlage von Straßen in Rom

Die Straßen verbanden die einzelnen Wallfahrtskirchen und Sehenswürdigkeiten.
Rekonstruktionszeichnung aus Plänen um 1590

1 Engelsburg
2 Piazza del Popolo
3 Piazza Navona
4 Kapitol
5 Colosseum
6 Lateran
7 S. Maria Maggiore
8 Porta Pia
9 Quirinal
10 Trinità dei Monti

M 8 Notenblatt J. S. Bachs

Das Präludium in C-Dur ist eines der bekanntesten Klavierstücke Bachs. Es ist Teil des „Wohltemperierten Klaviers", einer Sammlung von Fugen.

M 9 Johann Sebastian Bach (1685–1750)

Auf dem Notenblatt, das Bach in seiner Hand hält, befinden sich Noten, die seinen Namen wiedergeben: b-a-c-h

M 10 Bildgattungen barocker Malerei

Die Künstler des Barock legten sich in ihrer Malerei auf verschiedene Bildmotive fest, die streng geordnet waren. Auf der untersten Ebene standen Landschaftsbilder und sogenannte Stillleben, auf denen Gegenstände gruppiert waren. Die mittlere Ebene bildeten die Porträts, meist von berühmten Personen. Als höchste Ebene wurde das Historienbild gesehen. Auf ihm wurden sehr handlungsreiche geschichtliche Ereignisse dargestellt oder auch Heiligenlegenden. Alle Künstler des Barock hielten sich an diese Einteilung, da sie der Welt eine Ordnung gab: Über der Natur und den Dingen (Landschaft, Stillleben) steht der einzelne Mensch (Porträt), darüber thront die geschichtlich gewachsene Gesellschaft (Historienbild).

Vanitas, Gemälde von Pieter Claesz, um 1630.
Vanitas bedeutet Vergänglichkeit

Infant Philipp Prosper
Gemälde von Diego Velázquez, 1659

Die Übergabe von Breda
Gemälde von Diego Velázquez, 1634/35

Aufgaben

1. a) Notiere in einem Satz, was Descartes über gelungenen Städtebau sagt. → M5
   b) Überlege, inwieweit diese Einstellung von Descartes auf den Stadtausbau in Rom zutrifft.
   → M6, M7
2. Auch in Bachs Werken gibt es „Wiederholungen" und „Abwandlungen" eines Themas. Finde im Notenblatt dieses Prinzip wieder, indem du den Aufbau der linken (untere Notenzeile) mit der rechten (obere Notenzeile) Takt für Takt vergleichst. → M8
3. a) Beschreibe in jeweils zwei bis drei Sätzen die barocken Gemälde nach Aufbau, Farben und Abgebildetem. Ordne sie den Gattungen Historienbild, Stillleben und Porträt zu. → M10
   b) Erkläre, warum das Gemälde „Vanitas" typisch für die Barockzeit ist.
   → M10
   c) Velázquez hat mehrere Gemälde von Kindern der Königsfamilie in gleicher Pose erstellt. Welche Einstellung zu barocker Kunst spiegelt sich darin?
   → M10

Prägung Europas durch Barock und Aufklärung

Den Herrscher loben – Kunst, die Macht ausdrückt

Kunst als „Lobrede" auf den Herrscher

In Zeiten ohne moderne Massenmedien musste ein Herrscher sich auf andere Art und Weise in das Bewusstsein seiner Untertanen bringen. Seine Herrschaft wurde genau inszeniert, also in Szene gesetzt. Das traf auf den absolutistischen Herrscher ganz besonders zu. Bilder jeder Art waren dabei ein wirksames Mittel, aber auch die Architektur konnte verdeutlichen, dass ein Herrscher mächtig, selbstbewusst und auch stilbildend ist.

Absolute Herrscher wie Ludwig XIV. konnten ihre Macht nicht einfach aus dem Nichts aufbauen. So übernahmen viele Herrscher eine damals weit verbreitete Lehre des englischen Denkers Thomas Hobbes: Die Menschen geben seiner Ansicht nach ihre Rechte an den Staat ab, dessen Herrscher für die Sicherheit aller Untertanen sorgt. Die Idee eines solchen allumfassenden Staates in der Hand einer Person sollte nun durch einprägsame Bilder unters Volk gebracht werden. Diese Bilder zeigten also die Herrschaft und schrieben sie fest:

- In den Stuben fürstlicher Ämter hingen Gemälde des Herrschers.
- Friedrich der Große ließ seinen Soldaten sogar ein Bild von sich in ihr Gebetbuch beilegen.

Die barocke Kunst allgemein diente also dazu, den Herrscher und seine Leistungen zu zeigen, ihn also öffentlich zu loben.

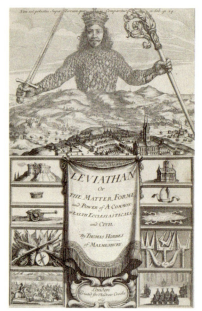

M 1 Titelbild des Buches „Leviathan" von Thomas Hobbes, 1651. Der Körper des Fürsten, der wie ein Riese über sein Land herrscht, ist aus zahlreichen Untertanen geformt. In den Händen hält er das Schwert (weltliche Macht) und den Krummstab (geistliche Macht). Auf den unteren Bildleisten sind die jeweiligen Herrschaftsmerkmale der weltlichen (links) und der geistlichen (rechts) Fürsten gegenübergestellt.

Zurschaustellung der Herrschaft in der fürstlichen Residenz

Neben Gemälden von Herrschern in Königspose, also mit Krone, Krönungsmantel und anderen Zeichen der Macht, waren es vor allem Schlösser, die diesen Auftrag erfüllten. Die im Barock neu erbauten Schlösser waren vorübergehende oder ständige Aufenthaltsorte eines Fürsten. Der Begriff Residenz bürgerte sich dafür ein: In einer Residenz wohnt – residiert – der Herrscher. Das Leben eines Fürsten dort bestand aus

- Herrschen, also den Regierungsgeschäften,
- Wohnen, also dem Alltag, und
- Repräsentieren, also sich als machtvollen Herrscher zu zeigen.

M 2 Schloss Karlsruhe, Luftbild

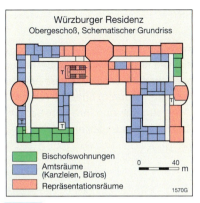

M 3 Grundriss der Würzburger Residenz
erbaut von Balthasar Neumann, Rekonstruktionszeichnung

All diese Bereiche des fürstlichen Lebens deckte die barocke Residenz ab. Dies hatte zur Folge, dass diese Bauten mehrere Aufgaben hatten, die in verschiedenen Räumen abliefen: Es gab Empfangs- und Ehrensäle, Schreibstuben und Amtszimmer und in der Regel auch eine Kapelle. Hauptaugenmerk der Architekten galt aber den Privatgemächern, die so prunkvoll ausgestattet waren, dass sie gar nicht mehr privat wirkten. Und in der Tat waren es keine „Wohnzimmer", wie wir sie heute nutzen. Die Räumlichkeiten des Fürsten waren Teil seiner Herrschaftsdarstellung, seiner Inszenierung als Fürst. Deswegen verwundert es nicht, dass Ludwig XIV. in seinem Schlafgemach morgens Adlige empfing.

Selbst Treppenhäuser und Flure wurden in die Architektur einbezogen, ebenso wie kunstvoll gestaltete Gärten. Meist führten die Wege im, vor und hinter dem Schloss geometrisch auf einen Punkt zu, etwa auf das Schlafzimmer des Herrschers oder auf den zentralen Empfangsraum in der Residenz.

Die Kirche als barocker Baumeister

Auch die Kirche, sowohl die katholische wie die evangelische, hatte großes Interesse, Gott und sich selbst sichtbar darzustellen. Prachtvolle Kirchen- und Klosterbauten beweisen, dass die Kirche bestrebt war, Gottes Größe zu zeigen und die Gläubigen von sich zu überzeugen. In der Zeit des Barock, in der sich die Anhänger der Konfessionen bekämpften, waren Sakralbauten auch eine weithin sichtbare „Waffe" der eigenen Glaubensrichtung. Die Größe und die Ausstattung der Kirchen sollten jedem klarmachen, dass der „eigene" Gott siegreich über die andere Konfession herrschte. Zudem fühlten sich Äbte und Bischöfe ebenfalls als Fürsten. Dabei griffen sie auf barocke Stilelemente zurück, die sich auch in den fürstlichen Residenzen finden.

Barocke Kirchen und Klöster, sogenannte Sakralbauten, sind reich ausgestattet sowie farbenfroh und kommen dem Bild des „Schiefrunden" durch ihre Wandgestaltung und ihre Grundrisse sehr nahe. Wertvolle Materialien wie Marmor und Blattgold, verzierte Holzschnittarbeiten, Decken- und Altargemälde stellten die Kirche und Gottes Wirken in einer nie gekannten Pracht dar.

Der Blick des Gläubigen im Gottesdienst in solchen lichtdurchfluteten Kirchen wird durch die Architektur bewusst gelenkt. Säulen und die reflektierenden Silber- und Goldarbeiten führen seinen Blick zum Altar, der einer Bühne gleicht, auf der die Heilige Messe gefeiert wird. Für solche Kirchen wurde daher der Ausdruck „Heiliges Theater" üblich.

M 4 Weltenburger Klosterkirche
Chor mit Blick auf den Hochaltar, gestaltet von den Gebrüdern Asam

Aufgaben

1. Nenne zwei Arten, wie sich barocke Herrscher ins Bewusstsein ihrer Untertanen brachten.
2. Schreibe in eine Tabelle, mit welchen Symbolen die weltliche und geistliche Macht im Barock dargestellt wurden. Beachte dazu vor allem die kleinen Bilder auf dem Titelblatt des „Leviathan".
→ M1
3. Zähle die zwei wesentlichen Unterschiede zwischen einer mittelalterlichen Burg und einer barocken Residenz auf. → M2, M3
4. Finde die im Text genannten Merkmale barocker Architektur im Innenraum der Weltenburger Klosterkirche wieder.
→ M4

Prägung Europas durch Barock und Aufklärung

M 5 Residenzbau im Barock

In zahlreichen Hauptstädten der europäischen Fürstenstaaten wurden in der Barockzeit neue Schlösser, die Residenzen, errichtet. Dabei ging es den Fürsten und ihren Architekten darum, die Vielfalt der fürstlichen Macht als sogenanntes Gesamtkunstwerk darzustellen: Die Residenz wurde außerhalb des eigentlichen Stadtkerns gebaut und erhielt einen meist groß angelegten Garten sowie eine breite Hauptfassade. Die Innenräume wurden reich ausgestaltet und mit barocken Möbeln, Bildern, Vorhängen und Handwerkskunst versehen. Zudem wollten die fürstlichen Auftraggeber und ihre Künstler ein bleibendes Monument der eigenen Macht bauen. Neben Versailles in Frankreich und Schloss Schönbrunn in Wien entstanden in fast jeder Hauptstadt Residenzen.

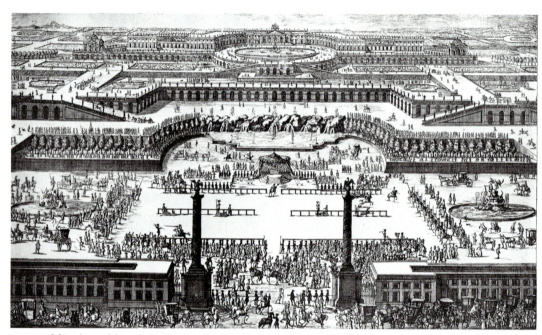

Entwurf für das Schloss Schönbrunn in Wien, um 1690

Schloss Schönbrunn in Wien, heute

M 6 Kirchenbau im Barock

Die verschiedenen Konfessionen bauten in der Zeit des Barock zahlreiche Kirchen und Klosteranlagen. Zum Teil wurden sie von den Fürsten bei der Finanzierung unterstützt. Besonders bekannte Kirchenbauten sind neben dem Petersdom in Rom die katholische Karlskirche in Wien, die evangelische Frauenkirche in Dresden, die anglikanische Saint Paul's Cathedral in London oder der Invalidendom in Paris, der als Grabkirche für Ludwig XIV. geplant war. Auch in Bayern wurden zahlreiche Kirchen und Klöster im Stil des Barock errichtet.

Salzburger Dom, heutiges Foto

Frauenkirche in Dresden, heutiges Foto

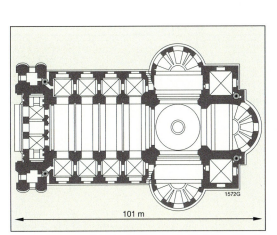

Salzburger Dom, Grundriss

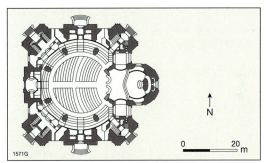

Frauenkirche in Dresden, Grundriss

Aufgaben

1. a) Beschreibe die Zeichnung des Architekten von Schönbrunn in Hinblick auf Gesamtanlage des Schlosses, Aufbau der Gebäudeteile und Wirkung von Plätzen, Treppen und Säulen. → M5
   b) Zeige anhand des Fotos, dass Schönbrunn als „Gesamtkunstwerk" in die Stadt Wien „eingepasst" wurde. → M5
2. Finde anhand des Grundrisses und der Abbildung des Salzburger Doms vier typisch barocke Merkmale.
   → M6
3. Vergleiche den katholischen Dom in Salzburg mit der protestantischen Frauenkirche und finde je zwei Ähnlichkeiten und Unterschiede.
   → M6

Methode: Umgang mit Architektur

M 1 Petersdom mit Petersplatz

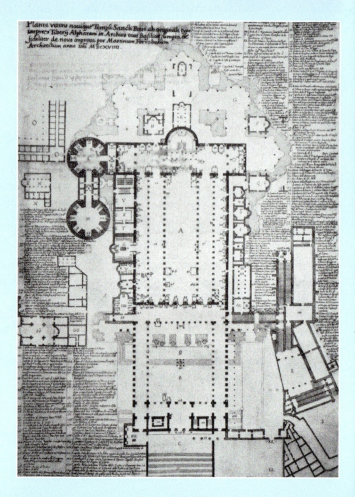

M 2 Baupläne des Petersdoms
Grundrisspläne, 1639.
Man erkennt deutlich zwei übereinandergelegte Baupläne, die unterschiedliche Bauphasen zeigen: In stärkerem Schwarz gehalten ist die ursprüngliche Kirche mit ihrer klaren, geraden Gliederung. Die barocken Umbauten sind in hellem Grau gehalten und zeigen, wie stark der Kirchenbau vergrößert wurde und wie häufig runde, barocke Formen eingesetzt wurden.

Architektur als Quelle

Bauwerke aus alten Zeiten

Wir begegnen jeden Tag Geschichte, manchmal bewusst, manchmal unbewusst. Oft sind es die vielen alten Gebäude, Denkmäler, Brücken oder Brunnen, die in die Vergangenheit weisen.

In der Barockzeit hatten Bauwerke und Architektur einen hohen Stellenwert bei den Menschen erreicht. Man zählte Architektur seit dieser Epoche zu den sogenannten „freien Künsten" so wie die Dichtkunst. Man sprach daher von Baukunst und betrieb einen hohen Aufwand bei der Planung, wovon Baupläne und Schriften über Architektur bis heute Zeugnis geben. Manche Architekten haben ihr gesamtes Lebenswerk in Büchern mit aufwändigen Zeichnungen festgehalten, die man heute nutzen kann, um die Entstehungsgeschichte eines Bauwerks zu klären.

In der Barockzeit sind sehr viele Bauwerke neu entstanden. Das lag daran, dass viele Fürsten und die Kirche mit den Bauwerken ihren Einfluss und ihre Macht zeigen wollten. Manche Herrscher waren regelrecht „bauwütig" wie etwa der bayerische Kurfürst Max Emanuel.

Gerade barocke Bauwerke geben wieder, wie die Künstler dachten und wie die Herrscher oder reiche Bürger sich darstellten. Dass diese Quellen der Geschichte viel Aufmerksamkeit genießen, sieht man etwa am Denkmalschutz oder an der UNESCO, die historische Bauwerke als schützenswertes Weltkulturerbe in eine Liste aufnimmt. Das hat zur Folge, dass die Bauwerke weder abgerissen noch umgebaut werden dürfen.

M 3 Zeichen an Baudenkmälern in Deutschland, heutiges Foto

Fragen an alle Bauwerke

1. Entstehungszeit der Quelle
– Wann ist das Bauwerk geplant, wann gebaut worden?
– Welche Informationen liegen über die Entstehung des Bauwerks vor?

2. Beschreibung des Bauwerks
– Wo befindet sich das Bauwerk?
– Wie wurde das Bauwerk in die übrige Umgebung eingepasst?
– Wie ist das Bauwerk in seinem Aufbau gegliedert?
– Welche Besonderheiten der Gestaltung am Bauwerk fallen auf?
– Welchen Eindruck vermittelt das Bauwerk auf den Betrachter?

3. Deutung des Bauwerks
– Welche Aufgabe hatte das Bauwerk in der damaligen Zeit?
– Was sagt das Bauwerk über das Denken der Menschen aus?

Fragen an dieses Bauwerk

1. In welche drei Hauptteile ist die Fassade der Kirche in M1 gegliedert?
2. Mit welchem Mittel wurde erreicht, dass die breite Fassade gut gegliedert und übersichtlich erscheint?
3. Welchen Eindruck hat ein Besucher, wenn er auf dem Petersplatz das Gebäude betrachtet?
4. Welche Hinweise gibt das Bauwerk auf das Selbstverständnis der Kirche?
5. Woran erkennt man im Grundriss des Petersdoms, dass er im Barock umgebaut wurde?

Prägung Europas durch Barock und Aufklärung

M 1 **Immanuel Kant, Senf zubereitend,** Zeichnung 1701
Über Kant gibt es viele eigentümliche Geschichten, u. a. über seine Vorliebe für Senf, den er sich selbst herstellte.

Philosoph

Der Begriff stammt aus dem Griechischen und bedeutet so viel wie Freund der Weisheit (philos – Freund; sophia – Weisheit).

M 2 **Rene Descartes,** französischer Philosoph und Mathematiker, Gemälde 1640

Aufklärung? – Im Geschichtsunterricht!

Heutzutage, vor allem wohl in einer 8. Klasse, mögen viele Schüler amüsiert sein, wenn im Geschichtsunterricht der Begriff „**Aufklärung**" an der Tafel auftaucht. Fragt man danach, tauchen ziemlich sicher Begriffe aus dem Bereich Sexualität oder Verhütung auf – und dies dann in Verbindung mit viel Gelächter.

Erstaunt sind die Schüler aber immer wieder, wenn man ihnen erklärt, dass der Begriff „Aufklärung" vor allem in der Geschichte eine wichtige Rolle gespielt hat.

Was ist Aufklärung?

Wenn man weiter über den Begriff nachdenkt und die Schüler nach einer Erklärung des Begriffs fragt, kann man ungefähr folgende Erklärung finden: Aufklärung ist, wenn man Bescheid weiß (oder mehr weiß als vorher) und mit dem Wissen frei und selbstverantwortlich handeln kann. Mit dieser Erklärung hat man ohne Frage den Kern getroffen.

Vor 250 Jahren formulierte der Königsberger Professor **Immanuel Kant** es so: „Aufklärung ist der Ausgang des Menschen aus seiner selbst verschuldeten Unmündigkeit." Er fasste damit eine Gedankenwelt zusammen, die sich seit der Renaissance stetig weiterentwickelt hatte. Die Zeit, in der er lebte, nannte man später auch das **Zeitalter der Vernunft**.

Vier wichtige Fragen

In der Renaissance hatten die Menschen damit begonnen, sich als unabhängig von Gottes Ordnung zu sehen – also als freie Menschen. Sie sagten von sich, dass sie vielmehr, ähnlich wie Gott, Schöpfer seien: von Literatur, Architektur, Kunst u. v. m.

Immanuel Kant war ein *Philosoph* und bei ihm galten vier Fragen als wichtig: Was kann ich wissen? Was soll ich tun? Was darf ich hoffen? Was ist der Mensch?

Schon der Philosoph Descartes hatte mit dem Satz „Ich denke, also bin ich" ausgedrückt, dass er nur die Vernunft und den Verstand des Menschen als Maßstab für die Erkenntnis ansah. Mithilfe des eigenständigen Denkens und logischen Schlussfolgerungen wäre es möglich, dass der Mensch die Natur ergründen und erklären konnte.

Was kann ich wissen?

Kant fragte ganz grundsätzlich danach, wie der Mensch überhaupt etwas wissen kann. Zu seiner Zeit gab es dazu zwei Antworten:
- Die einen ließen nur das gelten, was der Mensch wahrnahm, und zwar durch seine Sinnesorgane. Dies bezeichnete man auch als Empirismus (lat.: empiricus = der Erfahrung folgend).
- Die anderen vertrauten allein auf den Verstand, sie wollten nur das als wahr gelten lassen, was der Verstand erkannte. Dies bezeichnete man als Rationalismus (lat.: ratio = der Verstand).

Kant stimmte den Empirikern zu, die meinten, dass alles Wissen aus der Erfahrung stammt, denn der Mensch würde ja alles erst im Laufe seines Lebens lernen. Andererseits aber steckt in uns allen die Überzeugung, dass alles, was passiert, auch eine Ursache habe.

M 3 Isaac Newton (1643–1727), englischer Physiker und Mathematiker, gilt als größter Wissenschaftler aller Zeiten aufgrund seiner Leistungen auf den Gebieten der Mathematik (z. B. Infinitesimalrechnung), der Optik (z. B. das Spiegelteleskop) und der Mechanik (z. B. die Bewegung der Planeten, Theorien zur Schwerkraft).

Anders drückte dies ein Schriftsteller aus: Wenn wir in einem Raum sitzen und es rollt ein Ball an uns vorbei, dann würden wir uns auch in die Richtung drehen, woher dieser kam. Denn wir wüssten, dass das, was wir sehen (= Sinneserfahrung), auch eine Ursache außerhalb unseres Blickfeldes (= Verstand) hätte. Wir müssten also, wenn wir etwas wissen wollten, immer den Verstand und die Erfahrung berücksichtigen.

Was soll ich tun?
Kant dachte weiter: Wenn Gott und die Zehn Gebote nicht mehr gelten würden, wie es ja schon in der Renaissance angedeutet wurde, benötigte der Mensch Regeln, nach denen er sein Handeln ausrichten konnte. Für ihn war dies die Frage danach, was moralisch richtig oder falsch sei. Kant versuchte die Frage damit zu beantworten, dass für ihn eine Handlung immer dann moralisch sei, wenn sie als Gesetz für alle gelten könnte. Er formulierte es so: „Handle stets so, dass die Maxime deines Handelns zu einem allgemeinen Gesetz werden kann."

Was darf ich hoffen?
Kant und die Aufklärer stellten im eigenen Denken den Zweifel über die althergebrachten Meinungen und Überzeugungen. Er stellte dabei fest, dass der Urgrund seines Denkens für ihn selbst nicht erreichbar war. Die Ursache, die hinter allem stand, konnte nicht mit dem Verstand erfasst werden. Der Mensch hatte auch für Kant eine Seele, war mehr als nur Fleisch und Muskeln. Diese Seele hob für ihn den Menschen als Kulturwesen von anderen Geschöpfen ab. Allerdings war dies für ihn eine Frage der Religion – nicht der Philosophie. Die **Naturwissenschaft** erklärte also, wie die Welt aufgebaut ist, nicht aber, wer sie geschaffen hatte. Die Aufklärung lehnte Gott und den Glauben nicht ab. Vielmehr kritisierte sie die Einrichtung Kirche und den Aberglauben, den sie verbreitete.

Aufklärung und Naturwissenschaft
Besonders die Naturwissenschaftler waren davon überzeugt, dass sie mithilfe des Verstandes die Natur ergründen könnten. Sie wollten in der Natur das Vernünftige suchen und entdecken. Dabei stand der Gedanke im Mittelpunkt, dass alles messbar sei.

Um diesen Naturgesetzen auf die Spur zu kommen, bedienten sie sich einer neuen Art der naturwissenschaftlichen Forschung, die die Gesetzmäßigkeiten der Natur erforschen wollte:
- Beobachtung der Natur
- Messen der Beobachtungen
- Verallgemeinerung der Beobachtung
- Überprüfung der Beobachtungen (Experiment)
- Formulieren eines Naturgesetzes.

Schon **Galileo Galilei** forschte im 16. Jahrhundert nach diesem Prinzip. Später machte der Engländer **Isaac Newton** auf diese Art und Weise weitreichende Entdeckungen. Überliefert ist die Geschichte, nach der er unter einem Baum saß und ihm ein Apfel auf den Kopf fiel – danach stellte er die Theorie und das Gesetz von der Schwerkraft (= Gravitation) auf, dass große Massen immer kleinere Massen anziehen.

M 4 Newtons Arbeitstisch – zu erkennen sind Kompass, Winkelmaß, Rechenstäbchen und einige Manuskripte.

Prägung Europas durch Barock und Aufklärung

M 5 Immanuel Kant: Was ist Aufklärung?

Aufklärung ist der Ausgang des Menschen aus seiner selbst verschuldeten Unmündigkeit. Unmündigkeit ist das Unvermögen, sich seines Verstandes ohne Leitung eines anderen zu bedienen. Selbst-
5 verschuldet ist diese Unmündigkeit, wenn die Ursache derselben nicht am Mangel des Verstandes, sondern der Entschließung und des Muthes liegt, sich seiner ohne Leitung eines anderen zu bedienen. Sapere aude! Habe Muth dich deines eigenen Verstandes zu bedienen! ist also der 10 Wahlspruch der Aufklärung.

Kant, Immanuel: Was ist Aufklärung. S. 481

M 9 Was ist Freiheit?

Kant beschreibt den Begriff Freiheit nicht damit, dass man tun und lassen kann, was man will. Seinen Überlegungen nach besteht Freiheit darin, dass man sich seinen eigenen Verhaltensregeln unterwirft, die nach den Maßstäben der Vernunft aufgestellt werden.

→ **M6:** Matthias ist mit Lisa, Vanessa und Kevin befreundet. Die drei gehen nach der Schule gern in den Park und trinken sogenannte Alkopops. Sie sagen, sie wären dann besser drauf und eigentlich
5 würde das ja jeder machen.

M 10 Was soll ich tun? – der kategorische Imperativ

Kant stellte als Moralgesetz, also Leitsatz des menschlichen Handelns, den sogenannten „kategorischen Imperativ" auf: „Handle stets so, dass die Maxime deines Handelns als Gesetz für alle gelten kann." Dieser ist zu überprüfen.

→ **M7:** Peter hat nicht genug Geld für die Straßenbahn. Also bezahlt er nicht die 2 Euro und wird erwischt. Seine Ausrede: Ich hatte nicht genug Geld und die Bahn wäre doch auch so gefahren.
→ **M8:** Johannes lernt nicht für die Schulaufgabe. 5 Er denkt sich: Markus, der vor mir sitzt lernt ja immer – sein Wissen reicht für uns beide.

1609	Fall und Pendelgesetze	**Galilei**
1614	Logarithmentafel	Napier
1660	Gravitationsgesetze	Newton
1662	Bleistift	Städtler
1665	Infinitesimalrechnung	Newton/Leibniz
1718	Quecksilberthermometer	Torricelli
1738	Spinnmaschine	Wyatt
1752	Blitzableiter	Franklin
1766	Wasserstoff	Cavendish
1769	Dampfmaschine	Watt
1771	Sauerstoff	Scheele
1783	Heißluftballon	Montgolfier
1790	Berührungselektrizität	Galvani

M 11 Auflistung verschiedener Erfindungen und Entdeckungen zwischen dem 17. und 18. Jahrhundert

M 12 Der Fortschritt hat keine Grenzen

Der Glaube an die Vernunft kannte bei vielen Aufklärern keine Grenzen. Der französische Philosoph Condorcet schrieb 1793:

[Wir werden sehen], dass [der] Fortschritt keine Grenzen hat; dass die technischen Verfahrensweisen derselben Vervollkommnung, denselben Vereinfachungen zugänglich sind wie die wissenschaftlichen Methoden; dass sie die Kraft und Geschicklichkeit des Menschen fortwährend vermehren und zugleich die Produkte besser und feiner machen, wobei überdies die Zeit und Arbeitsleistung, die zu ihrer Herstellung aufgewendet werden müssen, abnehmen.

Condorcet: Entwurf einer historischen Darstellung der Fortschritte des menschlichen Geistes. S. 371

M 13 Plakat

Aufgaben

1. Gib die Gedanken Kants in eigenen Worten wieder.
   → M5
2. Bewerte das Verhalten von Peter und Johannes vor dem Hintergrund des kategorischen Imperativs.
   → M7, M8, M10
3. Erkläre den Begriff der Freiheit anhand der dargestellten Situation.
   → M6, M9
4. Bestimme die Bereiche, die von den Erfindungen und Entdeckungen beeinflusst werden, und ordne sie nach Oberbegriffen.
   → M11
5. Finde fünf Beispiele aus heutiger Zeit, die Condorcets Hoffnungen bestätigen können. Finde ebenso viele Gegenbeispiele.
   → M12, M13
6. Diskutiere und entscheide: War die Aufklärung erfolgreich?

Prägung Europas durch Barock und Aufklärung

Was ist der Mensch?

Mit Schülern kommt man immer wieder ins Gespräch über die Regeln und Vorschriften, denen man sich unterwerfen muss. Dabei wird auch immer wieder vorgebracht, dass es ohne Regeln nicht gehen würde, weil sich die Menschen sonst grundsätzlich gegenseitig schaden würden. Dahinter steckt der Gedanke, dass der Mensch in seinem Wesen grundsätzlich böse sei und daher also Gesetze bräuchte. Dies ist aber nicht die einzige Antwort auf die Frage, die einige Aufklärer beschäftigte: Was ist der Mensch?

Der Mensch ist von Natur aus böse

Thomas Hobbes (1588–1679), ein englischer Mathematiker und Philosoph, beantwortete die Frage nach dem Wesen des Menschen eindeutig. Seiner Meinung nach ist der Mensch von Natur aus ängstlich, unsicher, neidisch und nur darauf aus, für sich selbst den größten Nutzen zu erreichen. Moralische Maßstäbe, so Hobbes, gibt es von Natur aus nicht.

M 1 **Thomas Hobbes,** Stich 1650

Die Menschen könnten aber so nicht zusammenleben, da jeder versuchen würde, den anderen zu schaden. In einem seiner Bücher fasst er es mit einem lateinischen Satz zusammen: „Homo homini lupus" (Der Mensch ist des Menschen Wolf).

Aus diesem Grund hätten sich nach Hobbes die Menschen dereinst zusammengeschlossen und einen Herrscher über sich eingesetzt. Dieser sollte dafür sorgen, dass die von Natur aus streitsüchtigen Menschen sich an das Gesetz halten. Damit erklärten die absolutistischen Denker die absolute Herrschaft und legitimierten sie.

Der Mensch ist von Natur aus frei

Der etwas später geborene John Locke (1632–1704) vertrat dagegen eine ganz andere Auffassung. Für ihn lag der Naturzustand des Menschen darin, vollkommen frei zu sein. Wenn also einige Menschen zusammen eine Gemeinschaft bildeten und einen Herrscher an die Spitze stellten, so musste dessen Macht eingeschränkt werden. Erst durch diese Einschränkung würde man der Natur des Menschen, also seiner Freiheit, gerecht werden.

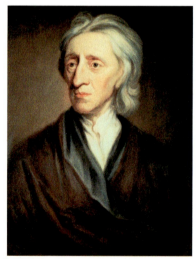

M 2 **John Locke,** Gemälde 1697

Besonders bedeutsam war, dass er den Menschen erlaubte, dann Widerstand zu leisten, wenn die Herrscher den Untertanen etwas aufzwingen wollten, was das Gesetz nicht erlaube. Dieses Recht auf Widerstand existiert bis heute sogar im Grundgesetz der Bundesrepublik Deutschland.

Aufklärung und Politik

Die naturwissenschaftliche Methode beschränkte sich nicht nur auf die Untersuchung der Natur. Zunehmend legte man sie auch an, wenn man das Zusammenleben der Menschen in der Gesellschaft betrachtete.

Die Aufklärer stellten die absolutistische Ordnung infrage, denn in ihrer Vorstellung gab es nichts, was einfach so gegeben war. Entsprechend machten sie sich auf die Suche danach, was das Zusammenleben der Menschen bestimmte und welche Ordnung ihrer Meinung nach diejenige war, die der Natur des Menschen am ehesten entsprach – also am vernünftigsten war.

Die gerechte Teilung der Macht

John Locke sprach in seinen Büchern schon von zwei Gewalten, die er innerhalb eines Staates auf verschiedene Einrichtungen verteilen wollte. In Anlehnung an das englische System sprach er von der gesetzgebenden Gewalt (lat.: Legislative) und der vollziehenden Gewalt (lat.: Exekutive). Während die Legislative beim Volk liegen sollte und Gesetze schuf oder abschaffte, denen alle im Staat unterlagen, war die Exekutive dem jeweiligen Herrscher zugeordnet.

Der Franzose **Charles de Montesquieu** (1689–1755) erweiterte diese Überlegungen und entwickelte die bis heute in demokratischen Ländern übliche **Gewaltenteilung**. Er fügte der Legislativen und Exekutiven noch die richterliche Gewalt (lat.: Judikative) hinzu. Sie überwacht die Einhaltung und Ausführung der Gesetze.

M 3 Charles de Montesquieu
Gemälde 1728

Der Gesellschaftsvertrag

Jean-Jacques Rousseau (1712–1778) ging über die Gewaltenteilung noch hinaus. Für ihn war der Mensch von Natur aus frei und er schloss sich mit anderen freiwillig zu einer Gemeinschaft zusammen, wodurch diese natürliche Freiheit verloren ging. In einem Gesellschaftsvertrag würden dann die Regeln und Pflichten der Einzelnen festgelegt, sodass der Mensch seinerseits neue Freiheit gewinnt. Alle Gesetze würden dabei direkt vom Volk gegeben. Dies bezeichnet man als **Volkssouveränität**.

Wirkung der Aufklärung

Rousseau gilt heute nicht nur als Philosoph der Aufklärung, sondern auch als Pädagoge. Er ging davon aus, dass der Mensch von Geburt an gut sei und erst durch die Gesellschaft böse und eitel würde.

In einem Roman beschrieb Rousseau die Erziehung eines Jungen mit dem Namen Emile. Dabei bestand seine Pädagogik darin, das Kind von äußeren Einflüssen fernzuhalten. Erst dadurch, so dachte er, würde die wahre Natur des Menschen durchkommen und er würde zu einem sozialen Wesen.

Das Ziel der Aufklärung deckte sich also mit dem der Schule: den Menschen dazu befähigen, seinen eigenen Verstand zu benutzen und somit ein selbstbestimmtes Leben zu führen. Entsprechend wurde in jener Zeit die Schulplicht eingeführt. Man gründete die ersten Schulen für einen breiteren Kreis der Bevölkerung und weitere Universitäten. Unter anderem entstand in diesem Zusammenhang die Realschule.

Die Herrscher sahen schnell ein, dass ihnen ein gebildeter Untertan mehr Nutzen bringt, z. B. als fähiger Beamter, als ein Ungebildeter. Mit der Bildung aber geriet die bestehende Ordnung ins Wanken, weil die Untertanen damit begannen, nachzudenken und sie zu hinterfragen.

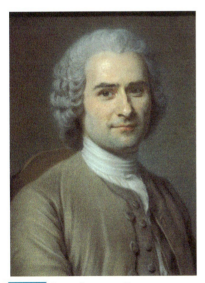

M 4 Jean-Jacques Rousseau
Gemälde 1753

Aufgaben

1. Erkläre den Satz „Der Mensch ist des Menschen Wolf" mit eigenen Worten.

2. Informiere dich darüber, welche Institutionen heute in Deutschland der Legislative, Exekutive und Judikative zuzuordnen sind.

Prägung Europas durch Barock und Aufklärung

M 5 Entstehung des Staates

M 6 Vom Zustand des Menschen, 1642

Thomas Hobbes äußerte sich über die Grundzüge der Philosophie und den Staat, in denen er auch den Naturzustand des Menschen beschrieb. Er sah in einem absoluten Herrscher, der den Menschen Sicherheit und Frieden garantierte, die einzige sinnvolle Möglichkeit, einen Staat zu bilden. Warum dies so sei, begründete er wie folgt:

So lehrt also die Erfahrung jeden, der die menschlichen Verhältnisse etwas aufmerksamer betrachtet, dass die Menschen aus freien Stücken nur zusammenkommen, weil die gemeinsamen Be-
5 dürfnisse oder die Ehrsucht sie dazu treiben; sie wollen von ihrer Verbindung nur irgendeinen Vorteil [...] bei den Genossen erlangen. [...]
Der Grund der gegenseitigen Furcht liegt [...] in ihrem Willen, sich gegenseitig Schaden zuzufü-
10 gen; deshalb kann man weder von andern die geringste Sicherheit erwarten, noch vermag man sie sich selbst zu verschaffen. Denn betrachtet man die erwachsenen Menschen und sieht man, wie gebrechlich der Bau des menschlichen Körpers
15 ist [...], wie leicht es selbst dem Schwächsten ist, den Stärksten zu töten.

Hobbes, Thomas: Grundzüge der Philosophie. Zweiter und dritter Teil: Lehre vom Menschen und Bürger. S. 79–90.

M 7 John Locke: Zwei Abhandlungen über die Regierung, 1689

Der englische Philosoph John Locke stand im Widerspruch zu Thomas Hobbes. Seiner Meinung nach bestand die vernünftige, das heißt der menschlichen Natur entsprechende Form der Gemeinschaft, in einem System, welches die Macht einschränken sollte, indem sie sie nicht in die Hand eines Einzelnen legte.

Um politische Gewalt richtig zu verstehen und sie von ihrem Ursprung herzuleiten, müssen wir sehen, in welchem Zustand sich die Menschen von Natur aus befinden. Es ist ein Zustand vollkom-
5 mener Freiheit, innerhalb der Grenzen des Naturgesetzes seine Handlungen zu lenken und über seinen Besitz und seine Person zu verfügen, wie es einem am besten scheint – ohne jemandes Erlaubnis einzuholen und ohne von dem Willen eines
10 anderen abhängig zu sein. [...]

Locke, John: Two Treaties of Government. S. 287 ff.

M 8 Die Trennung der Gewalten, 1748

Charles de Montesquieu erweiterte die Ideen Lockes und schuf ein System des Staates, welches bis heute als Grundmerkmal jeder Demokratie gilt.

Es gibt in jedem Staat drei Arten von Vollmacht: die legislative Befugnis, die exekutive Befugnis in Sachen, die vom Völkerrecht abhängen, und die exekutive Befugnis in Sachen, die vom Zivilrecht abhängen.
Aufgrund der ersteren schafft der Herrscher oder Magistrat Gesetze auf Zeit oder für die Dauer, ändert geltende Gesetze oder schafft sie ab. Aufgrund der zweiten stiftet er Frieden oder Krieg, sendet oder empfängt Botschaften, stellt die Sicherheit her, sorgt gegen Einfälle vor. Aufgrund der dritten bestraft er Verbrechen oder sitzt zu Gericht über die Streitfälle der Einzelpersonen. Diese letztere soll richterliche Befugnis heißen, und die andere schlechtweg exekutive Befugnis des Staates. [...]
Wenn in derselben Person oder der gleichen obrigkeitlichen Körperschaft die gesetzgebende Gewalt mit der vollziehenden vereinigt ist, gibt es keine Freiheit; denn es steht zu befürchten, dass derselbe Monarch oder derselbe Senat tyrannische Gesetze macht, um sie tyrannisch zu vollziehen.
Es gibt ferner keine Freiheit, wenn die richterliche Gewalt nicht von der gesetzgebenden und vollziehenden getrennt ist. Ist sie mit der gesetzgebenden Gewalt verbunden, so wäre die Macht über Leben und Freiheit der Bürger willkürlich, weil der Richter Gesetzgeber wäre. Wäre sie mit der vollziehenden Gewalt verknüpft, so würde der Richter die Macht eines Unterdrückers haben.
Alles wäre verloren, wenn ein und derselbe Mann beziehungsweise die gleiche Körperschaft entweder der Mächtigsten oder der Adligen oder des Volkes folgende drei Machtvollkommenheiten ausübte: Gesetze erlassen, öffentliche Beschlüsse in die Tat umsetzen, Verbrechen und private Streitfälle aburteilen.

Montesquieu, Charles-Louis de Secondat, Baron de la Brède et de: Vom Geist der Gesetze. S. 100 ff. und 216 ff.

M 9 Das Recht auf Widerstand

John Locke ergänzte seine Abhandlungen über die Regierung noch durch das Widerstandsrecht. Auch dies wurde von allen demokratischen Regierungen in die Verfassungen aufgenommen.

Wann immer deshalb die Gesetzgeber danach trachten, dem Volk sein Eigentum zu nehmen oder zu zerstören oder es als Sklaven in ihre willkürliche Gewalt zu bringen, versetzen sie sich dem Volk gegenüber in den Kriegszustand. Dadurch ist es jeden weiteren Gehorsams entbunden [...]

Locke, John: Über die Regierung (The Second Treatise of Government) 1689. S. 166–170

Aufgaben

1. Ordne folgende Begriffe dem Schaubild M5 zu: Gesellschaftsvertrag, Naturzustand und Demokratie.
2. Gib die Aussagen von M6 und M7 wieder, indem du sie auf das Schema M5 beziehst.
3. Widersprich mit einigen Argumenten den Aussagen von Hobbes.
   → M6
4. Zeichne ein eigenes, farbiges Schema, in der die Ansichten der Gewaltenteilung Montesquieus veranschaulicht werden.
   → M8
5. 🔍 Recherchiere im Internet:
   a) Wo im Grundgesetz ist die Gewaltenteilung verankert? Nenne Artikel und den Inhalt.
   b) Suche im Grundgesetz nach dem Recht auf Widerstand und begründe diesen Artikel.
   → M9

Methode: Texte exzerpieren

1. Orientieren

Aufklärung?!
Was ist Aufklärung?
Vier wichtige Fragen
Was kann ich wissen?
Was soll ich tun?
Was darf ich hoffen?
Aufklärung und Naturwissenschaft …

2. Herausschreiben

1. Kant:
„Aufklärung ist der Ausgang des Menschen aus seiner selbstverschuldeten Unmündigkeit"
Man weiß Bescheid und handelt in eigener Verantwortung.

Empirismus – nach der Erfahrung
Rationalismus – nach dem Verstand
Beides bringt nach Kant Erkenntnis.

Prägung Europas durch Barock und Aufklärung

Aufklärung? – Im Geschichtsunterricht!

Heutzutage, vor allem wohl in einer 8. Klasse, mögen viele Schüler amüsiert sein, wenn im Geschichtsunterricht der Begriff **„Aufklärung"** an der Tafel auftaucht. Fragt man danach, tauchen ziemlich sicher Begriffe aus dem Bereich Sexualität oder Verhütung auf – und dies dann in Verbindung mit viel Gelächter.

Erstaunt sind die Schüler aber immer wieder, wenn man ihnen erklärt, dass der Begriff „Aufklärung" vor allem in der Geschichte eine wichtige Rolle gespielt hat.

Was ist Aufklärung?

Wenn man weiter über den Begriff nachdenkt und die Schüler nach einer Erklärung des Begriffs fragt, kann man ungefähr folgende Erklärung finden: Aufklärung ist, wenn man Bescheid weiß (oder mehr weiß als vorher) und mit dem Wissen frei und selbstverantwortlich handeln kann. Und mit dieser Erklärung hat man ohne Frage den Kern getroffen.

Vor 250 Jahren formulierte der Königsberger Professor **Immanuel Kant** es so: „Aufklärung ist der Ausgang des Menschen aus seiner selbstverschuldeten Unmündigkeit". Er fasste damit eine Gedankenwelt zusammen, die sich seit der Renaissance stetig weiterentwickelt hatte.

M 1 **Immanuel Kant, Senf zubereitend**, Zeichnung 1701
Über Kant gibt es viele eigentümliche Geschichten, u. a. über seine Vorliebe für Senf, den er sich selbst herstellte.

Philosoph
Der Begriff stammt aus dem Griechischen und bedeutet so viel wie Freund der Weisheit (philos – Freund; sophia – Weisheit).

Vier wichtige Fragen

In der Renaissance hatten die Menschen damit begonnen, sich als unabhängig von Gottes Ordnung zu sehen – also als freie Menschen. Sie sagten von sich, dass sie vielmehr, ähnlich wie Gott, Schöpfer seien: von Literatur, Architektur, Kunst u. v. m.

Immanuel Kant war ein *Philosoph* und bei ihm galten vier Fragen als wichtig: Was kann ich wissen? Was soll ich tun? Was darf ich hoffen? Was ist der Mensch?

Schon der Philosoph Descartes hatte mit dem Satz „Ich denke, also bin ich" ausgedrückt, dass er nur die Vernunft als Maßstab für die Erkenntnis des Menschen ansah. Mithilfe des eigenständigen Denkens und logischen Schlussfolgerungen wäre es möglich, dass der Mensch die Natur ergründen und erklären konnte.

Was kann ich wissen?

Kant fragte ganz grundsätzlich danach, wie der Mensch überhaupt etwas wissen kann. Zu seiner Zeit gab es dazu zwei Antworten:
- Die einen ließen nur das gelten, was der Mensch wahrnahm, und zwar durch seine Sinnesorgane. Dies bezeichnete man auch als Empirismus (lat.: empiricus – der Erfahrung folgend).
- Die anderen vertrauten allein auf den Verstand, sie wollten nur das als wahr gelten lassen, was der Verstand erkannte. Dies bezeichnete man als Rationalismus (lat.: ratio – der Verstand).

Kant stimmte den Empirikern zu, die meinten, dass alles Wissen aus der Erfahrung stammt, denn der Mensch würde ja alles erst im Laufe seines Lebens lernen. Andererseits aber steckt in uns allen die Überzeugung, dass alles, was passiert, auch eine Ursache habe.

M 2 **Rene Descartes**, französischer Philosoph und Mathematiker, Gemälde 1640

Anders drückte dies ein Schriftsteller aus: Wenn wir in einem Raum sitzen und es rollt ein Ball an uns vorbei, dann würden wir uns auch in die Richtung drehen, woher dieser kam. Denn wir wüssten, dass das, was wir sehen (= Sinneserfahrung), auch eine Ursache außerhalb unseres Blickfeldes (= Verstand) hätte. Wir müssten also, wenn wir etwas wissen wollten, immer den Verstand und die Erfahrung berücksichtigen.

Was soll ich tun?

Kant dachte weiter: Wenn Gott und die Zehn Gebote nicht mehr gelten würden, wie es ja schon in der Renaissance angedeutet wurde, benötigte der Mensch Regeln, nach denen er sein Handeln ausrichten konnte. Für ihn war dies die Frage danach, was moralisch richtig oder falsch sei. Kant versuchte die Frage damit zu beantworten, dass für ihn eine Handlung immer dann moralisch sei, wenn sie als Gesetz für alle gelten könnte. Er formulierte es so: „Handle stets so, dass die Maxime deines Handelns zu einem allgemeinen Gesetz werden kann."

Was darf ich hoffen?

Kant und die Aufklärer stellten im eigenen Denken den Zweifel über die althergebrachten Meinungen und Überzeugungen. Er stellte dabei fest, dass der Urgrund seines Denkens für ihn nicht erreichbar war. Die Ursache, die hinter allem stand, konnte nicht mit dem Verstand erfasst werden. Der Mensch hatte auch für Kant keine Seele, war mehr als nur Fleisch und Muskeln. Diese Seele hob für ihn den Menschen als Kulturwesen von anderen Geschöpfen ab. Allerdings war dies für ihn im Frage der Religion – nicht der Philosophie. Die **Naturwissenschaft** erklärte also, wie die Welt aufgebaut ist, nicht aber, wer sie geschaffen hatte. Die Aufklärung lehnte Gott und den Glauben nicht ab. Vielmehr kritisierte sie die Einrichtung Kirche und den Aberglauben, den sie verbreitete.

Aufklärung und Naturwissenschaft

Besonders die Aufklärer der Naturwissenschaft waren davon überzeugt, dass sie mithilfe des Verstandes die Natur ergründen könnten. Sie wollten in der Natur das Vernünftige suchen und entdecken. Dabei stand der Gedanke im Mittelpunkt, dass alles messbar sei.

Um diesen Naturgesetzen auf die Spur zu kommen, bedienten sie sich einer neuen Art der naturwissenschaftlichen Forschung. Demnach bestand die Suche nach den Gesetzmäßigkeiten der Natur in folgenden Schritten:
- Beobachtung der Natur
- Messen der Beobachtungen
- Verallgemeinerung der Beobachtung
- Überprüfung der Beobachtungen (Experiment)
- Formulieren eines Naturgesetzes.

Besonders der Engländer **Isaac Newton** machte auf diese Art und Weise weitreichende Entdeckungen. Überliefert ist uns die Geschichte, nach der er unter einem Baum saß und ihm ein Apfel auf den Kopf fiel – danach stellte er die Theorie und das Gesetz von der Schwerkraft (= Gravitation) auf, dass große Massen immer kleinere Massen anziehen.

M 3 **Isaac Newton (1643–1727)**, englischer Physiker und Mathematiker, gilt als größter Wissenschaftler aller Zeiten aufgrund seiner Leistungen auf den Gebieten der Mathematik (z. B. Infinitesimalrechnung), der Optik (z. B. das Spiegelteleskop) und der Mechanik (z. B. die Bewegung der Planeten, Theorien zur Schwerkraft).

M 4 **Newtons Arbeitstisch** – zu erkennen sind Kompass, Winkelmaß, Rechenstäbchen und einige Manuskripte.

---

3. Zusammenfassen

1. Kant: „Aufklärung ist der Ausgang des Menschen aus seiner selbstverschuldeten Unmündigkeit"
Man weiß Bescheid und handelt in eigener Verantwortung (Vernunft?).
Was kann ich wissen?
– *Empirismus – nach der Erfahrung*
– *Rationalismus – nach dem Verstand*
– *Beides bringt nach Kant Erkenntnis.*

Was soll ich tun?
Immer so handeln, dass jeder dasselbe tun kann = allgemeines Gesetz „Was du nicht willst, das man dir tut…"

Texte exzerpieren

Oft kommt es vor, dass man verschiedene und längere Texte lesen muss, um z. B. ein Referat vorzubereiten oder einen Vortrag zu halten, in dem man die Klasse über einen bestimmten Sachverhalt kurz informieren will.

In einem solchen Fall ist es hilfreich, wenn man die Texte exzerpiert, das heißt sich die wichtigsten Inhalte und Informationen herausschreibt.

Um einen möglichst großen Nutzen aus dem Exzerpieren zu gewinnen, sollte man diesen Arbeitsschritten folgen:

1. Sammeln und Sichten (Orientieren)

Wenn man den Text zum ersten Mal in die Hand nimmt, betrachtet man erst einmal die äußere Form des Textes: Überschriften, Absätze, Unterüberschriften, Bilder usw. Somit verschafft man sich einen Überblick.

Wenn die Form interessant erscheint, sollte man sich diese in Stichworten notieren, z. B. die Unterüberschriften. An diesen Aufbau kann man sich dann beim späteren Zusammenfassen halten.

2. Herausschreiben (Exzerpieren)

Beim genaueren Durchlesen ist es wichtig, den Stift sofort in die Hand zu nehmen, um arbeitsbereit zu sein. Nach jedem Absatz kann man sich fragen: Was wird in diesem Absatz ausgesagt über das Thema des Textes? Dies notiert man sich auf einem eigenen Blatt Papier. Wichtige Aussagen sollte man sich im Text, wenn es erlaubt ist, direkt anstreichen und Randnotizen machen.

3. Zusammenfassen (Komprimieren)

Um das Exzerpierte später noch gut verwenden zu können, ist es hilfreich, sich mit Karteikarten eine Exzerpt-Kartei anzufertigen. Dies ist auch sinnvoll, wenn man mehrere Texte liest. Dazu verwendet man am besten eine DIN-A5-Karteikarte, schreibt in einem Kopf den Titel des Textes, eventuell die Untertitel und dann am besten in eigenen Worten die wesentlichen Informationen aus dem gelesenen Text.

Notiere dir auch immer dazu, wie der Autor des Textes heißt und woher du den Text hast (Quelle). Es ist übrigens wichtig, dass man beim Exzerpieren eigene Worte verwendet. Denn erstens ist es verboten, von anderen abzuschreiben und vorzugeben, man hätte es selbst verfasst. Zweitens führt man damit schon einen ersten Lernschritt durch und es wird einem später leichterfallen, die Informationen in einem Vortrag wiederzugeben.

Aufgaben

1. Vervollständige das Exzerpt auf der linken Seite anhand des entsprechenden Kapitels in dein Heft.
2. Recherchiere im Minilexikon hinten in diesem Buch, in einem herkömmlichen Lexikon (z. B. Meyers oder Brockhaus) und im Internet Informationen über folgende Personen und lege dir eine kleine Exzerpt-Kartei an:
Isaac Newton – Carl von Linné – Dennis Diderot – Gotthold Ephraim Lessing – Georg Christoph Lichtenberg – Joseph Meyer.

Prägung Europas durch Barock und Aufklärung

Aufklärung und Absolutismus

Neue Ideen in alter Zeit

Die wichtigen Philosophen der Aufklärung wie Descartes, Montesquieu, Locke, Rousseau lebten selbst in einer Zeit, in der absolute Könige und Fürsten in Europa regierten. Die Machtvollkommenheit des französischen Königs **Ludwig XIV.** wurde zum Vorbild: Der König war oberster Feldherr, stand an der Spitze der Staatsverwaltung, erließ alleine die Gesetze und war zugleich oberster Richter. Außerdem bestimmte er auch über die Religion im Land. Die absoluten Könige leiteten ihre Herrschaft aus dem **Gottesgnadentum** ab.

Die Aufklärer kritisierten diese Machtzusammenballung in den Händen einer einzigen Person. Sie stellten Forderungen nach Gewaltenteilung, einer unabhängigen Rechtsprechung und einer Volksvertretung auf. Außerdem waren ihrer Meinung nach alle Menschen frei und verfügten über gleiche Rechte. Die Bildung des Volkes nahm gleichfalls einen wichtigen Platz ein. Aufklärung und Absolutismus scheinen daher im Widerspruch zueinander zu stehen.

Aufgeklärte Herrscher mit absoluter Macht

In der Mitte des 18. Jahrhunderts erkannten einzelne Herrscher, dass ihnen einige Ideen der Aufklärung durchaus nützlich sein konnten: z. B. bei der Verwaltung, in der Armee oder um den Reichtum ihres Staates zu vermehren. Daher verfügten diese Fürsten in ihren Ländern häufig,
- die Gesetzgebung zu vereinheitlichen und neu zu ordnen,
- als Herrscher nicht mehr in Gerichtsverfahren einzugreifen und
- Beamte besser auszubilden und ständig zu überwachen,
- die Wissenschaften zu fördern und von der Zensur auszunehmen,
- eine allgemeine Schulpflicht im Land einzuführen und die Bildung des Volkes zu verbessern,
- Katholiken, Protestanten und jüdische Glaubensangehörige als gleichberechtigte Bürger im Land anzuerkennen.

Besonders die Zeit und das Königtum Friedrichs II. von Preußen wird als „aufgeklärter Absolutismus" bezeichnet. Andere „aufgeklärte" Herrscher im Römisch-Deutschen Reich waren:
- Karl Friedrich von Baden, der die Universität Heidelberg förderte und in Baden die Folter und sogar die Leibeigenschaft aufhob,
- Leopold III. von Anhalt-Dessau, der sich intensiv um den Landesausbau, aber auch die Armenfürsorge kümmerte,
- Karl-August von Sachsen-Weimar-Eisenach, dessen Herzogtum zum damaligen Zentrum der deutschen Literatur wurde,
- Franz Ludwig Freiherr von Erthal, der als Fürstbischof von Bamberg ein Krankenhaus errichten ließ und die Universitäten Würzburg und Bamberg förderte.

Einige deutsche Fürsten rückten sogar vom Gottesgnadentum ab. Sie führten wie Friedrich II. ihre Herrschaft als „erster Diener" auf die Pflicht dem Staat und dem Gemeinwohl gegenüber zurück. Die Macht wollte allerdings keiner von ihnen mit einem Parlament teilen oder durch eine Verfassung eingeschränkt haben. Hinter einer aufklärerischen Fassade blieb jeder von ihnen ein absoluter Fürst.

M 1 Anna-Amalia-Bibliothek Weimar, Rekonstruktion
Die Fürstenbibliothek war der Öffentlichkeit zugänglich. Unabhängig vom Alter oder Einkommen konnte man Bücher entleihen. Foto, 2007

M 2 Venustempel im Landschaftspark Wörlitz
Fürst Leopold III. ließ einen großen Landschaftspark anlegen, der den Besuchern Kunst und Geschichte vermitteln sollte. Foto, 2007

M 3 Flötenkonzert Friedrichs II. in Schloss Sanssouci
Ölgemälde, um 1850

Ein Philosoph und Machtpolitiker

Als Friedrich II. im Jahr 1740 König wurde, blickten viele Aufklärer in ganz Europa gespannt nach Preußen. Friedrich eilte nämlich der Ruf voraus, ein aufgeklärter König zu sein und die Ideen der Aufklärer in die Tat umzusetzen. Dass er nur wenige Monate später den Krieg um Schlesien beginnen würde, erwarteten sie nicht!

Schon als Jugendlicher hatte sich Friedrich mit der Philosophie der Aufklärer, mit Kunst, der französischen Literatur und Sprache beschäftigt. Daneben spielte er leidenschaftlich Querflöte und komponierte eigene Stücke. Wegen dieser Interessen kam es zu heftigem Streit mit seinem Vater, einem Fluchtversuch und einer Haftstrafe als Deserteur. Erst nachdem Friedrich als verheirateter Kronprinz ein eigenes Hofleben unterhielt, entspannte sich der Konflikt der beiden.

Auch als König stand Friedrich in Briefkontakt mit den wichtigsten Aufklärern, allen voran mit dem damals berühmten französischen Dichter und Philosophen Voltaire. Man schrieb sich Gedichte und philosophierte miteinander. Sie fragten sich gegenseitig, woran sich ein Fürst bei seiner Herrschaft orientieren sollte. Im Staatswohl und der Pflicht seinem Land zu dienen, fand Friedrich für sich eine „vernünftig" begründete Antwort. Voltaire war von Friedrich so sehr beeindruckt, dass er über zwei Jahre am Hof in Potsdam lebte und bis zu seinem Tod mit dem preußischen König in Kontakt blieb.

In Preußen wurde unter Friedrich II. eine Vielzahl von Reformen durchgeführt, die den Forderungen der Aufklärer entsprachen. Die gesellschaftliche Gliederung ließ er hingegen unangetastet. Alle Vorrechte des Adels blieben bestehen, ebenso die Abhängigkeit der Bauern in der Grundherrschaft.

M 4 Erlass Friedrichs II. von 1740

„Die Religionen müssen alle toleriert [anerkannt] werden, und muss der Fiskal [Beamte] nur das Auge darauf haben, dass keine der anderen Abbruch tue, denn hier muss jeder manch seiner Fasson [Art und Weise] selig werden." (Schreibung angepasst)

Aufgaben

1. Bilde Gegensatzpaare zu Absolutismus und Aufklärung.
2. Ordne den Bildern M1, M2 und M4 jeweils aufklärerische Prinzipen zu.

Prägung Europas durch Barock und Aufklärung

M 5 Die Tafelrunde von Sanssouci, Kopie nach Adolph Menzel, 1972
Friedrich II. ist am Kopf der Tafel dargestellt. An der linken Seite beugt sich der französische Philosoph Voltaire nach vorne. Die übrigen Personen sind preußische Generäle und Gelehrte aus Berlin.

M 6 Friedrich II. und das Staatswohl

In seinem Aufsatz „Regierungsformen und Herrscherpflichten" legte Friedrich II. 1777 seine Ansichten über die Aufgaben eines Herrschers dar.

Die Fürsten, die Herrscher, die Könige sind also nicht etwa deshalb mit der höchsten Macht bekleidet worden, damit sie ungestraft in Ausschweifung und Luxus aufgehen könnten. […] Der Herrscher ist
5 durch unlösliche Bande mit dem Staatskörper verknüpft […]. Es gibt für ihn nur ein Heil, das ist das allgemeine des Staates. […] Ich wiederhole also: Der Herrscher repräsentiert den Staat; er und sein Volk bilden bloß einen einzigen Körper […]. Der
10 Fürst ist für den Staat, den er regiert, dasselbe, was das Haupt für den Körper ist: Er muss für die Allgemeinheit sehen, denken und handeln, um ihr jeglichen wünschenswerten Vorteil zu verschaffen.

Deutsche Geschichte in Quellen. Bd. 5. S. 232 f.

M 7 Die Haltung Friedrichs II. zu einem Krieg

Im Jahr 1739 schrieb Friedrich II. als Kronprinz Folgendes zur Frage der Rechtfertigung eines Eroberungskrieges:

Neue Eroberungen eines Herrschers machen die Staaten, die er bislang nicht besaß, nicht gesegneter und reicher; nichts haben seine Völker davon, und wenn er sich einbildet, er werde dadurch glücklicher werden, so täuscht er sich. […]
5 Ruhm gewinnt sich allein, wer seine Kräfte daransetzt, dass Recht Recht bleibe, und zum Eroberer nur wird, wenn die Not, nicht aber sein wilder Sinn es gebietet.

Volz, B.: Die Werke Friedrichs des Großen. Bd. 7. S. 11

M 8 Über die Religionen

Im Politischen Testament von 1752 nahm Friedrich II. Bezug auf die Religion in Preußen:

Katholiken, Lutheraner, Reformierte, Juden und zahlreiche andere […] wohnen in Preußen und leben friedlich beieinander. Wenn der Herrscher […] auf den Einfall käme, eine dieser Religionen zu bevorzugen, so würden sich sofort Parteien bilden und heftige Streitereien ausbrechen. Allmählich würden Verfolgungen beginnen und schließlich würden die Anhänger der verfolgten Religion ihr Vaterland [Preußen] verlassen […].

Für die Politik ist es völlig belanglos, ob ein Herrscher religiös ist oder nicht. Geht man allen Religionen auf den Grund, so beruhen sie auf einem mehr oder minder widersinnigen System von Fabeln. […] Allein diese Vorurteile, Irrtümer und Wundergeschichten sind für den Menschen gemacht, und man muss auf die große Masse so weit Rücksicht nehmen, dass man ihre religiösen Gefühle nicht verletzt, einerlei, welchem Glauben sie angehören […].

Friedrich der Große: Testament von 1752. S. 44 f.

M 9 Herzogin Luise Dorothea von Sachsen-Gotha-Altenburg (1710–1765)
Auf dem Gemälde aus dem Jahr 1754 ist die Herzogin in ihrem Schreibkabinett dargestellt. Sie korrespondierte mit Philosophen, war mit Voltaire und Friedrich II. bekannt.

Aufgaben

1. Beschreibe, wie Friedrich II. vom Maler innerhalb der Tafelrunde dargestellt wird. → M5
2. Erläutere, wie Friedrich II. das Idealbild eines aufgeklärten Herrschers charakterisiert. → M6
3. Vergleiche die Haltung Friedrichs II. mit seinem tatsächlichen Handeln. → M7
4. Erkläre, warum die Religionen gleichgestellt werden. → M8
5. Beschreibe die Bildelemente, welche der Maler einsetzt, um die aufgeklärte Haltung der Herzogin darzustellen. → M9

Prägung Europas durch Barock und Aufklärung

M 1 Stadt-Land-Verhältnis

M 2 Dorfansicht, 16. Jh.

M 3 Behausung einer ärmlichen Bauernfamilie

Alltag der Menschen in der vorindustriellen Gesellschaft

Leben am vorgegebenen Platz: die ständische Ordnung

Wie bereits im Mittelalter bestimmte auch in der Frühen Neuzeit die ständische Ordnung das Leben der Menschen. Jeder hatte seinen vorgegebenen Platz in der Gesellschaft, den er nicht verlassen konnte. Diese Rangordnung sah man als gottgegeben an. Doch der wirtschaftliche Erfolg einzelner Personen machte das System der Ständeordnung langsam insgesamt durchlässiger.

Die Menschen zeigten ihren Stand in vielen Bereichen, so zum Beispiel in ihrer Kleidung. Hier war bis ins Detail unter anderem die Kopfbedeckung oder die Qualität der Stoffe geregelt. Diese Vorschriften waren bis weit ins 18. Jahrhundert gültig, Verstöße wurden mit Geldstrafen geahndet, denn der Stand musste immer erkennbar sein.

In der Kirche ließ sich an der Sitzordnung das Ansehen in der Gesellschaft erkennen. Je näher man am Altar saß, einen umso höheren Stellenwert hatte man inne. Die hochstehenden Persönlichkeiten verfügten zudem über einen gepolsterten Sitz und mit Namen versehenen Platz. Ganz hinten mussten die Tagelöhner und das Gesinde stehen.

Leben auf dem Dorf

Die meisten Menschen lebten in dieser Zeit in unterschiedlich großen Dörfern. Das Zentrum des Lebens war nicht die Familie, sondern das Haus, in dem man als Lebensgemeinschaft seine Zeit verbrachte. Das Haus war auch ein besonderer Friedensbereich: Ein ins Haus gerufenes Schimpfwort galt als schlimmeres Vergehen als ein auf der Straße gerufenes.

Zu der Lebensgemeinschaft gehörten neben Eltern, Kindern, Großeltern auch die Knechte und Mägde. Das entbehrungsreiche Leben, in dem Hungern nicht ungewöhnlich war, spielte sich gemeinsam ab, Freizeit im heutigen Sinne gab es nicht. Die Stube stellte den Mittelpunkt der Gemeinschaft dar. Es gab keine abgetrennten Schlafzimmer, in die man sich zurückziehen konnte. Auch fehlte, vor allem bei Kindern und beim Gesinde, eine Trennung nach Alter und Geschlecht. Man lebte, wohnte und arbeitete an einem Ort.

An der Spitze der Lebensgemeinschaft stand der Hausvater, der sie nach außen hin vertrat. Seinen Anordnungen war bedingungslos Folge zu leisten. Er war für das Verhalten seiner Kinder und Knechte verantwortlich. Die Frau des Hauses kümmerte sich um den Haushalt, kochte das Essen und half bei der landwirtschaftlichen Arbeit mit.

Die Inneneinrichtung einer durchschnittlichen Familie auf dem Land bestand nur aus wenigen Möbelstücken: Tisch, Bank, Schemel, Truhe für Kleidung und Bett, das man häufig wegklappen konnte. Man begnügte sich mit wenig Geschirr: Messer, Holzlöffel, Holzschalen, Holzkanne, Töpfe und etwas irdenes Geschirr (Tongeschirr).

Da man nur kleine Fenster und keine Kerzen hatte, begnügte man sich mit Tranfunzeln, die mit viel Rauch und Qualm die Luft verpesteten. Die einfachen Häuser hatten keinen Schornstein, sodass der Rauch durch die Tür oder durch die Fenster hinausmusste.

Die Arbeit eines Bauern umfasste viele Tätigkeiten, denn in der Landwirtschaft gab es noch keine Spezialisierung. Die Landwirtschaft umfasste Viehzucht, Ackerbau und notwendige Hausarbeiten. Der Bauer bestellte seine Äcker noch immer nach der Dreifelderwirtschaft, sodass auf jedem Acker einmal in drei Jahren nichts angebaut wurde. Dementsprechend mager waren die Erträge. Die Ernte betrug durchschnittlich nur das Vier- bis Sechsfache der Saat. Zwar gab es auch bessere Jahre, doch Missernten waren nichts Ungewöhnliches.

Bei der Nahrung kann man große Unterschiede zu unserer heutigen Zeit erkennen. Als Hauptmahlzeit diente das Getreide. Aus Hirse, Hafer, Buchweizen oder Gerste wurde ein Brei hergestellt, denn Brot war nur sehr aufwändig anzufertigen. Auch Suppen standen auf dem eher eintönigen Speiseplan. Fleisch aß man selten, häufiger waren Produkte aus dem eigenen Garten wie Gemüse und Obst. Ein dünnes Bier diente oft als Getränk, da durch das Brauen die vielen Keime des Trinkwassers abgetötet wurden. In anderen Gegenden wurde hingegen einfacher Wein bevorzugt.

Großstädte (> 10 000 E.)	60–70
Mittelstädte (4000–10 000 E.)	400
Kleinstädte (1000–3000 E.)	2900–4500

M 4 Städtegrößen und -anzahl um 1500

Leben in der Stadt

Die Bevölkerung in den Städten wuchs langsam, aber stetig. Meist konnte jedoch die Fläche der Stadt durch die sie umgebende Mauer nicht vergrößert werden. Deshalb herrschte oft große Enge in den Gassen. In der Stadt gab es zwar viele verschiedene Berufe, die so auf dem Land nicht existierten, doch ansonsten spielte sich das Leben unter ähnlichen Bedingungen wie auf dem Land ab. Die meisten Menschen zählten zur Unterschicht (mehr als 60 %) und konnten sich nicht mehr Möbel oder besseres Essen als die Landbevölkerung leisten. Der Unterschied zwischen reichen Patriziern und armen Bürgern war groß und zeigte sich vor allem in den Wohnverhältnissen.

Die Leute warfen Unrat und Abfall auf die zum Teil gepflasterten Wege und engen Gassen. Es herrschte ein unvorstellbarer Gestank, Schweine liefen umher. Man drängelte sich voran in der Hoffnung, keinen Eimer Dreck von oben herab auf den Kopf zu bekommen oder in den Kot von Tieren und Menschen zu treten.

Die Lebenserwartung war sowohl auf dem Land als auch in der Stadt wegen fehlender Hygiene und zahlreicher Infektionen niedrig. Bis zum zehnten Lebensjahr starb die Hälfte eines Jahrgangs, nur ein Drittel wurde 30 Jahre und mit 45 Jahren zählte man bereits zu den „Alten".

M 5 Hamburger Straßenleben
Gemälde von 1663

Aufgaben

1. 🔍 Finde unter anderem mithilfe des Internets Gründe für die zunehmende Verstädterung im 18. Jahrhundert und heute.
→ M1

2. Beschreibe die Gemeinsamkeiten und die Unterschiede zwischen dem Dorf und der Stadt.
→ M2, M5

3. 🔍 Erstelle eine Liste mit den heute fünf größten Städten in Deutschland und vergleiche ihre Einwohnerzahl mit den damaligen Großstädten. → M4

4. Notiere, welche Möbel ihr im Wohnzimmer habt, und vergleiche diese mit dem damaligen Mobiliar.

Prägung Europas durch Barock und Aufklärung

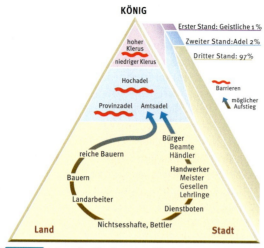

M 6 Die ständische Gesellschaft

Die Pyramide zeigt die Gesellschaftsordnung und die begrenzten Aufstiegsmöglichkeiten.

M 8 Bauer beim Mahl

Holzschnitt 16. Jh.

M 7 Die gottgegebene Ordnung

Der bayerische Prediger Selhamer schrieb 1703 über den Sinn der Ständeordnung:

Gott hats schon recht ausgetheilt. Er hat jedem Menschen sein gewisse Stell und Handthierung verordnet, die ein jeder fleissig behaupten soll. Großen Herrschaften hat er Sinn und Verstand,
5 Gewalt und Oberhand, Schwerdt und Scepter geben, dass sie Land und Leuth weisslich regieren sollen. Denen Geistlichen hat er Fried und Lieb, Andacht und Gottesfurcht, nüchteren und keuschen Lebenswandel, Seeleifer und inbrünstiges
10 Gebet aufgetragen, so sie für alle anderen insgesambt ordentlich verrichten sollen. Den Soldaten hat er Muth und Hertz, langwierige Gesundheit und starcke Kräfften, Gehorsam und Gedult ertheilt, dass sie im Feld mit dem Feind keck
15 herumschlagen, all ihre Landsleuth von allen feindseligen Einfall beschützen, den lieben Fried ins Land bringen und darin erhalten sollen. Den Bauern aber [...] hat er frisch und gesunds Leben, Muth und Krafft zur steten Arbeit verschafft, dass
20 sie durch ihren Feldbau und Viehzucht sich und alle anderen ernährn und erhalten sollen. Also lautet der gemeine Weidspruch: [...] Du regier, und du bleib beym Brevier [Gebetbuch], Du streit, und der bleib bey der Arbeit.

Dülmen, Richard van: Kultur und Alltag in der Frühen Neuzeit. Bd. 2. S. 179

M 9 Speiseplan von 1618

Es gibt nur wenige Aufzeichnungen über das Essen der einfachen Bevölkerung. Ein Verzeichnis vom Gut Schleißheim bei München listet die Speisen für die Diener auf.

Sonntag: Mittags Hirsebrei oder Grießmus, Speck-Knödel und Kraut.
Nachts Kraut in dicken Scheiben, süße Milch.
[...]   5
Mittwoch: Morgens Weizenmus, saure Milchsuppe. Mittags Kraut in dicken Scheiben, abgebrühte Weizen- und Roggenkörner gedörrt.
Nachts Rübenkraut, Milch.   10
[...]
Freytag: Morgens Weizenmus, saure Milchsuppe.
Mittags Kraut in dicken Scheiben, Zelter Röczl (Obstbrei mit Gebackenem).   15
Nachts: Kraut, Gerste, Milch.

Dülmen, Richard van: Kultur und Alltag in der Frühen Neuzeit. Bd. 1. S. 69 f.

M 10 **Bauernhof,** um 1600

M 11 Das Leben des Johannes Hooss

Ein typischer Lebenslauf eines wohlhabenden Bauern in der Frühen Neuzeit:

Johannes Hooss (1670–1723), ein wohlhabender Bauer aus dem hessischen Schwalm, stammte [...] aus einer kinderreichen Familie. Früh verlor er seine Mutter, sein Vater heiratete ein zweites Mal.
5 Bereits mit 16 Jahren musste Johannes den Hof übernehmen, konnte allerdings erst 3 Jahre später heiraten. Seine Frau gebar ihm 4 Kinder, von denen nur eine Tochter überlebte. Nach dem frühen Tod seiner Frau heiratete auch Johannes ein
10 zweites Mal. Diese zweite Frau gebar ihm nacheinander 12 Kinder, von denen nur 5 Töchter das heiratsfähige Alter erreichten. [...] Als seine Frau 44 Jahre alt wurde, gab er die Hoffnung auf einen männlichen Erben auf, übergab den Hof als 54-
15 Jähriger seiner ältesten, noch unverheirateten Tochter und zog sich mit seiner Frau aufs Altenteil zurück. Hier lebte er allerdings noch 31 Jahre.

Dülmen, Richard van: Kultur und Alltag in der Frühen Neuzeit. Bd. 1. S. 37 f.

M 12 Die Machtverteilung im Haus

Im Zedler-Lexikon, dessen einzelne Bände zwischen 1732 und 1754 erschienen, wird der Hausherr folgendermaßen definiert:

Die Haupt-Person aber eines Hauses wird Haus-Herr oder Haus-Vater genannt, weil er allen, die in der Familie sich befinden, mit väterlicher Treue vorstehen soll [...] Die ihm ehelich beygefügte Person aber wird Haus-Frau genannt, [...] das Recht 5 aber, der Familie oder dem Hauswesen vorzustehen, kommt dem Haus-Vater principaliter und hauptsächlich zu, als welcher gleichsam ein König und Fürst in seinem Haus ist; Secundario aber, und weil die Frau, als Haus-Mutter, dem Hauswesen 10 gleichfalls mit vorstehen und selbiges verwalten helffen soll, kann ihr einiges Recht zugeschrieben werden.

zit. n.: Dülmen, Richard van: Kultur und Alltag in der Frühen Neuzeit. Bd. 1. S. 38 f.

Aufgaben

1. 🔍 Gibt es heute noch gesellschaftliche Schranken und Berufe, die wenig Ansehen haben? Nutze dazu auch M6. Nenne, wenn möglich, Gründe.
2. Nenne und bewerte die Gründe, die Selhamer für die Ständeordnung anführt.
   → M7
3. Beschreibe das Leben eines Bauern.
   → M8, M9, M10, M11
4. Erstelle deinen Speiseplan für eine Woche und vergleiche ihn mit M9.
5. Erkläre, wie das Lexikon M12:
   a) die Stellung des Hausherrn begründet
   b) worin die Aufgaben der Hausfrau bestehen.

Prägung Europas durch Barock und Aufklärung

Ausgrenzen und Strafen

Außenseiter: von der Gesellschaft ausgegrenzt

Innerhalb der Gesellschaft grenzten sich die „ehrbaren", redlichen Handwerker von anderen Berufen ab, die nach allgemeiner Ansicht nicht zur Gesellschaft gehören sollten. Zu diesen „unehrlichen" Berufen und Menschen zählten z. B.:
- Menschen, die unehelich geboren waren,
- weitere „unehrenhafte" Berufe wie Henker, die am Rande oder außerhalb der Stadt wohnten,
- „fahrende Leute" wie Bettler, Spielleute, Schausteller, Hausierer,
- Straftäter, die keine Chance zur Wiedereingliederung hatten.

Diese Menschen wurden ausgegrenzt, ihre Kinder konnten keine ehrbaren Berufe ausüben und jeder versuchte eine Berührung oder Freundschaft mit ihnen zu vermeiden. Dabei spielte es keine Rolle, ob man z. B. den Geschichten der Spielleute gern zuhörte oder sich an den Kunststücken der Schausteller erfreute. Auch bei anderen Berufen war es klar, dass man sie benötigte. Der Scherenschleifer zog in jedem Dorf, das er besuchte, die Aufmerksamkeit auf sich. Dennoch wollte man nichts mit ihm zu tun haben, wenn er alles wieder geschärft hatte. Personen konnten außerdem durch Verstöße rechtlos werden. Wer zum Beispiel zu kleine Brote verkaufte, erhielt eine sogenannte Ehrenstrafe. Der Übeltäter wurde nicht ins Gefängnis gesteckt oder körperlich bestraft, sondern unter anderem am Pranger dem Spott der Leute ausgesetzt. Damit war sein Ruf ruiniert, sodass er nur noch mit einem anderen Beruf seinen Lebensunterhalt verdienen konnte.

Wer einmal durch einen Fehler oder ein Verbrechen aufgefallen war, bekam in der Regel keine zweite Chance mehr. Er war gezwungen, sich durch unehrenhafte Tätigkeiten seinen Lebensunterhalt mehr schlecht als recht zu verdienen. Da Außenseitern oft keine andere Möglichkeit zum Leben blieb, war der Diebstahl ein häufiges Verbrechen dieser Zeit.

M 1 An den Pranger gestellt
Holzstich von 1850

Altertümlich und brutal: Rechtsfindung und Vollstreckung

In der Frühen Neuzeit galten lange Zeit unterschiedliche Gesetze. Furchtbare Strafen, Folter und geheime Verfahren ließen den Angeklagten nahezu hilflos seinem Urteil entgegensehen. Auch gab es keinen Anwalt, der die Interessen des Angeklagten vertreten konnte.

Neu war, dass der Staat seinen alleinigen Machtanspruch konsequent durchsetzte. Daher diente das Strafrecht der Stärkung der Staatsgewalt. Die harten Strafen sollten abschrecken und die durch das Vergehen gestörte Ordnung wiederherstellen. Deshalb wurden Hinrichtungen öffentlich vollzogen, wobei dies aber immer mehr zu einem Spektakel geriet.

Der Staat setzte seinen Anspruch mithilfe vieler Verordnungen und Kontrollen durch. Schon zuvor hatte es kaum individuelle Entfaltungsmöglichkeiten gegeben, aber nun waren alle Untertanen denselben Regeln unterworfen. Anstelle von Gruppeninteressen herrschte nun das Staatsinteresse. Dabei mischte sich der Staat auch in den religiösen und sittlichen Bereich ein und bestrafte z. B. Gotteslästerung oder Ehebruch, weil man den Zorn Gottes fürchtete.

M 2 Brotkontrolle durch das Hausgrafenamt
Miniatur von 1713

M 3 Abbitte eines St. Gallener Bürgers

1711 wurde ein Bürger bestraft und musste öffentlich für seine Beleidigungen gegenüber der Regierung vor dem Rathaus Abbitte leisten.

Ich, Hans Jakob Zwickher, erkenne allhier auf meinen Knien liegend, daß ich mitjenigen ohnverantwortlich aus meinem Lästermaul wider meine gnädige Oberkeit insgemein und sonderbar auch
5 einigen dessen Ehrengliedern ausgelassene Schand- und Schmähreden in meinem faulen verlogenen Mundt und Magen, aus dem ich sie ausgespeyt, zurück(nehme) […] verspreche auch hiemit vor Gott und seinen Statthaltern, der Obrig-
10 keit, daß ich inskünftig von solchem Lästern mich hüten […] Gott gebe mir Gnad dazu.

Dülmen, Richard van: Kultur und Alltag in der Frühen Neuzeit. Bd. 2. S. 212 f.

M 4 Bettler, Zeichnung aus dem 17. Jh.

M 5 Die Hinrichtung des Vincenz Fettmilch in Frankfurt 1616
Vincenz Fettmilch wurde als Anführer eines Aufstandes zum Tod verurteilt und hingerichtet.

Aufgaben

1. Verfasse einen Text, in dem du die Gefühle eines Menschen am Pranger schilderst.
   → M1
2. Nenne Vor- und Nachteile der ständigen Kontrollen, z. B. des Brotes. → M2
3. Schildere die Gefahren und Unannehmlichkeiten der „fahrenden Leute". → M4
4. Eine Hinrichtung wurde in der Frühen Neuzeit aufwändig inszeniert. Erkläre dies im Hinblick auf die damalige Vorstellung von Strafen. → M5

Prägung Europas durch Barock und Aufklärung

M 1 Laufender Bote
Kupferstich um 1600

Infrastruktur und Information

„Auch auf kurzer Reise fährt der Fuhrmann aus dem Gleise"

Dieses Sprichwort zeigt die Unannehmlichkeiten des Reisens, das sich in der Zeit bis 1800 in vielfältiger Weise entwickelte. Das bereits umfangreiche Wegenetz in Europa wurde aus wirtschaftlichen Gründen erweitert und vor allem in seiner Qualität verbessert. Langsam wichen die schlammigen, unbefestigten Straßen breiten, ausgebauten und befestigten Landstraßen. Menschen in neuen Berufszweigen kümmerten sich um die Reisenden und stellten ihnen unterschiedliche Reisemöglichkeiten zur Verfügung. Auch die Reisemittel wie Kutsche und Schiff wurden verbessert.

Die Veränderungen bewirkten, dass die Orte schneller erreichbar wurden, mehr Menschen reisten und Informationen durch Boten und Post schneller übermittelt werden konnten. Doch bis dieser Fortschritt gegen 1800 erreicht war, war das Reisen wie im Mittelalter mühsam und voller Gefahren durch:

- das Klima: Hitze, Kälte, Nässe, Winde,
- Unfälle (z. B. durch Achsenbruch),
- Personen: Räuber, Soldatenwerber, Zöllner,
- Krankheiten.

Die Gründe für das Reisen waren vielfältig:

- beruflich: Bauern, Kaufleute, Händler, Boten …,
- zwangsweise: Vertriebene, Sinti und Roma, Obdachlose …,
- touristisch: Wallfahrten, Spazierfahrten, Bäderreisen …

Bildung für alle: Theorie und Praxis

Das gehobene Stadtbürgertum nutzte die verbesserte Infrastruktur, um Ausflugs- und Bildungsfahrten zu machen. Auch konnte man nun bequemer und schneller zu Bildungsstätten, wie z. B. Universitäten, reisen und sich dort fortbilden. Zudem konnte man einfacher auf postalischem Wege mit weit entfernten Gelehrten diskutieren.

Man erkannte, dass nur mit Bildung eine leistungsfähige Gesellschaft und Wirtschaft zu erreichen war. Dennoch waren die Widerstände anfangs groß: Im Adel bestand kein Interesse, dem Volk Bildung zu vermitteln und damit die Fähigkeiten des dritten Standes zu erweitern. Letztlich aber benötigte der Staat zur Durchsetzung seiner Interessen und Ziele Arbeitskräfte, die über gewisse Kenntnisse verfügen mussten. Gerade deshalb setzte sich der Staat für eine längere Schulzeit und für eine Unterrichtspflicht ein.

Nach ersten Versuchen 1664, Kinder zum Schulbesuch zu veranlassen, hatte der König in Preußen 1754 eine Landschulordnung erlassen, die allerdings nur für einen Teil des Landes galt. Erst im 19. Jahrhundert konnte sich dann eine allgemeine Schulpflicht durchsetzen, die von der Mehrheit befolgt wurde. Lange Zeit war Schule in erster Linie etwas für Jungen, die nicht in der Landwirtschaft mithelfen mussten. Da die Fähigkeiten Lesen und Rechnen selbst für Erwachsene keine Selbstverständlichkeit waren, blieben die Bildungsziele der Schulen bescheiden. Gehorsam und die Erziehung zu einem christlichen Untertanen stellten die obersten Ziele dar. Die Lehrer wandten dementsprechend strenge Erziehungsmittel an, die Prügelstrafe war an der Tagesordnung.

M 2 Der Lehrer bestraft einen Schüler mit der Rute
Holzschnitt aus dem 16. Jh.

M 3 Schifffahrt von Mainz nach Frankfurt

Jens Baggesen berichtet 1789 über die Verhältnisse an Bord.

Unter einem Oberdeck, wie in einer Art Deckskajüte, sitzen die Passagiere holterdipolter zwischen Kohl, Erbsen, Rüben, allen Arten von Obst, Hühnern und anderen ähnlichen Dingen. Die
5 Gesellschaft bestand aus etwa zweihundert Personen beiderlei Geschlechts, aus verschiedenen Völkerschaften, allen Ständen und allen Religionen. Deputierte, Kaufleute, Soldaten, Bauern, Juden, Rattenfänger, Pfarrer, Werber, Handwer-
10 ker, Komödianten, Frauen, Mädchen […] waren durcheinander verstaut.

Gräf, Holger Th.; u. a.: Wege ins Ungewisse. S. 19

M 4 Fürstlich Thurn und Taxis'scher Postillon

M 5 Postwagen nach Gotha

Aufgaben

1. Schildere die Veränderungen in der Übermittlung von Nachrichten und Informationen bis heute.
   → M1, M4
2. Schreibe einen Tagebucheintrag eines Schülers aus der Frühen Neuzeit über einen Schultag und vergleiche ihn mit deinen Erfahrungen in der Schule.
   → M2
3. a) Nenne Gründe, warum man heute verreist, und vergleiche sie mit damaligen Gründen.
   b) Inwieweit haben sich die Verhältnisse des Reisens verbessert bzw. verschlechtert?
   → M3, M5
4. Verfasse einen Brief an deine Eltern über eine zweitägige Fahrt mit einer Postkutsche. Gehe dabei auf Mitreisende und die Strecke ein.
   → M5

Prägung Europas durch Barock und Aufklärung

Johann Sebastian Bach
(1685–1750)

Karlsruher Stadtschloss
(1715)

| 1650 | 1670 | 1690 | 1710 |

Lesetipp

Nicole C. Vosseler: Die Caravaggio-Verschwörung, Würzburg 2009

Der junge Barockmaler Michelangelo Merisi, genannt Caravaggio, muss aufgrund eines Duells aus Rom fliehen und kommt auf Malta unter, wo er in den Ritterorden der Malteser eintritt. Dort hält er sich aber auch nicht an die Regeln. Der Großmeister des Malteserordens, Alof de Wignacourt, hat soeben das Urteil gegen Caravaggio verkündet: Den Ausschluss aus der Ordensgemeinschaft.

Wignacourt beugte sich vor und ließ seine andere Hand auf dem aufgeschlagenen Buch ruhen, in dem akribisch und mit dem entsprechenden Datum versehen die Verstöße der Ordensritter festgehalten wurden, zusammen mit den Strafen, die man über die Delinquenten verhängt hatte. Verbotene Duelle fanden sich darin, Beleidigungen und Diebstähle. Am häufigsten waren Raufereien und gewalttätige Zusammenstöße – so wie jener im August, in den auch Fra Michelangelo verwickelt gewesen war.

Natürlich stellte jeder der im Oratorium Anwesenden sofort eine Verbindung zwischen jenem handfesten und mit Waffen ausgefochtenen Streit und Caravaggios Aufenthalt in der *Guva* her. Wenn auch den Gesichtern mancher Ritter der Schrecken über diese harte Strafe abzulesen gewesen war; für gewöhnlich konnten sich die Inhaftierten innerhalb Sant' Angelo frei bewegen.

Eins und eins ergibt nicht immer zwei. Manchmal liegt die Wahrheit zum Greifen nahe und doch bleibt sie unsichtbar.

Sanft schlug Wignacourt das Buch zu und lehnte sich in seinem Stuhl zurück, betrachtete die kunstvoll geschnitzte Kassettendecke des Raums, ohne sie wirklich wahrzunehmen. Es entbehrte nicht der Ironie, dass der Urteilsspruch unter dem Gemälde stattfand, das Caravaggio für den Orden geschaffen hatte. Die Enthauptung Johannes des Täufers war darauf dargestellt, des Schutzheiligen der Kathedrale wie des Ordens. Ein gewaltiges Werk, in seinen Maßen wie in der Kraft der Darstellung. Johannes, bäuchlings am Boden und leichenblass, die Kehle mit dem Schwert durchschnitten. Über ihm der Henker, der sich anschickte, das Haupt mit einem Dolch abzutrennen, und Salome hielt die Schale bereit, um den abgeschlagenen Kopf darauf zu präsentieren. Zwei Gefangene sahen durch ein vergittertes Fenster zu, über das von oben ein doppeltes Seil herabhing. Als hätte Caravaggio eine Vision dessen gehabt, was geschehen würde […] Er hatte das Bild signiert; die Blutlache am Boden lief in Buchstaben aus: „F Michel Ang" – Fra Michel Angelo.

S. 20 f.

Guva
Kerker

84

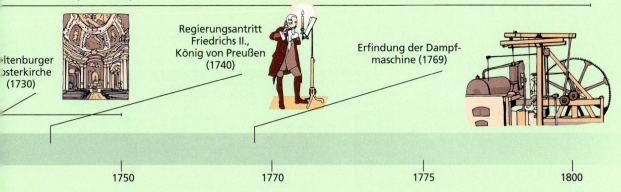

Immanuel Kant (1724–1804)

Altenburger Klosterkirche (1730)

Regierungsantritt Friedrichs II., König von Preußen (1740)

Erfindung der Dampfmaschine (1769)

1750   1770   1775   1800

Lesetipps

Law, Stephen:
Philosophie: Abenteuer Denken.
Arena Verlag 2007

Savater, Fernando:
Tu, was du willst:
Ethik für die Erwachsenen von morgen.
9. Auflage. Beltz Verlag 2007

Savater, Fernando:
Sei kein Idiot
3. Auflage. Beltz Verlag 2004
(über Politik)

Spieletipp

Thurn und Taxis.
Schmidt Spiele
(Spiel des Jahres 2006)

Museumstipps

Freilandmuseum Bad Windsheim

Kriminalmuseum Rothenburg ob der Tauber

Zusammenfassung

Im 17. und 18. Jahrhundert setzte sich die Kunstepoche des **Barock** in Europa durch. Die Kompositionen von **Johann Sebastian Bach** sowie die Bauwerke von **Gianlorenzo Bernini,** den **Gebrüdern Asam** und **Balthasar Neumann** hatten eine Gemeinsamkeit: Sie waren verspielt und prunkvoll, also „schiefrund", wie der Begriff „barocco" ursprünglich verstanden wurde. In dieser Zeit entstanden zahlreiche Residenzen, Klosteranlagen und Kirchen, deren Inneres reich ausgestattet war und die Macht und den Einfluss ihrer Erbauer widerspiegeln sollte.

Die **Aufklärung** war eine geistige Strömung in ganz Europa des 17. und 18. Jahrhunderts, die auch als das „**Zeitalter der Vernunft**" in die Geschichte einging. Als bedeutendster deutscher Aufklärer gilt **Immanuel Kant.** Die Aufklärer fragten sich, was die eigentliche Bestimmung des Menschen ist und welche Art des Zusammenlebens ihrer würdig sei. Ihrem Denken entspringt die Überzeugung, dass der Mensch frei geboren ist und daher die Macht innerhalb eines Staates nicht allein in der Hand einer Person sein dürfe. **Charles de Montesquieu** forderte daher, dass in einem aufgeklärten Staat die **Gewaltenteilung** anstelle des Absolutismus gelten solle. **Jean-Jacques Rousseau** ging darüber hinaus, indem er die **Volkssouveränität** einforderte. Die Folgen und Auswirkungen dieses Denkens zeigten sich in den Revolutionen des 18. und 19. Jahrhunderts. Zwischen dem Empirismus und Rationalismus entwickelte sich in der **Naturwissenschaft** eine Form der Forschung, die sich vor allem um die Beobachtung und das Experiment drehte. **Newton** wurde zum größten Naturwissenschaftler aller Zeiten und baute auf den Ergebnissen der Forscher vor ihm, z. B. Galileo Galilei, auf.

Die meisten Menschen lebten noch immer auf dem Land, größtenteils unter ärmlichen Bedingungen, fest in die ständische Ordnung eingebunden. Andere wurden wegen ihres Berufs oder wegen ihrer Herkunft ausgegrenzt. Wer die Regeln oder Gesetze nicht achtete, spürte die unerbittliche Härte des Gerichts.

Die Reisebedingungen verbesserten sich nur allmählich. Erst gegen 1800 erleichterten ausgebaute Straßen und ein erweitertes Streckennetz das Reisen. So konnten Informationen schneller verbreitet werden.

Die Einführung der Schulpflicht brachte gelernte Arbeitskräfte für die Verwaltung und Bürokratie hervor. In der Schule selbst herrschten raue Sitten. Wer sich im Unterricht nicht richtig verhielt, riskierte Prügel durch den Lehrer.

3. Barock als Kunst- und Kulturepoche der Heimatregion

Gartenanlage der Würzburger Residenz

Johann Balthasar Neumann, Architekt der Würzburger Residenz

Treppenhaus der Würzburger Residenz

Gebiet des Hochstifts Würzburg

Würzburger Residenz

Barock als Kunst- und Kulturepoche der Heimatregion

M 1 **Würzburger Residenz**
Federzeichnung, 1731

Gulden

Im 17. Jahrhundert übliche Währung. Heute berechnet man für einen fränkischen Gulden der damaligen Zeit etwa 50 Euro.

M 2 **Fürstbischof Friedrich Karl von Schönborn,** Gemälde
Die Schönborn waren eine sehr einflussreiche fränkische Fürstenfamilie, die als Kunstliebhaber und Bauherren galten. Wegen ihrer vielfältigen Bautätigkeit sagte man in Franken, sie wären „vom Bauwurm befallen".

„Über allen Schlössern" – die Residenz in Würzburg

Am Anfang stand die Aufdeckung eines Steuerbetrugs

Die Herrscher Würzburgs waren seit dem Mittelalter beides: Herrn über die Kirche und Herrn über das Land. Sie regierten also über eine Diözese, das Bistum, und über einen weltlichen Staat, das Hochstift. In der Zeit des Absolutismus legten diese Fürstbischöfe mehr Wert darauf, ihre Macht für alle sichtbar darzustellen. Also bauten sie ein zeitgemäßes Schloss, das die alte Marienburg über Würzburg als Herrschaftssitz ablösen sollte.

Ein geeigneter Platz war in der engen Stadt mit ihrer gezackten Stadtmauer nach langer Suche gefunden worden, es fehlte jedoch an Geld für den Bau. In diesen Jahren wurde zufällig ein Steuerbetrug aufgedeckt, der Gelder in die Kassen des Hochstifts spülte: Der Direktor der Hofkammer hatte Einkünfte des Hochstifts veruntreut, um seinen aufwändigen Lebensstil zu finanzieren. Nach Bekanntwerden der Veruntreuung musste er das Geld zurückzahlen: 600 000 *Gulden*. Das Geld wurde für den Bau der Würzburger Residenz verwendet. Diese Summe reichte aber nicht aus, weswegen es immer wieder zu Baustopps kam. Erst unter Fürstbischof Friedrich Karl von Schönborn wurde weitergebaut.

Ein böhmischer Geschützgießer als genialer Architekt

Nun konnte auch ein junger böhmischer Geschützgießer, der in der fränkischen Armee diente, auf rasche Karriere hoffen: Balthasar Neumann, ein begabter Ingenieur, legte in Würzburg Pläne für das Stadtschloss vor und wurde als Erster Architekt angestellt.

Balthasar Neumann platzierte die zweiflügelige Schlossanlage mit dem Ehrenhof in der Mitte geschickt in die dreieckig zulaufenden Verteidigungsanlagen der Stadt ein. Hinter dem Haupteingang befindet sich ein Vestibül, eine Art Eingangshalle, in der Pferdekutschen bequem wenden konnten. Zur Linken der Eingangshalle schloss sich das breite Treppenhaus an, das man auf flachen Stufen hinaufging, um sich auf halber Höhe umzudrehen. Dann erst konnte der Besucher das große freischwebende Tonnengewölbe erblicken. Schließlich führte der Weg über den Weißen Saal in den Kaisersaal, dem weitere Gemächer folgten. Diese sogenannten Repräsentationszimmer mussten nacheinander durchschritten werden, wobei die Baumeister und Innenausstatter genau darauf achteten, dass sich weder die verwendeten Baumaterialien noch die Motive auf Gemälden wiederholten.

Versteckte Pracht: die Hofkirche
Die Eingangstür zur Hofkirche befindet sich unauffällig am Südflügel der Residenz. Im Innenraum jedoch zeigt sich die Fülle barocker Kunst: Marmor, Stuck, Blattgold, großflächige Gemälde und zahlreiche Verzierungen und künstlerische Details. Dennoch wirkt der Kirchenraum wohlgeordnet, was an den Säulen, den Fenstern und der klaren Gliederung der Geschosse liegt.

Die Gartenanlage – Meisterwerk der Illusion
Durch die Fenster der Säle der Residenz erblickt man die Gartenanlagen. Trotz der geringen Fläche wirkt der Garten großzügig und weit. Das liegt an einem „Trick", den die Gartenbaumeister anwendeten: Sie schütteten Erde auf und gestalteten den Hofgarten dreidimensional, indem sie Treppen, Rampen und Terrassen anlegten. Hecken und Laubengänge, Kübelpflanzen und Beete wurden so gepflanzt, dass der Eindruck entsteht, der Garten sei sehr weiträumig.

Der Hofgarten stellt aber nicht die Natur dar, sondern er zeigt, wie der Mensch sich die Natur unterordnet: Blumen werden je nach Blühzeit und Farben gepflanzt, Hecken und Bäume als Kugeln oder Kegel in Form geschnitten, dazwischen stehen Steinfiguren und im Zentrum ein Brunnen. Besonderes Augenmerk galt dem Küchengarten. In ihm wurde nicht nur das Gemüse für die Residenzküche gezogen, sondern auch exotische Pflanzen wie Pfirsich oder Zitronen, damals aufsehenerregende Früchte. Diese Obstbäume überwinterten in einer Halle, der Orangerie.

Viele Künstler und Kunsthandwerker verschönern die Residenz
Die Gärten, die schmiedeeisernen Toranlagen, die Innenausstattung der Räume: Alles verschlang viel Geld. Verschärft wurde dieses Problem noch dadurch, dass die Würzburger Bischöfe Unsummen dafür ausgaben, bekannte Künstler anzuwerben. Besonders bekannt waren der Stuckateur Antonio Bossi, der mit Gips Decken und Wände verzierte, und der italienische Maler Giambattista Tiepolo, der unter anderem das Deckenfresko im Treppenhaus malte. Insgesamt erhielt er für seine Arbeiten über 40 000 Gulden. Ein gut versorgter Dorfschullehrer schaffte es mit allen Einkünften inklusive Holzgeld auf umgerechnet 48 Gulden im Jahr.

M 3 Hofkirche der Residenz
heutiges Foto des linken Seitenaltars mit Altargemälde
Im Hintergrund oben rechts ist das Fürstenoratorium zu sehen. Dort saß der Bischof, wenn er nicht selbst die Messe las.

M 4 Gartensaal der Residenz
heutiges Foto

Aufgaben

1. Gib mit eigenen Worten wieder, wie es zum Bau der Residenz kam.
2. Zeige an je zwei Beispielen der Gesamtanlage, des Gartensaals und der Hofkirche, dass es sich um typische Architektur des Barock handelt.
→ M1, M3, M4
3. Versetze dich in die Lage eines Baugehilfen auf der Residenzbaustelle, der von den hohen Einkünften der Künstler hört. Schreibe deine Gedanken in fünf bis acht Sätzen auf.

Barock als Kunst- und Kulturepoche der Heimatregion

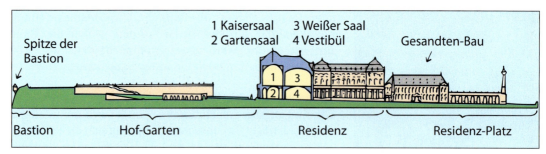

M 5 **Seitenansicht der Residenz mit Gartenanlage**
Die Seitenansicht zeigt, wie die Architekten die Residenz in die engen Verteidigungsanlagen (Bastionen) der Stadt Würzburg einpassten. Rekonstruktion einer Zeichnung aus den 1920er-Jahren.

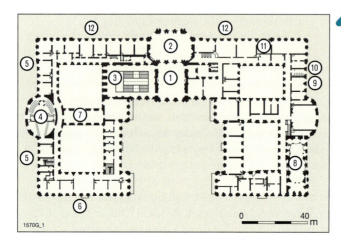

M 6 **Räumlichkeiten der Residenz**
(Obergeschoss)
1 Weißer Saal
2 Kaisersaal
3 Große Stiege (Treppenhaus)
4 Hofoper
5 Kanzleien
6 Erste Bischofswohnung
7 Fürstensaal
8 Hofkirche
9 Speisesaal
10 Aborte (Toiletten)
11 Spiegelkabinett
12 Kaiserzimmer (für vornehme Gäste)

M 7 **Die Suche nach einem geeigneten Architekten**

Der spätere Hauptarchitekt der Residenz, Balthasar Neumann, war zunächst Offizier und Geschützgießer. Zudem verstand er sich aufs Brunnenbauen und die Feuerwerkerei. Einen solchen Ingenieur ohne Erfahrung als Architekten zu beschäftigen war sehr riskant. Aus einem Brief des Onkels des damaligen Fürstbischofs Johann Philipp Franz von Schönborn geht Neumanns Talent hervor:

[Balthasar Neumann hat] alles wohl begriffen und [scheint] von solcher guten Eigenschaft zu sein, dass er sich durchgehents gern weisen lasset, sogestalten, dass wo dieser Mensch nur auf zwey Jahr in Italien und Frankreich zu gehen das Glück
5 haben sollte, zu den Hochstifts Diensten sich viel Ersprießliches zu versprechen und die auf selbigen gehende Kösten Verwendung nicht übel angeleget seyn dörfte.

Brief Lothar Franz von Schönborns; in: Erben: Residenz. S. 8

M 8 **Treppenhaus der Würzburger Residenz**

M 9　Spiegelsaal der Residenz

Das Spiegelkabinett besteht aus Spiegelwänden, auf deren Rückseiten spiegelverkehrt mit Blattgold und Farben Verzierungen angebracht wurden. Im Zweiten Weltkrieg wurde dieser Raum vollständig zerstört. Es dauerte mehr als acht Jahre, ihn auf der Grundlage alter Fotografien wiederherzustellen. Das Spiegelkabinett ist der aufwändigste Saal der Residenz.

M 10　Aufgabe barocker Gartenarchitektur

Johann Prokop Mayer trat 1770 als Hofgärtner in den Dienst des Fürstbischofs. Über seine Ziele, einen ansehnlichen Garten zu erschaffen, schrieb er Folgendes:

Da ich die Hindernisse der Natur nach und nach überstiegen, die Fehler nach Möglichkeit verdecket oder verschönert hatte; so wurde ohnvermerkt die Zierlichkeit und die Pracht zum herr-
5　schenden Karakter in meinem Werke.

J. P. Mayer; zit. n.: Hofgarten Würzburg. Kurzführer

M 11　Perspektivischer Plan des Hauptgartens der Residenz (Ostgarten)

Aufgaben

1. Der Garten der Residenz ist wegen der Verteidigungsanlagen anders angelegt als in vielen anderen Schlossanlagen. Erkläre.
　→ M5, M11
2. a) Ordne die Räumlichkeiten der Residenz nach Wohnräumen, Amtszimmern und Empfangssälen. → M6
　b) Schreibe aus der Sicht eines damaligen Besuchers einen Brief, welche Räume du durchschreiten durftest, als dich der Fürstbischof empfangen hat, und schildere auch die Innenausstattung der Räume.
　→ M6, M8, M9
3. Zeige an dem Gartenplan, welche Ziele der Gartenarchitekt J. P. Mayer im Hofgarten umsetzte.
　→ M10, M11
4. ○ Informiere dich im Internet über moderne Staatsarchitektur wie das Bundeskanzleramt oder den Reichstag. Beachte dabei Zimmeraufteilung und -größe.

Barock als Kunst- und Kulturepoche der Heimatregion

M 1 **Vier Erdteile**
Deckenfresko von Giovanni Battista Tiepolo, 1752

Die ganze Welt in einem Bild

Das Deckenfresko der Residenz: das größte Bild der Welt
Als kurz vor Weihnachten 1750 der italienische Maler Giovanni Battista Tiepolo in Würzburg eintraf, hatte der Würzburger Fürstbischof seinen größten Coup gelandet: Er hatte einen der berühmtesten Künstler der Welt in das kalte Würzburg gelockt. Tiepolo war dem Werben des Bischofs gefolgt, hatte er doch die Möglichkeit bekommen, ein Gemälde an die Decke des größten Saals Europas anzubringen. Bereits nach einem Jahr waren Tiepolo und seine beiden Söhne fertig. Über 670 qm Decke wurden als **Fresko** bemalt. Die Maler arbeiteten auf deckenhohen Gerüsten und lagen dabei auf dem Rücken. Tiepolo wurde für sein Kunstwerk auch fürstlich belohnt. Allein für das Fresko erhielt er 12 000 Gulden.

Vier Erdteile und der Fürstbischof in ihrem Zentrum
Tiepolo wählte als Motiv eine Panoramadarstellung der vier Erdteile, für jeden Kontinent eine Deckenseite. Australien war zwar bereits entdeckt, man hielt es aber lediglich für eine Insel. Jeder Kontinent wird durch eine Fülle von Gottheiten, Tieren, Personen und anderen Anspielungen dargestellt. Im Zentrum findet sich je eine Figur, die den jeweiligen Erdteil symbolisiert. Tiepolos Idee war es, die christliche Welt – als das galt Europa – ins Zentrum zu stellen. In diesem Zentrum wiederum befindet sich das Hochstift Würzburg, deren Fürstbischof auf einem Medaillon über Europa thronend dargestellt ist.

Tiepolo malte zum Teil nach zeitgenössischen Vorlagen, da er viele dargestellte Tiere noch nie selbst gesehen hatte. Diese sehen also nicht wahrheitsgetreu aus, sondern wirken vielmehr Furcht einflößend und „barocco", also ganz im Stil des Barock: bizzar.

M 2 **Elefant**
Detail aus dem Deckenfresko

M 3 Der Empfang des Künstlers Tiepolo in Würzburg

Der Hoffourier, der in Würzburg die Unterbringung von fürstlichen Gästen organisierte, beschrieb den Empfang Tiepolos.

Gestern ist der venezianische Maler Tiepolo ankommen, hat mit sich gebracht seine 2 Söhne und einen Diener, ist am Hof in die Eckzimmer […] logiert [untergebracht] und mit 5 Zimmern verse-
5 hen worden. Die Kost bekam er angewiesen an der Cavaliertafel [vornehmster Tisch] […] und bekam zu mittags 8 und abends 7 Speisen. Sonst ließe man ihm nichts abgehen und traktierte [behandelte] ihn in allem herrlich.

Erben, M.: Das kleine Buch von der Residenz. S. 38.

M 4 Die Darstellung der Amerika im Fresko

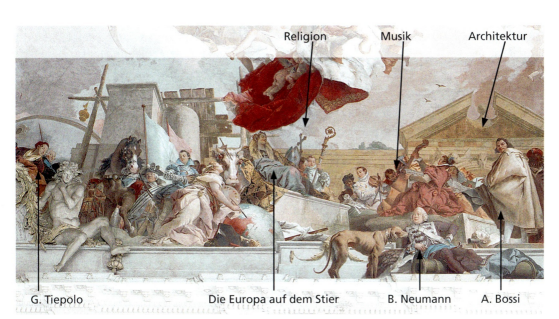

M 5 Die Darstellung Europas im Deckenfresko

Aufgaben

1. Gib mithilfe des Textes und M3 in eigenen Worten wieder, welche Bedeutung Tiepolo für den Würzburger Fürstbischof hatte.
2. Das Deckenfresko stellt vieles in Bewegung dar. Nenne drei Beispiele. → M1
3. a) Der Fürstbischof hat im Fresko oberhalb Europas (rechte Seite) einen ganz besonderen Platz. Finde ihn in M1.
   b) Überlege, welches Selbstverständnis hinter seiner Position im Fresko deutlich wird.
4. Die Amerika verkörpert im Gegensatz zu Europa das „Wilde". Weise dies an ihrer Darstellung nach. → M4
5. a) Die Darstellung des Kontinents Europa enthält typische Merkmale des Barock. Finde vier. Schlage dazu auch auf den Seiten 52 und 53 nach. → M5
   b) Tiepolo hat sich ganz links im Eck von Europa selbst gemalt. Überlege, welche Absicht dahintersteckt.

Barock als Kunst- und Kulturepoche der Heimatregion

M 1 **Kurfürst Max Emanuel,** Porträt von 1725
Fürsten wie der wegen seiner künstlerischen Vorlieben der „Blaue Kurfürst" genannte Max Emanuel hatten großen Anteil an der Verbreitung barocker Architektur.

Fürstenglanz und Gott zum Ruhm – Barock in Bayern

Süddeutscher Barock

Warum gerade in Bayern so viele barocke Bauwerke entstanden, hat viele Gründe. Besonders dazu beigetragen hat, dass

- vielerorts nach den Zerstörungen des Dreißigjährigen Kriegs und anderer Kriege Kirchen, Klöster, Herrschersitze, Burgen und ganze Städten wieder aufgebaut wurden und
- dass es in Bayern eine Vielzahl an Territorien, also Staaten, gab, deren Herrscher allesamt ihre Macht demonstrieren wollten und daher den Neubau oder die Umgestaltung ihrer Residenzen angingen.

Nicht nur die mächtigen Landesherren wie die Wittelsbacher oder die Bayreuther Fürsten prägten die Städte und Residenzen, sondern auch die vielen kleineren Herrscher, auch die geistlichen unter ihnen. Der Bamberger Fürstbischof oder die Äbte von Benediktbeuern regten ebenfalls prachtvolle Bauten an. Die vielen Staaten auf engem Raum wurden so häufig Förderer der Kunst und Architektur. Baumeister und Architekten stiegen schnell auf und wurden bekannt, sodass die Fürsten sich diese gegenseitig abwarben oder ausliehen.

Städte wie München, Würzburg oder Erlangen erhielten im Barock ein komplett neues Gesicht, da auch Plätze und Brunnen, vor allem aber viele Häuser des aufstrebenden Bürgertums im Stil der Zeit umgebaut wurden. Man griff dabei sogar auf eine Art „Baukastenprinzip" zurück: Es wurden Schablonen für Stuckdecken oder für Fassadenmotive entwickelt, mit denen die Handwerker in kurzer Zeit eine Decke oder ganze Häuserfronten gestalten konnten.

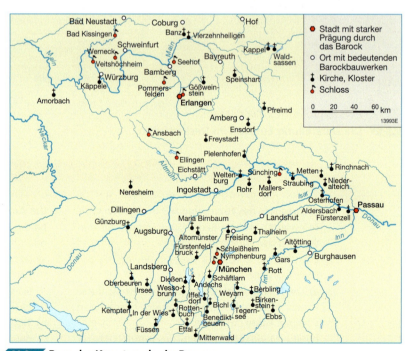

M 2 Barocke Kunstwerke in Bayern

| 1500 | 1550 | 1600 | 1650 | 1700 | 1750 | 1800 | 1850 |

M 3 Schloss Werneck

M 4 Passauer Dom

M 5 Klosterbibliothek Waldsassen

M 6 Figur aus dem Veitshöchheimer Schlossgarten

Aufgaben

1. Gib mit eigenen Worten wieder, warum gerade im heutigen Bayern so viele Barockbauwerke zu bewundern sind.
2. Suche in den Abbildungen des Schlosses Werneck und des Passauer Doms je zwei ähnliche Merkmale barocker Architektur. Schlage dazu auch die Seite „Architektur als Quelle" auf S. 60/61 nach. → M3, M4
3. Die Bibliothek des Klosters Waldsassen zeigt andere Merkmale des Barock. Nenne drei dieser Merkmale. → M5
4. Steinfiguren in barocken Gartenanlagen dienten der Unterhaltung. Viele Anspielungen wie Blumengirlanden oder Bienenstöcke gaben dazu Anregungen. Verfasse eine Geschichte aus der Sicht eines fürstlichen Gastes, der die Figur erstmals sieht und sich dazu etwas ausdenkt, um andere zu unterhalten. → M6
5. 🔎 Suche auf der Karte einen Ort mit einem barocken Bauwerk in deiner Nähe und stelle dies in einem Kurzvortrag vor.
→ M2

4. Thematischer Querschnitt: Die Rolle der Frau in der vorindustriellen Gesellschaft

Der Sonntagsspaziergang, Gemälde von Carl Spitzweg, 1841

M 1 **Mädchen am „Gängelband"**, Porzellanfigur, um 1750

Frauen im Wandel der Zeiten

Der „kleine" Unterschied

Über die Hälfte der Menschheit sind Mädchen und Frauen. Schlägt man jedoch die Geschichtsbücher auf, ist meist die Rede von Männern. Das hat auch einen Grund. Lange Zeit hielt man die Frauen für weniger wert und sah ihre alleinige Bestimmung darin, für die Familie und den Nachwuchs zu sorgen. Mädchen wurden von Schule und Bildung ferngehalten. Sie sollten ihren Vätern und später ihren Männern gehorchen. Eigene Ideen oder Gedanken, um unabhängig zu werden, sollten sie nicht entwickeln. Zu allen Zeiten haben sich Frauen jedoch auch über dieses ungeschriebene Gesetz hinweggesetzt und versucht, ihr Leben selbst in die Hand zu nehmen. Dabei mussten sie stets gegen Vorurteile und Hindernisse ankämpfen. Heute ist die Gleichberechtigung zwischen Mann und Frau im Grundgesetz verankert. In Artikel 3, Absatz 2 steht: „Männer und Frauen sind gleichberechtigt." Der Weg bis zu dieser rechtlichen Gleichstellung war langwierig und keineswegs selbstverständlich. Viel Mut und Durchhaltevermögen ganzer Generationen von Frauen gehörten dazu, um dieses Ziel zu erreichen.

Frauenleben im 17. und 18. Jahrhundert

Während sich die Welt im Lauf der Jahrhunderte veränderte, neues Wissen erworben wurde und auch die Berufswelt immer vielfältiger wurde, verlief das Leben der Frauen in den altbekannten Bahnen. Ihr Zuständigkeitsbereich blieb auf den Haushalt und die Familie beschränkt. Wie ihr Alltag aussah, hing jedoch entscheidend von ihrer Standeszugehörigkeit ab, also davon, ob sie in einer Familie aus dem Adel, dem Bürgertum oder in einer Bauernfamilie lebten.

Kam eine Frau aus armen Verhältnissen, musste sie hart arbeiten und mithelfen, das Überleben der Familie zu sichern.
- Sie arbeitete auf dem Feld,
- war mit der Viehhaltung beschäftigt,
- musste sich um die Kinder kümmern
- und den Haushalt bewältigen.

In vielen Handwerkerfamilien waren die Frauen mit dem Verkauf und der Buchführung betraut. Frauen aus reichen Bürgerfamilien oder aus dem Adel hatten Hauspersonal und mussten deshalb selbst nicht mehr arbeiten. Sie konnten sich auf die organisatorischen Aufgaben in der Haushaltsführung konzentrieren, dass etwa die Einkäufe erledigt wurden oder die Wäsche gewaschen wurde. Aber gerade jene Frauen, die nicht so sehr in den Arbeitsprozess eingebunden waren, hatten Zeit für andere Dinge. Unter ihnen gab es einige, die sich nur schwer damit abgefunden haben, dass ihnen ein Studium oder der Zugang zu einem Berufsleben versperrt blieb.

Auf den folgenden Seiten werden drei verschiedene Frauen vorgestellt, deren Leben und Wirken aus entsprechenden Quellen erschlossen werden können, um zu gesicherten Aussagen zu gelangen. Einerseits sind es besondere Frauen, die keineswegs ein gewöhnliches Leben führten. Andererseits unterscheiden sich alle drei sehr stark voneinander in ihrem Tun und Wollen. Doch ähnlich werden sie sich dadurch, dass sie die Welt in ihrem Sinne verändern wollten.

| 1575 | 1600 | 1625 | 1650 | 1675 | 1700 | 1725 | 1750 | 1775 | 1800 | 1825 | 1850 |

M 2 Unerfüllte Selbstverwirklichung

Dorothea Friderike Baldinger war die Tochter eines Tübinger Medizinprofessors. Sie beklagt sich in ihren um 1760 verfassten Lebenserinnerungen darüber, dass Mädchen und Frauen der Zugang zu Bildung verwehrt wurde:

Ich wünschte so sehr, gelehrt zu werden, und ärgerte mich, dass mich mein Geschlecht davon ausschloss […]. Nun kam auch mein Bruder von der Universität. Diesem ewig geliebten Bruder habe ich alle meine Kenntnisse, mein Glück zu verdanken. Ich würde mehr davon haben, wenn nicht meine Mutter geglaubt hätte: Bücher lesen, außer Bibel und Gesangbuch, wäre Todsünde, verlorene Zeit für ein Mädchen […]. Ich wollte von meinem Bruder Klavier, Französisch und dergleichen lernen. Dieses wurde als unnützer Zeitvertreib für ein Mädchen abgelehnt, in einer Zeit, in der man zu wichtigen Geschäften nicht zugelassen war […]. Meine Liebe zu den Wissenschaften wuchs, je mehr ich mit ihnen bekannt wurde. Ich glaube, ich wäre gelehrt geworden, wenn mich die Vorsehung nicht für den Kochtopf bestimmt hätte. Ich finde immer noch, dass man auch bei weiblichen Aufgaben den Verstand der Männer aus ihren Büchern brauchen kann.

Dülmen, Andrea von (Hg.): Frauenleben im 18. Jahrhundert. S. 249 f. (vereinfacht)

M 3 Ein Familienbildnis, Ölgemälde, 1834

M 4 Erfüllung der Frauenrolle

In seinem Werk „Hermann und Dorothea" von 1797 setzt sich der Dichter Johann Wolfgang von Goethe an einer Stelle mit der Frage der Partnerwahl auseinander. Darin wendet sich der Vater an seinen Sohn:

Und so hoff ich von dir, mein Hermann, dass du mir bald
eine Braut mit schöner Mitgift nach Hause bringst;
Denn ein anständiger Mann verdient ein wohlhabendes Mädchen,
Und es tut gut, wenn mit der gewünschten Frau
Auch nützliche Dinge ins Haus kommen.
Nicht umsonst legt die Mutter jahrelang
einen Vorrat an Wäsche für die Tochter an;
Nicht umsonst schenken ihr die Paten Silbersachen,
Und der Vater hebt sogar das eine oder andere
Goldstück für sie auf:
Denn sie soll einmal mit ihrem Besitz
Jenen jungen Mann erfreuen, der sie ausgewählt hat.

Goethe, Johann Wolfgang von: Hermann und Dorothea, 2. Gesang, V. 169–179 (vereinfacht)

Aufgaben

1. 🔍 Finde heraus, welche Funktion ein Gängelband hatte. → M1

2. a) Suche in M2 nach Anhaltspunkten für eine Benachteiligung der Mädchen.
   b) Welche Berufe könnte die Autorin bei den im Text genannten Interessen heute wählen? → M2

3. a) Beschreibe die Rolle der Frau auf diesem Bild. → M3
   b) Wie wird die unterschiedliche Stellung von Mann und Frau deutlich? → M3

4. a) Erkläre, warum Töchter für ihren Vater eine finanzielle Belastung waren. → M4
   b) Vergleiche, was bei der Partnersuche damals und heute zählt. → M4

Thematischer Querschnitt: Die Rolle der Frau in der vorindustriellen Gesellschaft

Maria Ward

Eine Frau aus englischem Adel
Maria Ward (1585–1645) stammte aus dem englischen Landadel. Obwohl sich die Kirche in England unter König Heinrich VIII. (1509–1547) von der katholischen Kirche mit dem Papst in Rom an der Spitze gelöst hatte, um eine eigene, anglikanische Kirche zu gründen, hielt die Familie von Maria Ward am katholischen Glauben fest. Allerdings wurden die Katholiken in England verfolgt. Maria erlebte mit, wie drei ihrer katholischen Verwandten als Verschwörer hingerichtet wurden. Mit 15 Jahren fasste sie den Entschluss, ins Kloster zu gehen. Gegen eine Heirat wehrte sie sich vehement. Da es in England keine Klöster mehr gab, reiste sie nach Flandern (Belgien), um dort in ein Kloster eines Bettelordens einzutreten. Maria sollte die täglichen Bettelgänge machen, um den Lebensunterhalt für die Nonnen zu sichern. Dies fiel ihr jedoch sehr schwer, da sie als adliges Mädchen an eine vornehme Lebensweise gewöhnt war. So kam sie auf die Idee, ein eigenes Kloster für englische Nonnen zu gründen. Nachdem sie in England einige Gefährtinnen für ein Leben im Kloster gewinnen konnte, kaufte sie in Flandern ein Haus, in dem sie ihre klösterliche Gemeinschaft aufbauen konnte. Der Volksmund gab ihnen schon bald den Namen „Englische Fräulein".

Die Religion zum Nutzen von Mädchen und Frauen
Maria Ward wollte nicht einfach nur in einem Kloster leben und die Welt um sich herum vergessen. Sie hatte sich ein Ziel gesetzt. Entschlossen setzte sie sich für die Erziehung und Bildung der Mädchen aller Schichten ein. Damit stieß sie jedoch auf großen Widerstand innerhalb der Kirche, vor allem bei der Kirchenführung in Rom. Frauen gegenüber hatte die Kirche viele Vorbehalte und Vorurteile. Maria Ward bemühte sich vergeblich um die Anerkennung sowohl ihrer Mädchenschulen als auch ihrer Ordensgemeinschaft durch den Papst. Hilfe erhielt sie von den beiden mächtigsten katholischen Fürsten, von Kaiser Ferdinand II. und Kurfürst Maximilian I. von Bayern. Ihre Gegner konnten jedoch den Papst auf ihre Seite ziehen. Ihre Ordensgemeinschaft, die nicht abgeschieden von der Welt hinter Klostermauern lebte, und ihre Schulen wurden verboten und geschlossen. Im Jahre 1631 wurde Maria Ward als Ketzerin gefangen genommen. Der Vorwurf, dass sie eine Rebellin sei, die sich gegen den Papst auflehnen würde, traf sie besonders hart. Niemals wollte sie sich gegen die Kirche und den Papst stellen. Die Gefangenschaft setzte ihrer Gesundheit schwer zu. Nach der Aufhebung ihrer Haft kehrte sie schwer krank in ihre englische Heimat zurück und starb 1645. Es dauerte bis zum Jahr 1877, bis ihre Ordensgründung als kirchlicher Orden vom Papst genehmigt und anerkannt wurde.

Die Bedeutung von Maria Ward heute
Auch in Bayern kann man noch deutliche Spuren von Maria Ward finden. In mehreren Städten gibt es Maria-Ward-Schulen. Dort werden bis heute ausschließlich Mädchen unterrichtet. Obwohl es sich um kirchliche Schulen handelt, können auch Mädchen mit einer anderen Religionszugehörigkeit diese Schulen besuchen.

M 1 Maria-Ward-Schule in Nürnberg, heutiges Foto

M 2 Das Bild der Männer von den Frauen

Die Männer der Kirche reagierten irritiert auf eine Frau der Kirche, die so selbstbewusst wie Maria Ward auftrat und ein ganz anderes Bild von den Frauen hatte als die Kirchenoberen. So sagte sie zu ihren Anhängerinnen:

Was soll der Ausdruck „nur Frauen" anderes bedeuten, als dass wir in allen Dingen einem anderen Geschöpf, dem Mann, wie ich annehme, nachstehen. Das ist, wie ich zu sagen wage, eine
5 Lüge […] Es gibt keinen solchen Unterschied zwischen Männern und Frauen […] Die Wahrheit können Frauen ebenso gut besitzen wie Männer. Misslingt es uns, so geschieht es aus Mangel an der Wahrheit, aber nicht, weil wir Frauen sind […] Es
10 gibt keinen solchen Unterschied zwischen Männern und Frauen, der Frauen hindern könnte, Großes zu vollbringen, wie wir am Beispiel der Heiligen sehen […] Ich hoffe zu Gott, dass man in Zukunft sehen kann, dass Frauen Großes vollbrin-
15 gen.

Wetter, Immolata: Mary Ward. S. 35f.

M 3 Maria Ward, Porträt von 1640

M 4 Mädchenbildung

Maria Ward hatte genaue Vorstellungen über die Bedeutung und Zielrichtung der Mädchenbildung. Im Mittelpunkt stand der Religionsunterricht. Aber die Mädchen lernten auch Lesen, Schreiben, Rechnen, erwarben Kenntnisse in der Krankenpflege und wurden in Singen, Malen und Handarbeiten ausgebildet:

Die Aufgaben unserer Einrichtung werden erfüllt […] durch Erziehung der Mädchen in Schulen und Heimen; gerade diese Tätigkeit wird auf besonders wirksame Weise das allgemeine Wohl der Kirche und das persönliche Wohl der Einzelnen fördern können, ob die Mädchen nun das Leben in der Welt oder im Ordensstand als ihren Beruf wählen.

Wetter, Immolata: Schulungsbriefe. Annäherungen an Maria Ward mit ausgewählten Quellentexten. S. 78f.

Aufgaben

1. 🔎 Suche nach Maria-Ward-Schulen in deiner Umgebung und informiere dich im Internet auf deren Homepage über das Bildungsangebot dieser Schulen.
→ M1
2. a) Lies M2 und suche nach weiteren Argumenten, die Maria Wards Meinung stützen.
b) Spiele ein Streitgespräch zwischen Maria Ward und einem männlichen Vertreter der Kirche nach, der Vorurteile gegenüber Frauen hat.
3. Untersuche das Bild nach Hinweisen für Maria Wards Tätigkeit im Kirchendienst. → M3
4. Erkläre, wessen „Wohl" Maria Ward im Auge hat. → M4

Thematischer Querschnitt: Die Rolle der Frau in der vorindustriellen Gesellschaft

Markgräfin Wilhelmine von Bayreuth

Eine Frau zwischen Politik und Kunst

Frauen waren in der Politik sehr wichtig, aber nicht als Handelnde, sondern als Spielball in der Heiratspolitik: Je berühmter, reicher und mächtiger ihre Familie war, desto interessanter wurden sie als Objekte für mögliche Heiratsverbindungen. Nach Liebe und Glück wurde dabei nicht gefragt. Auch Wilhelmine, Prinzessin aus Preußen (1709–1758), konnte sich ihren zukünftigen Ehemann nicht selbst aussuchen. Lange bemühte sich vor allem ihre Mutter darum, sie mit dem englischen Thronfolger zu verheiraten. Als dies nicht klappte, wurde sie mit dem zukünftigen Markgrafen Friedrich von Bayreuth vermählt. So kam sie von Berlin in die fränkische Provinz. Was konnte sie hier von ihren Träumen oder Hoffnungen verwirklichen, nachdem sie auf die Rolle einer Königin vorbereitet worden war?

M 1 Ruinentheater in der Bayreuther Eremitage, 1743 erbaut vom Architekten Joseph St. Pierre, heutiges Foto

Bauen und Theater spielen: Wilhelmine schafft sich ihre Welt

Die Markgräfin musste sich in Bayreuth nicht nur damit abfinden, dass die Menschen hier, auch die Adligen, bäuerlich und einfach waren. Aus teuren Kleidern und vollendeten Umgangsformen machten sie sich nicht viel. Leider waren auch die Kassen der Bayreuther Markgrafschaft ziemlich leer. Bei allen größeren Ausgaben war man am Bayreuther Hof abhängig von Wilhelmines Bruder Friedrich II. als Geldgeber. Doch gerade Geld benötigte sie für ihre ehrgeizigen Projekte. Von 1746–1750 wurde das Markgräfliche Opernhaus errichtet. Hier konnte sich Wilhelmine als Bühnenautorin, Komponistin und Schauspielerin verwirklichen. Auch die Leitung der Oper lag bei ihr. Eine kleine Anlage im Grünen vor den Toren Bayreuths, die Eremitage, ließ sie zu einem Sommerschloss erweitern. Auch hier durfte ein Theater nicht fehlen, ein Freilichttheater in Form einer künstlichen Ruine, was damals groß in Mode war. Ein weiteres Ruinentheater findet man in dem von Wilhelmine gestalteten Felsengarten in Sanspareil (franz. „Ohnegleichen"), etwa 25 Kilometer westlich von Bayreuth entfernt. Mit diesen „Ruinen" wollte man an die inzwischen verfallenen antiken Bauwerke der Römer erinnern, die man sehr bewunderte.

Frankreich gibt den Ton auch in Bayreuth an

Wilhelmine und ihr Bruder sprachen selten deutsch. Die Sprache, in der sie dachten, schrieben und sich unterhielten, war Französisch. Es war nicht nur die Sprache des Hofes, sondern auch der Bildung. Viele bedeutende Gelehrte dieser Zeit kamen aus Frankreich. Gerne umgab man sich auch an einem Königs- oder Fürstenhof mit gelehrten Franzosen. Wilhelmine war da keine Ausnahme. Sie lernte den zu ihrer Zeit wichtigsten französischen Philosophen und Schriftsteller kennen, Voltaire, der mit ihrem Bruder Friedrich II. befreundet war. Sie schrieben sich Briefe, bis Voltaire schließlich 1743 Wilhelmine in Bayreuth besuchte, wo sie gemeinsam auf der Bühne standen. Begeistert erinnerte er sich später an diese unbeschwerten Tage.

Wilhelmine war als Königstochter und Markgräfin privilegiert. Sie konnte sich den Luxus leisten, in ihrer eigenen Welt zu leben, die vom Alltag der einfachen Bevölkerung ganz weit entfernt war.

M 2 Ruinentheater in Sanspareil (Fränkische Schweiz), 1746 errichtet, heutiges Foto

M 3 Die preußische Königstochter Wilhelmine über die Adligen in Franken

Nach ihrer Hochzeit mit dem Erbprinzen von Bayreuth im Jahre 1731 kommt Wilhelmine das erste Mal in dessen Heimat. Die erste Begegnung mit den Adligen der Markgrafschaft schildert sie folgendermaßen:

Sie sahen alle aus wie Knecht Ruprecht; statt der Perücken ließen sie ihre Haare tief ins Gesicht hinein fallen, und Läuse von ebenso alter Herkunft wie sie selbst hatten in diesen Strähnen seit
5 undenklichen Zeiten ihren Wohnsitz aufgeschlagen; ihre sonderbaren Figuren waren mit Gewändern behangen, deren Alter hinter dem der Läuse nicht zurückstand. Es waren Erbstücke ihrer Vorväter und vom Vater auf den Sohn übergegangen;
10 die meisten waren dem Maß ihrer Vorväter zugeschnitten worden, und das Gold war so abgenutzt, dass man es nicht mehr erkennen konnte; dennoch waren dies ihre Festtagskleider, und sie fühlten sich in diesen antiken Lumpen mindestens
15 ebenso beeindruckend wie der Kaiser in den Gewändern Karls des Großen.

Müller, Friedrich Ludwig: Die Markgräfin. S. 84 (vereinfacht)

M 4 Wilhelmine, spätere Markgräfin von Bayreuth, Ölgemälde von Antoine Pesne, um 1740

M 5 Blick auf die Bühne des Markgräflichen Opernhauses Bayreuth, heutiges Foto

Aufgaben

1. Vergleiche die Ruinentheateranlagen mit dem Opernhaus und suche die Unterschiede heraus.
→ M1, M2, M5
2. a) Beschreibe den Eindruck Wilhelmines, den sie von den fränkischen Adligen hatte. → M3
b) Auf welche Weise kritisiert Wilhelmine das Aussehen der Adligen? Nenne Einzelheiten.
→ M3
3. Jede Epoche hat ihr Schönheitsideal. Erarbeite am Bild Wilhelmines, was damals bei Frauen als schön galt.
→ M4
4. Suche nach Hinweisen in M5, die darauf hindeuten, dass dieses Opernhaus von einem Fürsten bzw. einer Fürstin in Auftrag gegeben wurde.

Thematischer Querschnitt: Die Rolle der Frau in der vorindustriellen Gesellschaft

Rahel Varnhagen

Eine Frau zwischen allen Stühlen

Hatten es Frauen ohnehin schwer, ein eigenes, selbstbestimmtes Leben zu führen, so gab es weitere Hindernisse, die ihre Chancen verschlechterten. Solange eine Frau nicht verheiratet war, blieb ihr eine gesellschaftliche Anerkennung verwehrt. Darüber hinaus spielte die Religionszugehörigkeit eine entscheidende Rolle. Jüdinnen standen am Rande der Gesellschaft. Erst wenn es ihnen gelang, einen christlichen Mann zu heiraten, fanden sie Zugang zur „guten Gesellschaft". Rahel Varnhagen (1771–1833), geborene Levin, ist ein Beispiel dafür, wie verloren man in einer Gesellschaft war, die Nichtadlige, Nichtchristen und unverheiratete Frauen ausgrenzte. Sie stammte aus einer jüdischen Familie. Ihr Vater war Juwelenhändler und Bankier. Durch seine Dienste für den preußischen König war er reich geworden. Rahel bekam eine gute Ausbildung. Sie lernte mehrere Fremdsprachen, spielte Klavier und Geige. Vor allem aber beschäftigte sie sich mit Literatur. Sie wurde eine Anhängerin der Aufklärung, die durch die Vernunft und die Erziehung der Menschen die Welt verbessern wollte. Die Aufklärung pochte auf Menschen- und Bürgerrechte, auch für Frauen. Doch die Wirklichkeit sah anders aus. Für gebildete Frauen wie Rahel Varnhagen gab es keinen Platz.

M 1 Rahel Varnhagen, Porträt

Eine Hintertür – Rahels literarischer Salon

Salons waren in der Zeit um 1800 in Berlin groß in Mode. Darunter versteht man Empfangsabende in privatem Rahmen, wo sich Adlige und Bürger, Frauen und Männer zum Gedankenaustausch trafen. In dem von Rahel eröffneten Salon fanden sich die bedeutendsten Männer Berlins ein –Schriftsteller, Wissenschaftler, Staatsbeamte, Künstler und Architekten. Aber auch Schauspielerinnen traf man dort. Sogar Prinz Louis Ferdinand von Preußen zählte zu ihren treuen Besuchern. Man sprach über Literatur, Kunst, Philosophie, über neue Bücher, Theateraufführungen, Universitätsvorlesungen und hatte Gelegenheit, aus eigenen Werken etwas vorzutragen. Die Vielfalt an Themen war groß, nur über Politik wurde nicht geredet. Man tat so, als seien alle Beteiligten auf einer Ebene und keiner dem anderen gesellschaftlich überlegen, was der Wirklichkeit jedoch überhaupt nicht entsprach. Nach elf Jahren musste Rahel ihren Salon wegen Geldmangels schließen. Erst in den letzten Jahren ihres Lebens, als verheiratete Frau, eröffnete Rahel wieder einen Salon.

Freiheit durch Heirat

Rahel blieb lange Zeit unverheiratet. Warum sie nicht, wie es üblich war, von ihrer Familie verheiratet wurde, bleibt ungeklärt. 1814 heiratete sie Karl August Varnhagen, einen 14 Jahre jüngeren Mann, der sie bewunderte. Vor ihrer Heirat wurde Rahel christlich getauft, denn nur als Christin konnte sie einen Christen heiraten. Auch ihr Name änderte sich: Aus Rahel Levin wurde Friederike Antonie Varnhagen von Ense. Nun war sie verheiratet und hatte sogar einen Adelstitel. Ihr Mann kümmerte sich um ihren Nachlass, vor allem um ihre ca. 10 000 Briefe, die er für die Nachwelt bewahren wollte.

M 2 Rahel Varnhagen auf einer deutschen Briefmarke der Dauerserie *Frauen der deutschen Geschichte*

M 3 Rahels Erfahrung als Frau

Als 50-Jährige schreibt sie in einem Brief an ihre Schwester über Frauen:

Man kennt die Menschen schlecht, wenn sich die Leute einbilden, unser [weiblicher] Geist sei anders und für andere Dinge geschaffen, und wir könnten ganz vom Leben des Mannes oder Sohnes mitzeh-
5 ren […] man liebt, hegt und pflegt wohl die Wünsche des Mannes und der Kinder; fügt sich ihnen, macht sie sich zur höchsten Sorge und dringendsten Beschäftigung. Aber wirkliche Erfüllung findet man darin nicht. Man schöpft daraus auch
10 keine ausreichende Kraft für sein ganzes Leben. […] [Oft haben Frauen] keinen Raum für ihre Füße, müssen sie nur immer dahin setzen, wo der Mann eben stand und stehen will.

Hoffmann, Gabriele: Frauen machen Geschichte. S. 277 (vereinfacht)

M 4 Das Urteil eines Zeitgenossen über Rahel Varnhagen

Der österreichische Dichter Friedrich Grillparzer beschreibt eine Begegnung mit Rahel Varnhagen:

Nun fing aber die alternde, vielleicht nie hübsche, von Krankheit zusammengekrümmte, etwas einer Fee, um nicht zu sagen einer Hexe, ähnliche Frau zu sprechen an, und ich war bezaubert. Meine
5 Müdigkeit verflog oder machte vielmehr einer Trunkenheit Platz. Sie sprach und sprach bis gegen Mitternacht, und ich weiß nicht mehr, haben sie mich fortgetrieben oder ging ich von selbst fort. Ich habe nie in meinem Leben [jemanden] interes-
10 santer und besser reden gehört.

Hoffmann, Gabriele: Frauen machen Geschichte. S. 275

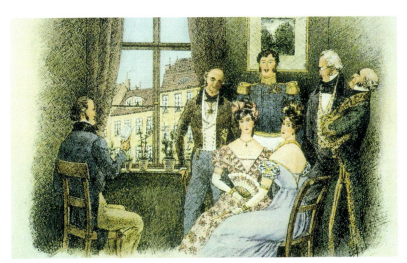

M 5 Literarischer Salon Rahel Varnhagens, Radierung, 19. Jahrhundert

Aufgaben

1. Porträts geben oft Hinweise darauf, womit sich die dargestellte Person gerne beschäftigte. Was erfährst du aus dem Bild Rahel Varnhagens?
   → M1
2. Es werden auch Frauen auf Briefmarken abgebildet. Welchen Grund vermutest du?
   → M2
3. a) Fasse die Hauptaussagen von M3 mit deinen Worten zusammen.
   b) Lies den letzten Satz nochmals und überlege, was Rahel damit meint. → M3
4. Erkläre, warum Grillparzer so „bezaubert" von Rahel Varnhagen ist.
   → M4
5. a) Beschreibe die Szene in M5 und gehe dabei auch auf die Anordnung der Personen ein.
   b) Welche Berufe kannst du hinter der Kleidung der Männer erkennen?
   → M5

Methode: Im Internet recherchieren

Recherche nach Maria Sybilla Merian

Ergebnis 1: Verweis auf Merian-Verlag, den Vater von Maria, usw. eine Werbung rechts. Einziger Link zu ihr an dritter Stelle.

Ergebnis 2: Verweis auf deutschsprachige Seiten, keine Werbeanzeigen, mehrere Links zu Lebensbeschreibungen, Bilder.

Ergebnis 3: Umfangreiche Lebensbeschreibung auf einer Seite mit Impressum, Kontaktmöglichkeiten und weiterführenden Links.

Checkliste für Internetseiten

Autor
- Wird der Autor genannt?
- Gibt der Autor seine Quellen preis?
- Gibt es ein Impressum?
- Kann man dem Autor der Seite oder des Artikels schreiben?

Qualitätsmerkmale der Seite
- Stehen die Informationen im Mittelpunkt und nicht aufwändige Grafiken, Musik oder Werbeanzeigen?
- Ist der Text sprachlich und grammatikalisch richtig und weist keine Umgangssprache auf?
- Begründet der Autor seine Meinungen und Behauptungen?
- Sind die Inhalte logisch aufgebaut und dargestellt?
- Funktionieren die Links und führen zu ebenso guten Seiten?
- Sind die Links kommentiert?
- Vertraust du der Seite?

Im Internet recherchieren

Das Internet ist heute aus dem Alltag und dem privaten Bereich der meisten Menschen nicht mehr wegzudenken. Es ist eine schier unerschöpfliche Quelle an Wissen und Darstellung zu jedem nur erdenklichen Thema. Aus dieser Fülle an Angeboten ergeben sich aber auch Probleme.

Zum einen sind so viele Informationen vorhanden, dass man den Überblick verliert und zum anderen sind viele Informationen nicht geprüft und können daher richtig oder falsch sein. Um daher sichere und gute Informationen aus dem Internet zu finden, muss man gezielt vorgehen.

Bevor man online geht
Noch bevor man den Computer einschaltet, sollte man wissen, wonach man sucht. Gerade im Internet verliert man sonst schnell den Überblick. Daher ist es wichtig, wenn man vorher seine Fragen genau aufschreibt. Aus diesen Fragen kann man dann auch die Kernbegriffe herausziehen, die man im Internet sucht.

Die Suche
Die erste Station bei der Recherche sollte eine Suchmaschine sein. Hier kann man nacheinander Begriffe eingeben und dann die Ergebnisse sichten. Wichtig ist, dass man nicht einzelne Begriffe eingibt, die viele Treffer erzeugen, sondern schon möglichst genau das Gesuchte mit Worten eingrenzt. Bei der Aufgabe etwas aus dem Leben von Maria Sibylla Merian herauszufinden, wäre es also gut, wenn man den ganzen Namen eingibt und nicht nur einen Teil davon.

Wichtig ist, dass man versteht, wie bekannte Suchmaschinen arbeiten: sie listen nicht das an erster Stelle auf, was das beste Ergebnis ist, sondern die Seiten, die am meisten von allen Menschen angeklickt werden. Dies ist aber nicht immer ein Zeichen von Qualität.

Checkliste Internet
Wenn man glaubt, gute Seiten gefunden zu haben, sollte man sie dennoch einem Qualitätscheck unterziehen. Dabei sind einige Punkte wichtig, die man in einer Art Checkliste abhaken kann.

Bei allen Recherchen, so auch im Internet, ist es bezüglich der Quellen von großer Bedeutung, dass man immer mehrere benutzt und diese später auch angibt.

Aufgaben

1. Suche je im Internet
   a) zwei Suchmaschinen,
   b) zwei Webkataloge,
   c) zwei spezielle Seiten zum Thema „Geschichte".

2. Recherchiere folgende Personen im Internet:
   a) George Sand,
   b) Fanny Lewald,
   c) Dorothea Christiane Erxleben und
   d) Rahel Varnhagen.

5. Grundlagen der Moderne

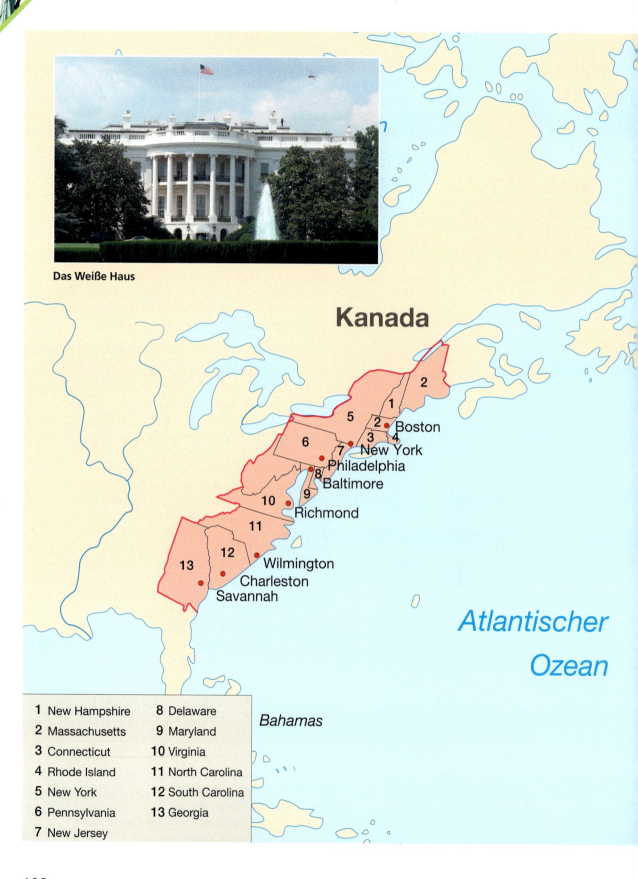

Das Weiße Haus

1 New Hampshire
2 Massachusetts
3 Connecticut
4 Rhode Island
5 New York
6 Pennsylvania
7 New Jersey
8 Delaware
9 Maryland
10 Virginia
11 North Carolina
12 South Carolina
13 Georgia

Webstühle in einer englischen Tuchfabrik, um 1840

Guillotine

Napoleon Bonaparte vor dem Schloss Malmaison

Voraussetzungen der Industriellen Revolution in England

Eine Revolution ohne Gewalt

In der Geschichte und der Politik spricht man von einer **Revolution**, wenn die politischen Verhältnisse innerhalb einer Gesellschaft oder eines Landes gewaltsam und schnell umgestürzt werden. So gab es z. B. die **Glorious Revolution** in England 1688, an deren Ende der König hingerichtet und die Macht des Parlaments erneuert und gestärkt wurden. Am Ende des 18. Jahrhunderts werden zwei weitere Revolutionen stattfinden, und zwar in Frankreich und den nordamerikanischen Kolonien.

In England begann bereits im 17. Jahrhundert eine Entwicklung, die später als **Industrielle Revolution** bezeichnet wurde. Sie vollzog sich zwischen den Jahren 1750 und 1850 und bewirkte eine Veränderung, die alle Bereiche der Gesellschaft betraf. Während der Industrialisierung Englands kam es zu einer enormen Ausweitung des Einsatzes von Maschinen zur Produktion von Waren und Gütern. Durch die folgende Veränderung der Arbeit wandelte sich auch die Gesellschaft tief greifend.

Die Engländer werden mehr ...

Die Industrielle Revolution hat viele Ursachen und viele Einflüsse, die sich gegenseitig bedingt haben und oftmals gleichzeitig abliefen. Im Rückblick jedoch lässt sich feststellen, dass die Industrielle Revolution in England begann, weil hier besondere Voraussetzungen zusammenkamen.

Am Anfang standen Entwicklungen, die dazu führten, dass die Bevölkerungszahlen rasant anstiegen – dies bezeichnet man auch als Bevölkerungsexplosion. Die Gründe dafür waren

- eine relativ lange Zeit ohne innere Kriege oder blutige Auseinandersetzungen,
- eine bessere medizinische Versorgung,
- eine Verbesserung der hygienischen Zustände sowie
- Fortschritte in der Landwirtschaft und damit eine bessere Versorgung der Bevölkerung.

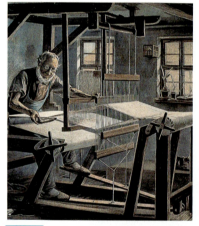

M 1 Weben um 1700, Grafik

... und brauchen mehr

Die starke Zunahme der Bevölkerungszahlen zog auch eine Vergrößerung der Nachfrage nach Textilien nach sich, denn die Menschen brauchten neben Nahrung vor allem Kleidung. Der Bedarf an Tuch zur Herstellung dieser Kleidung bewirkte seinerseits eine Steigerung der Nachfrage nach Garn.

Zunächst stieg man verstärkt von Wolle auf Baumwolle um, die preiswerter zur Verfügung stand. Diese wurde in den englischen Kolonien, also in Indien und Nordamerika, angebaut und von dort importiert. Zusätzlich verbesserte man die Spinnmaschinen, mit denen schneller und besseres Garn hergestellt werden konnte. Da dies nun vermehrt zur Verfügung stand, entwickelte man die Webstühle weiter, bis sie zu sogenannten „Power Looms" wurden – Webmaschinen, die mit einer **Dampfmaschine** betrieben wurden. Damit konnten nun weniger Arbeiter mehr Ware produzieren.

M 2 Weben um 1840, Grafik

Die hohe englische Gesellschaft investiert

Doch nicht allein eine Vervielfachung der Bevölkerung führte zur Industriellen Revolution. Die englische Gesellschaft zeichnete sich im Gegensatz z. B. zum europäischen Festland dadurch aus, dass sie nicht so starr war. Bürger konnten auch in die Adelsschicht aufsteigen, wenn sie wirtschaftlichen Erfolg hatten. Dadurch wurde ein Anreiz geschaffen, Eigeninitiative zu entwickeln.

Darüber hinaus galt es bei den Engländern als gottgefällig, wenn man arbeitete und durch die eigene Arbeit erfolgreich war. In England selbst führte dies dazu, dass die Adligen, die Grund besaßen, damit begannen, dieses Land und das eigene Geld stärker zu nutzen. Sie ließen es wie die Bürgerlichen „arbeiten", damit es Zinsen und wiederum Gewinn abwarf. Bei preußischen Adligen oder der französischen Oberschicht galt dies als nicht standesgemäß.

Die Verpachtung und Spekulation mit landwirtschaftlichen Flächen versprach viel Gewinn. Daher investierte man zu Beginn des 18. Jahrhunderts sehr stark in diesem Bereich. Auf immer größer werdenden Flächen konnten Großgrundbesitzer mehr und billiger produzieren als kleinere Bauern. Diese gaben schließlich ihre Höfe auf und wanderten in die Städte, wo sie als Arbeitskräfte den neu entstehenden Fabriken zur Verfügung standen.

Der Vorteil des Landes

Betrachtet man die geografisch-politische Karte Englands, so fällt einem auf, dass vor allem in seiner Insellage die Vorteile für eine blühende Wirtschaft lagen:

- Das Land ist von Flüssen durchzogen, auf denen Waren transportiert werden können.
- Die Überseehäfen sind von überall in England schnell erreichbar.
- Es gab keine Grenzen innerhalb des Landes, sodass der Handel frei und ohne Zölle ausgeübt werden konnte.
- Die Wege von und zu den Verarbeitungsstätten waren kurz.
- Eisen und Kohle waren als wichtige Ressourcen leicht abzubauen und in großen Mengen vorhanden.

Hinzu kam, dass England als Kolonialmacht Zugang zu vielen Rohstoffen hatte, die wichtig für die Industrialisierung wurden. Außerdem wurden die Kolonien zu Abnehmern der eigenen Güter. Somit wurde Gewinn erzeugt, der wiederum in die neu entstehenden Wirtschaftszweige floss.

Die Voraussetzungen in den Nachbarstaaten waren nicht so ideal, um diesen Industrialisierungsprozess in Gang zu setzen. In Frankreich, Spanien oder Deutschland begann die Industrielle Revolution im eigentlichen Sinne erst in der zweiten Hälfte des 19. Jahrhunderts – hundert Jahre nach England.

Aufgaben

1. Erstelle eine Mind-Map mit den Voraussetzungen zur Industrialisierung in England.
2. Vergleiche M1 und M2 und beschreibe die Veränderungen, die zu erkennen sind (Arbeit und Familie).

Grundlagen der Moderne

M 3 Max Weber über die Einstellung der Engländer zur Wirtschaft

Der deutsche Soziologe Max Weber schrieb 1905 in einem Buch, wie sich die Einstellung der englischen Protestanten (er nennt sie abwechselnd Calvinisten oder Puritaner) auf die Industrialisierung und die Entwicklung der englischen Wirtschaft auswirkte.

Das sittlich Verwerfliche ist nämlich das Ausruhen auf dem Besitz, der Genuss des Reichtums mit seiner Konsequenz von Müßigkeit und Fleischeslust, vor allem von Ablenkung von dem Streben nach
5 „heiligem" Leben. Und nur weil der Besitz die Gefahr dieses Ausruhens mit sich bringt, ist er bedenklich. […] Zeitverlust durch Geselligkeit, „faules Gerede", Luxus, selbst durch mehr als der Gesundheit nötigen Schlaf – 6 bis höchstens 8
10 Stunden – ist sittlich absolut verwerflich. Es heißt noch nicht wie bei Benjamin Franklin: „Zeit ist Geld", aber der Satz gilt gewissermaßen im spirituellen Sinn: Sie ist unendlich wertvoll, weil jede verlorene Stunde der Arbeit im Dienst des Ruhmes
15 Gottes entzogen wird […] Denn wenn jener Gott, den der Puritaner in allen Fügungen des Lebens wirksam sieht, einem der Seinigen eine Gewinnchance zeigt, so hat er seine Absichten dabei. Und mithin hat der gläubige Christ diesem Ruf zu folgen,
20 indem er sie sich zunutze macht.

_{Weber, Max: Askese und kapitalistischer Geist; zit. n.: Weltgeschichte im Aufriss: Industrielle Revolution und soziale Frage. S. 23f.}

M 4 Adam Smith über eine neue Wirtschaftstheorie

Adam Smith war ein Philosoph und Wirtschaftswissenschaftler, der mit seinen Überlegungen eine neue Epoche der Wirtschaftsgeschichte einleitete. Seine Gedanken beeinflusste England ebenso wie später die anderen europäischen Länder.

Da nun aber der Zweck jeder Kapitalanlage Gewinnerzielung ist, so wenden sich die Kapitalien den rentabelsten (gewinnbringendsten) Anlagen zu, d.h. denjenigen, in denen die höchsten Gewinne erzielt werden. Indirekt wird aber 5 auf diese Weise auch die Produktivität der Volkswirtschaft am besten gefördert. Jeder glaubt, nur sein eigenes Interesse im Auge zu haben, tatsächlich aber erfährt so indirekt auch das Gesamtwohl der Volkswirtschaft die beste Förderung. Verfolgt 10 er nämlich sein eigenes Interesse, so fördert er damit indirekt das Gesamtwohl viel nachhaltiger, als wenn die Verfolgung des Gesamtinteresses unmittelbar sein Ziel gewesen wäre. Ich habe nie viel Gutes von denen gesehen, die angeblich für 15 das allgemeine Beste tätig waren.

_{Quellen zur Geschichte der Industriellen Revolution. S. 163}

Länder	1830	1840	1850
Großbritannien	157	1348	10653
Deutschland	–	549	6044
Frankreich	31	497	3083
Österreich-Ungarn	–	144	1579
Russland	–	26	601
übriges Europa	–	361	1544
Europa insgesamt	188	2925	23504

M 5 Entwicklung des europäischen Eisenbahnnetzes in km

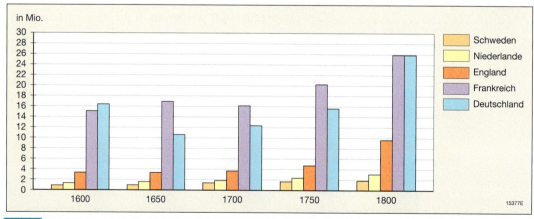

M 6 Bevölkerungsentwicklung einiger europäischer Länder 1600 bis 1800

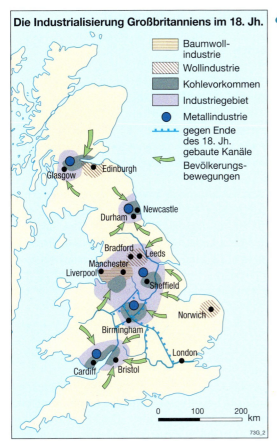

M 7 Standorte der führenden Industriebereiche in England

M 8 Erfindung einer Webmaschine

Der Geistliche Edmund Cartwright (1743–1823) beschrieb kurz vor seinem Tod, wie er darauf gekommen war, eine Webmaschine zu erfinden.

Als ich im Sommer 1784 zufällig in Matlock war, schloss ich mich der Gesellschaft einiger Herren aus Manchester an, als sich die Unterhaltung Arkwrights Spinnmaschinen zuwandte. [Dabei diskutierte man darüber, ob es möglich sei, eine Webmaschine zu bauen – die Herren bestritten dies.] Wenig später, als besondere Umstände mir diese Unterhaltung ins Gedächtnis zurückriefen, fiel mir auf, dass es beim einfachen Weben, so wie ich es mir damals vorstellte, nur drei nacheinander abfolgende Bewegungen geben könne und es also nur geringe Schwierigkeiten bereiten würde, sie zu erzeugen und zu wiederholen. Erfüllt von diesen Ideen, beschäftigte ich sofort einen Zimmermann und einen Schmied, um sie in die Tat umzusetzen. Sobald die Maschine fertig war, zog ich einen Weber hinzu, der Kettfäden aus einem solchen Material aufzog, wie man es gewöhnlich bei der Herstellung von Segelzeug benutzt. Zu meiner großen Freude war das Produkt ein Stück derartigen Tuchs.

Douglas, D.C. (Hg.): English Historical Documents XI. London 1959; zit. n.: Grütter, W.; Lottes, G. (Hg.): Die Industrielle Revolution. S. 69 f.

Aufgaben

1. Beschreibe in eigenen Worten, welche Eigenschaften englischer Protestanten besonders förderlich für die Industrialisierung waren.
   → M3
2. Gib wieder, welche Hoffnungen Adam Smith formuliert.
   → M4
3. Setze die Übersicht in ein Diagramm um. Begründe, welche der beiden Darstellungen geeigneter wäre, den Inhalt klar darzustellen.
   → M5
4. Vergleiche die Bevölkerungsentwicklung der angegebenen Staaten in Europa und triff Aussagen darüber nach folgendem Muster: In Schweden stieg die Bevölkerung zwischen 1600 und 1800 stetig an, blieb aber auf niedrigem Niveau.
   → M6
5. Erkläre (auch mithilfe eines Atlasses), warum sich die einzelnen Industriesparten an den jeweiligen Orten ansiedelten.
   → M7
6. Schreibe einen Brief Cartwrights an seine vorigen Gesprächspartner, in dem er seinen Erfolg darstellt.
   → M8
7. a) Recherchiere im Internet, welche Erfindungen in England zwischen 1750 und 1850 gemacht wurden.
   b) Liste sie in einer Tabelle mit ihren Erfindern auf. Orientiere dich an der Methode „Recherche im Internet".
   → S. 106 f.

Grundlagen der Moderne

Die Industrielle Revolution in England

Der Mensch baut Maschinen ...

Man unterteilt die Industrielle Revolution in Phasen, wobei die einzelnen Entwicklungen und ihre Wirkungen aufeinander manchmal nur schwer voneinander zu trennen sind. In England lag der Schwerpunkt der ersten Phase, in der verstärkt Maschinen entwickelt und benutzt wurden, in der Textilindustrie. Einfach gesagt: Weil die Bevölkerungszahlen so stark stiegen, sah man sich gezwungen, den steigenden Bedarf an Kleidung durch eine vermehrte Produktion von Garn und Tuch zu decken.

Eine der weitreichenden Erfindungen war 1764 die sogenannte „Spinning Jenny" des englischen Webers James Hargreaves: eine Spinnmaschine, die auf bis zu hundert Spulen Wolle zu Garn spinnen konnte. Damit konnte ein Mann an einer Maschine das Garn herstellen, was ein Weber zur Tuchherstellung brauchte – vorher waren dazu sechs bis acht Spinner notwendig.

Ein größeres Angebot von Garn konnte schließlich auch nur von schnelleren Webstühlen wieder zu Tuch verarbeitet werden. So kam es bald zur Entwicklung eines mechanischen Webstuhls durch Edmond Cartwright (1784).

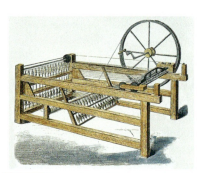

M 1 Spinning Jenny
Holzstich von 1887, später koloriert

... und entwickelt sie weiter

England hatte nicht nur große Erzvorkommen innerhalb der eigenen Grenzen, sondern ebenso große Lager von Kohle. Die Gewinnung von Eisen aus Erz wurde schon lange durchgeführt. Um das Eisen vom Gestein zu trennen, musste es mit enormer Hitze zum Schmelzen gebracht werden. Dazu verwendete man jahrhundertelang Holz (bzw. Holzkohle), was aber in England zu Beginn des 18. Jahrhunderts zunehmend knapp wurde, sodass man verstärkt dazu überging, Steinkohle zu verfeuern.

Im 18. Jahrhundert waren die Stollen, aus denen Kohle abgebaut wurde, so tief geworden, dass ein sicheres Arbeiten dort nicht mehr möglich war. Das größte Problem war, dass die Stollen in der Tiefe mit Wasser volliefen und die Pumpen diese nicht mehr leer pumpen konnten.

James Watt war schließlich derjenige, der die Dampfmaschine so weiterentwickelte, dass sie auch aus tiefen Stollen das Wasser nach oben befördern konnte. Somit war die Möglichkeit gegeben, mehr Kohle und Erz zu fördern.

Die Dampfmaschine wird zum Motor

Die Erfindung der Dampfmaschine war in vielerlei Hinsicht ein großer Fortschritt, denn in dieser ersten Phase der Industrialisierung hatte man zwar schon Maschinen gebaut, das Problem aber lag weiterhin darin, diese mit Energie zu versorgen. Die Entwicklung von James Watt konnte dieses Problem beheben, denn nun

- war Energiegewinnung unabhängig von Ort und Wetter möglich,
- war eine nahezu unbegrenzte Menge an Energie erzeugbar,
- war die Energie um ein Vielfaches höher als bisher.

M 2 Bergleute werden in einen Schacht herabgelassen, so wie hier am Beispiel eines Salzbergwerks in Schlesien dürfte es überall in den frühen Bergwerken ausgesehen haben.

Die Dampfmaschine wurde schließlich im doppelten Sinne zum Motor der Industriellen Revolution und zu deren Symbol. Sie wurde anfangs dazu gebaut, den Bergbau tiefer fördern zu lassen und um Menschen und Material in die Tiefe zu transportieren. Ebenso war man irgendwann so weit, sie als Zugmaschinen zu nutzen.

Zum Bau und für den Betrieb einer Dampfmaschine brauchte man zum einen Eisen und zum anderen Kohle. Montierte man die Dampfmaschine auf Räder und ließ sie über Schienen rollen, so konnte man mehr Waren in kürzerer Zeit über weitere Strecken transportieren.

M 3 **Die Ludwigs-Eisenbahn** war die erste deutsche Eisenbahnlinie zwischen Nürnberg und Fürth (6 km). Sie wurde am 7. Dezember 1835 eröffnet und war bis 1922 in Betrieb. Lithografie nach einem kolorierten Kupferstich, ohne Jahresangabe.
Bei der Lokomotive handelt es sich um den "Adler", eine Konstruktion aus England, die im Nachbau heute noch im Nürnberger Eisenbahnmuseum zu betrachten ist.

Geld treibt auch an
Für den Bau von neuen Maschinen und später für die Gründung von Fabriken war oftmals sehr viel Geld notwendig. Eine einzelne Person konnte die benötigten Summen nicht mehr allein aufbringen. So wurden in England besonders die Adligen bedeutsam, die ihr erwirtschaftetes Geld immer wieder in Projekte steckten, die in ihren Augen viel Gewinn versprachen. Aber der Überschuss an Kapital war nicht nur im Adel vorhanden, sondern kam auch aus dem Handel mit den Kolonien.

Im Verlauf dieser Phase der Industrialisierung entwickelte sich parallel auch das Bankenwesen weiter. Denn die Banken investierten zunehmend über Kredite in Firmen und Fabriken. Damit wurde der Handel mit Geld immer wichtiger.

Und all dies wirkt sich auf das Leben der Menschen aus
Doch die Geschichte der Industriellen Revolution hat noch andere Auswirkungen. Die politischen Unruhen des 19. Jahrhunderts wurden nämlich auch begleitet von sozialen Unruhen, die aus der Verelendung der ersten Arbeiterschichten entstanden. Vor den Toren der großen Städte hatten sich bis 1848 Siedlungen entwickelt, in denen Tausende von Menschen unter menschenunwürdigen Bedingungen lebten.

Vor allem hier in den Städten waren die Menschen, die in landwirtschaftlichen Gebieten keine Arbeit und kein Auskommen fanden, „gestrandet". Es gab keine Sozialhilfe, kein Arbeitslosengeld und keine Krankenversicherung – zudem auch kein politisches Mitspracherecht.

M 4 **Eine voll funktionsfähige Dampfmaschine als Kinderspielzeug,** von 1860

Grundlagen der Moderne

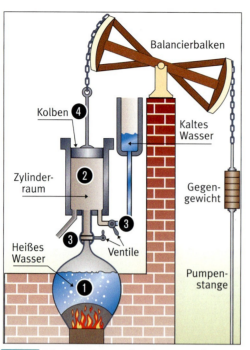

M 5 **Die Funktionsweise der Dampfmaschine**
- Kolben sinkt wieder ab
- Wasser wird in einem Kessel erhitzt
- Ventil wird geöffnet/geschlossen
- Dampf kühlt ab und sinkt
- heißer Dampf steigt auf und drückt einen Kolben auf

M 6 **Dampfmaschine in England**

Im „London Journal of Arts and Science" wird 1822 über die etwa 1500 Dampfmaschinen berichtet, die in England zu dieser Zeit in Betrieb waren. Darunter befand sich eine spezielle, die in Cornwall die Arbeit von 600 Pferden erledigte.

Schätzt man nun die Kraft eines Pferdes in Vergleich zu der eines Menschen wie 5 ½ zu 1 und rechnet man: dass eine Dampfmaschine täglich volle 24 Stunden arbeitet, unterdessen Pferde nur 8 Stunden und Menschen nur 10 Stunden am Tage arbeiten können, so leuchtet ein: dass diese Dampfmaschine täglich die Arbeit von 1800 Pferden und von 9000 Menschen verrichtet. Nimmt man weiter an: dass die Kraft einer jeden der 1500 Dampfmaschinen im Durchschnitt die Arbeit von 40 Pferden sei und dass sie täglich 24 Stunden arbeiten, dann wird die Arbeit sämtlicher Dampfmaschinen der Arbeit von 180 000 Pferden und von ungefähr 1 Millionen Menschen gleichkommen. […]

Mitgeteilt in den Verhandlungen des Vereins zur Beförderung des Gewerbefleißes in Preußen. Band I

M 7 **Pumpe in Birmingham nach Vorbild von James Watt,** 1776 in Betrieb genommen, 1889 wurde sie außer Betrieb gestellt. Fotografie

M 8 **Vorindustrielle Entwässerung von Stollen,** rechts befindet sich ein Wasserrad, das die Pumpe antreibt. Holzschnitt

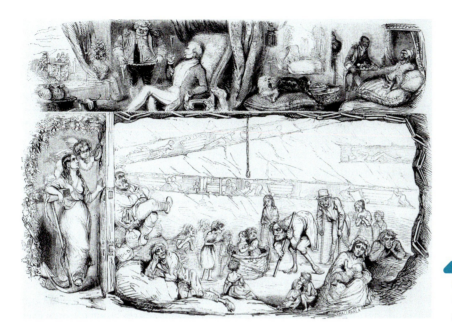

M 9 Kapital und Arbeit, Karikatur/Holzstich 1843

M 10 Ihr Ausdruck ist finster und roh

Der französische Schriftsteller und Politiker Alexis de Tocqueville bereiste 1835 England. Nach einem Besuch in Manchester notierte er Folgendes:

Unter diesen elenden Behausungen befindet sich eine Reihe von Kellern, zu der ein halb unterirdischer Gang hinführt. In jedem dieser feuchten und abstoßenden Räume sind zwölf bis fünfzehn
5 menschliche Wesen wahllos zusammengestopft. […]
Ein dichter, schwarzer Qualm liegt über der Stadt. Durch ihn hindurch scheint die Sonne als Scheibe ohne Strahlen […]. Tausend Geräusche ertönen
10 unablässig in diesem feuchten und finsteren Labyrinth […]. Die Schritte einer geschäftigen Menge, das Knarren der Räder […] das Zischen des Dampfes, der dem Kessel entweicht, das gleichmäßige Hämmern des Webstuhls, das schwere Rollen der sich begegnenden Wagen. […]   15
Ständig drängt sich die Menge in dieser Stadt, aber ihre Schritte sind hart, ihre Blicke zerstreut, ihr Ausdruck finster und roh.
Inmitten dieser stinkenden Kloake hat der große Strom der menschlichen Industrie seine Quelle, 20 von hier aus wird er die Welt befruchten. Aus diesem schmutzigen Pfuhl fließt das reine Gold. […] hier vollbringt die Zivilisation ihre Wunder, und hier wird der zivilisierte Mensch fast wieder zum Wilden.   25

zit. n.: Landshut, S. (Hg.): Das Zeitalter der Gleichheit. Auswahl aus dem Gesamtwerk von Alexis de Tocqueville. S. 245 ff.

Aufgaben

1. a) Ordne den Funktionsschritten die Zahlen in der Zeichnung zu. → M5
   b) Erkläre anschließend in zusammenhängenden Sätzen die Funktionsweise der Dampfmaschine.
2. Rechne die Übersicht nach – was kannst du feststellen? Finde eine Erklärung dafür. → M6
3. Vergleiche die Bilder M7 und M8: Welche Vorteile siehst du?
4. Beschreibe die Kritik, die der Karikaturist in seiner Zeichnung ausdrücken will. → M9
5. a) Gib in eigenen Worten wieder, was de Tocqueville beobachtet. → M10
   b) Erkläre, was de Tocqueville mit seinem letzten Satz meint. → M10
6. Recherchiere im Internet das Thema „Kinderarbeit heute". Beginne auf der Seite http://www.younicef.de. Orientiere dich an der Methode „Recherche im Internet".
   → S. 106 f.

Grundlagen der Moderne

M 1 Nachbau der Mayflower
heutiges Foto aus Plymouth

Die Besiedlung Nordamerikas

Zu Beginn kommen die Puritaner ...

Vor fast 400 Jahren, im Jahr 1620, landete ein Schiff mit 102 Passagieren und 30 Mann Besatzung im heutigen Massachusetts. Dieses Schiff war die Mayflower und das Ereignis gilt als der Beginn der Kolonialisierung Nordamerikas, auch wenn es schon vorher Kolonien gegeben hat.

Die Passagiere gehörten zu einem Teil den sogenannten Puritanern an, einer radikalen Glaubensrichtung, die sich von der Kirche losgesagt hatte. Sie suchten einen Ort, an dem sie ihre Religion so leben konnten, wie sie es für richtig hielten. Die Auswanderer gründeten im Verlauf der folgenden Jahre die Stadt Plymouth und den Staat Massachusetts. In der amerikanischen Geschichte werden sie als die Gründer- oder Pilgerväter (Pilgrim Fathers) bezeichnet.

... und es folgen weitere Siedler

Den ersten Kolonisten folgten bald weitere Siedler vor allem aus England, deren Motive in den Jahrzehnten wechselten, aber oftmals dieselben waren wie heute, wenn Menschen ihre Heimat verlassen:

- wirtschaftlich: Sie flohen vor der Armut im eigenen Land und bekamen Kredite für die Überfahrt und die erste Zeit, die sie dann durch Arbeit zurückzahlen mussten,
- religiös: Ihr Glauben wurde abgelehnt oder sogar verfolgt und bekämpft – oder aber sie mussten ihr Land deswegen verlassen, z. B. die Hugenotten,
- politisch: Sie waren mit den politischen Verhältnissen nicht zufrieden und sahen nur wenig Chancen, gesellschaftlich aufzusteigen,
- persönlich: Manche lockte auch die Abenteuerlust.

Alle diese Auswanderer verließen nicht leichtfertig ihre Heimat. Vor ihnen lag nämlich eine lange und gefährliche Seereise, deren Verlauf oftmals unberechenbar war. Die lange Reise war anstrengend und gefährlich: manche Passagiere starben an Krankheiten, Hunger oder wurden von einer Welle über Bord gespült. Andere Schiffe kamen niemals an, sanken in Stürmen oder wurden von Piraten überfallen.

Die englischen Kolonien waren in erster Linie aus kaufmännischem Interesse entstanden. Mit königlicher Erlaubnis rüsteten Handelsgesellschaften oder Privatleute Schiffe aus oder gaben Kredite. Die Ziele lagen darin, die Investitionen und mehr als Gewinn zurückzubekommen. Dies geschah unter anderem durch Erschließung neuer Rohstoffquellen oder durch Gold. Von Anfang an waren die Kolonien aber auch Orte, in denen englische Waren abgesetzt werden konnten.

Waren die ersten Kolonien im Norden noch englisch, versuchten im weiteren Verlauf unter anderem auch Franzosen und Niederländer in der Neuen Welt Fuß zu fassen. Die Engländer konnten ihre Gegenspieler aber letztlich aus ihren nordamerikanischen Kolonien verdrängen und blieben führend, während sich die Franzosen nach Norden in die später kanadischen Gegenden zurückzogen. Dies erkennt man bis heute an den französischen Städtenamen (z. B. Montreal) und daran, dass Französisch die zweite Amtssprache neben Englisch ist.

M 2 Anzeige in einer Zeitung aus Rheinland-Pfalz für Auswanderer

M 3 Die dreizehn Gründerkolonien

Skandinavier

Von ihnen wurde das Blockhaus nach Amerika gebracht, welches wir bis heute mit den amerikanischen Pionieren verbinden.

Mennoniten

eine evangelisch-protestantische Glaubensgemeinschaft

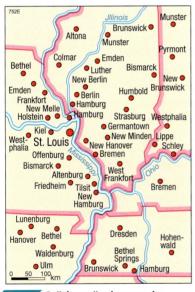

M 4 Städtegründungen in Nordamerika

Europäische Siedler bauen auf …

Die Situation der ersten Siedler war in Amerika denkbar schlecht. Sie waren erschöpft von der langen Reise und ihre erste Sorge galt der Nahrungsbeschaffung für den ersten Winter. Die Kolonisten der Mayflower übernachteten zunächst auf ihrem Schiff, bevor sie darangingen, feste Häuser zu bauen.

Die einheimischen Bewohner Amerikas halfen den Siedlern anfangs, indem sie ihnen zeigten, wie sie einheimische Pflanzen, z. B. Mais, anbauen konnten. Durch diese Hilfe konnten die Einwanderer die erste Zeit in der Neuen Welt überleben. Das amerikanische Thanksgiving erinnert noch heute daran, auch wenn sich das Verhältnis zwischen Einwanderern und Indianern zunehmend verschlechterte.

Die Hälfte der ersten Siedler starb bis zum Frühjahr des folgenden Jahres. Trotz der anfänglichen Schwierigkeiten wurden die Kolonisten wirtschaftlich immer erfolgreicher. Es entwickelten sich wichtige Wirtschaftszweige und Produktionsstätten, die Waren schließlich auch nach England exportierten. Dazu gehörten unter anderem Tabak, Baumwolle, Zucker und Holz.

… und denken langsam amerikanisch

Am Ende der ersten Kolonisierungsphase standen 13 Kolonien, die sich 2000 km von Nord nach Süd und 300 km von Ost nach West erstreckten. Vor allem aber war dieses Gebiet von Wäldern, Sümpfen und Flüssen durchzogen. Dies stellte die Bewohner vor große Probleme, bei deren Lösung sie auf sich allein gestellt waren.

Die Zahl der Bewohner der Kolonien verdoppelte sich zwischen dem 17. und 18. Jahrhundert alle 25 Jahre, sodass im Jahr 1776 schon 2,5 Millionen Menschen dort lebten (darunter bereits 20 % Sklaven aus Afrika). Davon stammten nur etwa 60 % aus England, andere waren Niederländer, *Skandinavier* und Deutsche, die eigene Siedlungen, Städte und Kolonien gegründet hatten. Gerade der Anteil der deutschen Siedler hatte sich nach der Einwanderung von 13 Krefelder *Mennoniten*-Familien nach Pennsylvania beständig vergrößert.

Die ersten Siedler, die aus religiösen Gründen einwanderten, brachten die Ansicht mit, dass harte Arbeit gottgefällig sei und man mit harter Arbeit alles erreichen konnte. Zusammen mit dem Umstand, dass man in den Kolonien sehr stark auf sich selbst angewiesen war, entwickelte sich daraus der spätere „amerikanische Traum", nach dem man in den USA ungeachtet der Herkunft alles werden kann, was man möchte: Eine Anschauung, die die Siedler von der gesellschaftlichen Situation in Europa stark unterschied.

Einige Entwicklungen führten dazu, dass die Siedler sich nicht mehr als Engländer verstanden, sondern als Amerikaner, auch das eine Veränderung, die man in England nicht wahrnahm.

Aufgaben

1. Betrachte die Karte M4 – was fällt dir auf?
2. Führt ein Streitgespräch in der Klasse zwischen einer Gruppe, die nach Amerika auswandern will, und einer anderen, die in Europa bleiben will.

Grundlagen der Moderne

M 5 Essenszeit im Zwischendeck während einer Überfahrt nach Amerika
nach einer englischen Skizze, 1882

M 6 Mayflower Compact

41 Passagiere der Mayflower unterzeichneten noch auf dem Schiff einen Vertrag, der das Zusammenleben in der Neuen Welt regeln sollte.

Nach der Gott zum Ruhme und zur Förderung des christlichen Glaubens sowie der Ehre unseres Königs und Landes durchgeführten Fahrt, um die erste Kolonie in den nördlichen Gegenden Virgi-
5 nias zu gründen, verpflichten wir uns durch diese Anwesenden feierlich und wechselseitig vor Gott und voreinander, und vereinigen uns gemeinsam in einer bürgerlich geordneten Gesellschaft; mit dem Zweck, uns besser zu organisieren, zu schüt-
10 zen und die vorgenannten Ziele zu fördern; und vermöge hieraus solch gerechte und gleiche Gesetze, Verordnungen, Erlasse, Verfassungen und Ämter zu verabschieden, begründen und abzufassen, dies von Zeit zu Zeit, so wie es am
15 angemessensten und günstigsten für das Gemeinwohl der Kolonie scheint: hierunter versprechen wir uns pflichtgemäß zu unterwerfen und zu gehorchen. […] Anno Domini 1620.

www.mayflowerhistory.com/PrimarySources/MayflowerCompact.php (Stand: 12.11.09, übersetzt)

M 7 Bericht von einer Überfahrt

Bericht einer bayerischen Auswanderin aus Theresa im US-Bundesstaat Wisconsin, 05.09.1854. Die Überfahrt nach Amerika dauerte in diesem Fall wegen ungünstiger Winde statt der erhofften 18–21 Tage 45 Tage, was recht häufig vorkam.

Wir hatten so schlechte Kost, dass es nicht einmal die Schweine fraßen. Morgens Kaffee, es war aber nur das abgesottene Wasser mit etwas Mandelkaffee von dem Kaffee, den die Matrosen in der Nacht tranken. Mittags gabs die Woche zweimal 5
Erbsen, zweimal Reis, einmal Bohnen, einmal saures Kraut, einmal Gerste od. Graupen mit Zwetschgen. […] aber Samstag da wars noch am schönsten wan[n] die Graupen kamen, da waren den[n] so 10–12 Zwetschgen drin, u. obenher schwam[m] 10
das Ungeziefer es waren Thierchen wie die Flöh, da hieß es im[m]er Morgen giebts Graupen mit Flöh. […] das Rindfleisch war so furchtbar versalzen, dass man es nur fasste um [es] über Bord zu werfen, dass es fortkam, schwarzes Schiffsbrod 15
bekam man nur zweimal, hernach gabs schwarzen Zwieback, welches so vierekige Stükchen sind […] und wen[n] man klopfte, dan[n] kamen weiße Würmchen […] heraus […] Der Kapitän war zu gleichgültig, der Koch zu eigennützig und zu 20
schlecht, es starben nicht umsonst 10 Kinder […].

www.hdbg.de/auswanderung/docs/ausw_lhrrosenheim2.pdf
(Stand: 10.11.2009), S. 19

M 8 Die neue und die alte Welt

M 9 Briefe an die Heimat

Wir wissen heute vor allem aus den Briefen, welchen Problemen sich die Auswanderer in Amerika stellen mussten. Diese lockten schließlich immer mehr Menschen in die Neue Welt.

a) Brief aus Baltimore um 1850

[I]ch sage Ihnen es ist nicht alles Honig was süß ist, den[n] selbst der Honig kom[m]t von Bienen die Stacheln haben, Amerika ist ein gutes, schönes
5 Land, hat aber auch seine vielen Unan[n]ehmlichkeiten, jedoch mit Mühe u. Fleiß kön[n]en alle Schwierigkeiten überhoben werden, man muss sich bei jeder Sache nicht zu viel versprechen, dan[n] ist nichts, das einen bindet, versprechen sie sich nicht
10 zu viel, u. sie werden in Amerika glücklich sein.

b) Brief von Marg. Schilling, Anna Marg. und Joh. Nikol Dietel 1851

Lieber Bruder hast den[n] wohl Lust herein / zu gehen oder nicht, es geht [...] freilig ein wenig hart in der erste / Zeit bis man Englisch kan, dan ist es 5 gerade so als wie in Deutsch= / land in diesen Lande da muss einer flüchtig sein Zeiten / weiß den die faulen wollen die Englischen nicht gerne haben.

www.hdbg.de/auswanderung/docs/ausw_lhrrosenheim2.pdf (Stand: 10.11.2009), S. 21

M 10 Verbot der Auswanderung

In Bayern blieb die Auswanderung nicht ohne Folgen. Nicht ohne Grund wurde in Bayern 1764 folgende Verordnung erlassen, die dann vierteljährlich immer wieder verkündet werden sollte.

Das kurfürstliche Mandat „verbietet aufs Schärfste, dass sich kein Bauersmann unterstehe, ohne Vorwissen und Genehmigung des Landesherrn aus dessen Landen wegzuziehen, da im widrigen Fall nicht nur all sein zurückgelassenes Vermögen kon- 5 fisziert, sondern auch derselbe auf Betreten in dem Abzuge arrestirt und mit Schanz = Arbeitshaus oder anderer empfindlicher Strafe belegt, [...] werden solle."
Veranlasst war dieses Verbot durch die „Thätigkeit 10 ausländischer Emissari", welche die Unterthanen durch falsche Vorspiegelungen irre zu machen und zur Emigration in fremde Lande zu bereden sich bemühten, welches „kecke Unternehmen" als „auf eine ganze Depopulation und Ausödung der kur- 15 fürstlichen Lande abzielend und als nicht viel besser denn als eine Landesverräterei" bezeichnet wurde.

Sammlung der kurpfalz-bayerischen Landesverordnungen von G. Meyr vom Jahr 1784, II 1208, Nr. 20

Aufgaben

1. Schildere in eigenen Worten, wie eine Überfahrt von Europa nach Amerika verlief.
   → M5, M7
2. a) Gib wieder, nach welchen Grundsätzen die Siedler zusammenleben wollen.
   → M6
   b) Welche Gründe geben sie dafür an?
   → M6
3. Das Bild stellt dar, wie Auswanderer Mitte des 19. Jahrhunderts die Unterschiede zwischen Deutschland und den Kolonien in Amerika sahen.
   a) Notiere dir drei Unterschiede in einer Tabelle.
   → M8
   b) Ergänze deine Tabelle um Informationen, die du aus den Briefen herauslesen kannst.
   → M9
4. Nenne drei Argumente, warum die Auswanderungen Nachteile für die Fürsten bringen.
   → M10

Grundlagen der Moderne

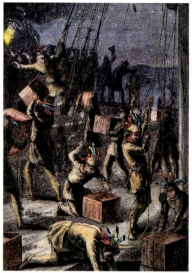

M 1 Boston Tea Party
kolorierter Holzschnitt

Der Weg der Kolonien in die Unabhängigkeit

Er trat abends auf die Straße, als es schon dunkel war. Er trug ein kleines Beil bei sich und eine Keule und sein Gesicht war schwarz gefärbt. Auf der Straße traf er ähnlich ausgerüstete Männer und sie gingen stumm zum Hafen hinunter. Nachdem sie an Bord eines Schiffes geleitet worden waren, öffneten sie die Luken der Lagerräume, holten Teekisten heraus und warfen diese in das Hafenbecken. Danach gingen alle ruhig nach Haus, keiner hatte den Namen der anderen je erfahren.

Dieses Ereignis ging 1773 in die Geschichte der USA ein als die Boston Tea Party. Der Tee stammte aus England und mit diesem Protest wollte man auf die unfaire Handelspolitik gegenüber den Kolonien aufmerksam machen. Um nämlich die East India Company, die kurz vor dem Bankrott stand, zu retten, hatte man ein Gesetz erlassen, nach dem nur sie das Recht besaß, Tee in die Kolonien zu liefern.

Kolonien unter englischem Druck

Das lag vor allem darin begründet, dass England die wirtschaftlich erstarkenden Kolonien vor allem als Rohstofflieferanten und deren Einwohner als Steuerzahler betrachtete. Zu diesem Zweck wurden ab 1764 verschiedene Steuern erhoben:
- Zuckergesetz – Besteuerung des Zuckers,
- Währungsgesetz – Verbot der Ausgabe von Papiergeld,
- Stempelsteuer – Besteuerung von Drucksachen (auch Zeitungen) und Dokumenten,
- Steuern – auf unter anderem Tee, Papier, Blei und Farbe.

Die Bewohner der Kolonien empfanden dies als ungerecht, denn sie gehörten zwar zu Großbritannien, wurden aber wirtschaftlich und politisch als Ausland betrachtet. Dies zeigte sich darin, dass Waren aus den Kolonien in England besteuert wurden. Zudem hatten die Kolonien kein Mitspracherecht im englischen Parlament.

Daher kam schnell die Forderung „No taxation without representation" auf – keine Steuern ohne Mitspracherecht. Gleichzeitig begann man dazu aufzurufen, dass keine Waren aus England mehr gekauft werden sollten. Diese Vorgänge setzten das Mutterland so unter Druck, dass die Stempelsteuer zurückgenommen wurde.

M 2 Boston-Massaker in einer zeitgenössischen Zeichnung

Die Siedler wehren sich

Doch damit kehrte keine Ruhe in den Kolonien ein. Um die eigene Macht zu demonstrieren und die Interessen des englischen Königs durchzusetzen, wurden 1770 englische Soldaten in Boston stationiert. Bei Demonstrationen gegen diese Politik erschossen die Soldaten fünf Kolonisten. Dieser Vorfall wurde unter dem Begriff „Boston-Massaker" zum Auslöser für weitere Aktionen, z. B. auch der Boston Tea Party.

Die Regierung in London reagierte hart. Man ließ bis auf Weiteres alle Häfen in Massachusetts schließen und zwang die Bewohner zur Zahlung einer Entschädigung für den Verlust des Tees der East India Company. Darüber hinaus schaffte man alle Einrichtungen ab, mit denen sich die Kolonisten selbst verwalteten. Damit aber stärkte man nun endgültig die radikalen Kräfte in Nordamerika.

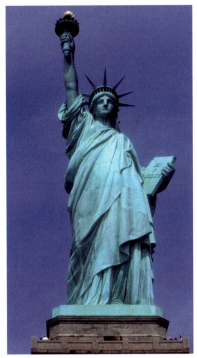

M 3 **Die Freiheitsstatue in New York** war ein Geschenk des französischen Volkes an die USA anlässlich der 100-Jahr-Feier der Unabhängigkeit 1876.

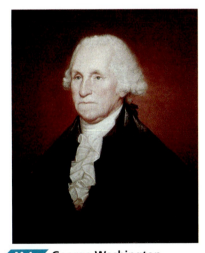

M 4 **George Washington** Gemälde von 1795

Die Erklärung der Unabhängigkeit

Nach drei Kongressen, auf denen die Vertreter der Kolonien ihre Reaktionen beratschlagten, ahnte man, dass alle Bemühungen um einen Ausgleich mit England erfolglos sein würden. So entschied man sich für die Trennung von England – damit erklärte man die Kolonien für unabhängig. Am 4. Juli 1776 nahmen die Vertreter der 13 Gründungsstaaten diese Erklärung an. Der maßgebliche Verfasser dieser Urkunde war **Thomas Jefferson,** der später zum 3. Präsident der USA gewählt wurde.

Die Bedeutung der **Unabhängigkeitserklärung** reicht weit über den Streit zwischen den Kolonien und dem Mutterland hinaus. Zum ersten Mal legten europäische Siedler außerhalb Europas fest, dass sie eine losgelöste und eigenständige Nation bildeten, welche nicht mehr der Macht ihres Herkunftslandes unterlag. Zudem schufen sie gleichzeitig ein eigenes, neues politisches System.

Auffällig ist weiterhin, dass hier erstmals in einem offiziellen Dokument allgemeine **Menschenrechte** formuliert wurden – auch wenn diese zunächst nur freien, weißen Männern zugestanden wurden. Gleichzeitig verankerte man aber auch ein Widerstandsrecht gegen ungerechte Regierungen, welches eine der Forderungen aufklärerischer Denker gewesen war.

Unabhängigkeitskrieg

Zeitgleich mit der Unabhängigkeitserklärung begann der Krieg. In ihm ging es um die Loslösung vom englischen Mutterland. Er dauerte acht Jahre und war von wechselndem Kriegsglück geprägt.

Auf der einen Seite stand eine Armee aus Farmern und Bürgern, die keinerlei militärische Erfahrungen mitbrachten. Ihnen vorangestellt wurde **George Washington.** Auf der anderen Seite stand die britische Armee, die zur damaligen Zeit die führende militärische Weltmacht war.

Dass die Kolonisten den Krieg am Ende gewannen, lag an verschiedenen Umständen:
- Die Kolonisten kämpften in einer vertrauten Umgebung.
- Frankreich trat ab 1778 auf seiten der Kolonien gegen England in den Krieg ein.
- Die britischen Truppen waren fern der Heimat,
- mussten ein sehr großes Gebiet sichern und
- unterschätzten die Kolonialarmee.

Besonders der letzte Punkt war ausschlaggebend, denn in jener Zeit erreichte der preußische General Steuben die USA und bekam den Auftrag, die Siedler zu Soldaten auszubilden. Da ihm die europäische Kriegsführung bekannt war, konnte er eine auf die Umgebung abgestimmte Taktik entwickeln und somit erfolgreich sein.

Die englische Regierung kapitulierte schließlich 1783 und erkannte die Unabhängigkeit an. Das Ergebnis war eine neue Nation mit einer neuen Gesellschaftsordnung.

Aufgaben

1. Fasse in einem Schaubild zusammen, welche Entwicklungen zur Unabhängigkeitserklärung der Vereinigten Staaten von Amerika (USA) führten.

Grundlagen der Moderne

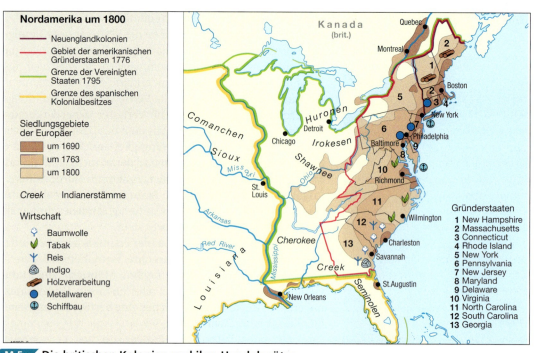

M 5 Die britischen Kolonien und ihre Handelsgüter

Warenwert in englischen Pfund		Neu-England	New York	Pennsyl-vania	Virginia	Carolina (Nord+Süd)	Georgia
Export nach England	1762	45 000	60 000	40 000	415 000	180 000	6 000
	1774	112 000	80 000	70 000	612 000	432 000	68 000
Import aus England	1762	250 000	285 000	210 000	420 000	200 000	23 000
	1774	562 000	438 000	625 000	529 000	378 000	57 000

M 6 Handelsbilanz der Kolonien mit England

M 7 Der Präsident spricht im Nationalarchiv

Der US-Präsident und Friedensnobelpreisträger Barack Obama spricht im Nationalarchiv. Links hinter ihm befinden sich drei Dokumente unter Panzerglas: die Unabhängigkeitserklärung, die Verfassung der USA und die Bill of Rights (die ersten zehn Zusatzartikel zur Verfassung).

M 8 All men are created equal

Die Unabhängigkeitserklärung beginnt mit folgenden Worten:

We hold these truths to be self-evident, that all men are created equal, that they are endowed by their Creator with certain unalienable Rights, that among these are Life, Liberty and the pursuit of
5 Happiness. – That to secure these rights, Governments are instituted among Men, deriving their just powers from the consent of the governed, – That whenever any Form of Government becomes destructive of these ends, it is the Right of the
10 People to alter or to abolish it, and to institute new Government, laying its foundation on such principles and organizing its powers in such form, as to them shall seem most likely to effect their Safety and Happiness.

http://www.archives.gov/exhibits/charters/declaration_transcript.html (18.10.2009)

M 9 Der Schluss der Unabhängigkeitserklärung

Im Schluss der Unabhängigkeitserklärung wird genau aufgeführt, welche hoheitlichen Aufgaben der neue Staat jetzt selber übernehmen will.

Wir daher, die Volksvertreter der Vereinigten Staaten von Amerika, versammelt im Generalkongress, und den höchsten Richter der Welt zum Zeugen für die Reinheit unsrer Absichten anrufend, verkünden hiermit feierlichst im Namen und 5 aus Machtvollkommenheit des guten Volks dieser Kolonien, dass diese vereinten Kolonien freie und unabhängige Staaten sind, und es zu sein, das Recht haben sollen; dass sie losgesprochen sind von allem Gehorsam gegen die britische Krone, 10 und dass alle politische Verbindung zwischen ihnen und dem britischen Reiche gänzlich aufgelöst ist und sein soll; dass sie als freie und unabhängige Staaten volle Gewalt haben, Krieg anzufangen, Frieden zu schließen, Bündnisse einzugehen, 15 Handelsverbindungen zu eröffnen und alle andern Beschlüsse und Akte zu verrichten, zu welchen unabhängige Staaten rechtlich befugt sind. Und zur Aufrechterhaltung dieser Erklärung verbürgen wir uns, mit festem Vertrauen auf den Schutz 20 der göttlichen Vorsehung, wechselseitig mit unserem Leben, unserem Vermögen und unserer unverletzten Ehre.

zit. n.: Bromme, Traugott: Die Verfassungen der Vereinigten Staaten von Nord-Amerika. 1849.

M 10 Handzettel als Protest gegen den Stamp-Act, Rekonstruktionszeichnung

Aufgaben

1. Analysiere die Karte M5 und die Tabelle M6 nach folgenden Aspekten:
   a) Stelle die Unterschiede der Warenarten von nördlichen und südlichen Kolonien dar.
   b) Finde heraus, welche Waren in England besonders beliebt waren und welche nicht.
   c) Begründe diese Beliebtheit.
   d) Bewerte die dargestellten Zahlen hinsichtlich der Folgen englischer Handelspolitik.
2. Überlege, was der Präsident damit bezwecken will, wenn er an einem Ort, wie dem Nationalarchiv, eine wichtige Rede hält. → M7
3. Übersetze den Anfang der Unabhängigkeitserklärung in groben Zügen – du musst dafür nicht jedes Wort nachschlagen, sondern kannst dir den Sinn auch grob erschließen. → M8
4. Führe die Aussagen in einer Liste auf, die M8 über die Rechte des Menschen enthält.
5. Mit welchen Befugnissen zeigt sich die Unabhängigkeit der ersten Kolonien? → M9
6. Womit drohen die Urheber des Handzettels? → M10
7. Informiere dich im Internet über Thomas Jefferson, Benjamin Franklin und John Hancock.

Grundlagen der Moderne

M 1 Der sogenannte „Pledge of Allegiance" (der Treueschwur auf die amerikanische Fahne) ist in vielen Schulen Amerikas Pflicht vor Beginn des Unterrichts.

Präambel
eine feierliche Erklärung zu Beginn von wichtigen Dokumenten

M 2 Dr. Martin Luther King jr. Die von ihm geprägte amerikanische Bürgerrechtsbewegung setzte in den 1960er-Jahren die Gleichheit der afroamerikanischen Bevölkerung durch. Er wurde unter bis heute ungeklärten Umständen 1968 erschossen. Der dritte Montag im Januar ist seit 1986 der Gedenktag für ihn.

Die amerikanische Verfassung

Der Unterricht in den USA beginnt jeden Morgen mit demselben Ritual: Mit der rechten Hand auf dem Herzen leisten sie einen Eid der amerikanischen Fahne gegenüber. Dieser „Pledge for Allegiance" (Treueschwur) geht zurück auf den Beginn der amerikanischen Geschichte, als Menschen aus den verschiedenen Teilen der Welt nach Nordamerika kamen und Amerikaner wurden. Stolz ist man darauf, dass die ersten Siedler nicht nur in einer unbekannten Welt überlebten, sondern sich auch zusammenfanden, um eine Gesellschaft zu begründen, die als Vorbild für alle anderen Nationen gelten sollte. Diese Überzeugung findet sich auch in der **Verfassung** der Vereinigten Staaten von Amerika wieder.

Eine Verfassung entsteht ...

Nach Beendigung des Unabhängigkeitskrieges war es für die Vertreter des neuen unabhängigen Staates wichtig, dass eine Verfassung den Anspruch der Unabhängigkeit deutlich machte. Außerdem bestand in jener Zeit die Gefahr eines Bürgerkrieges, weil es immer noch viele Menschen gab, die Anhänger des englischen Königs waren. Man wollte ganz einfach verhindern, dass der Bund, den die Kolonisten eingegangen waren, auseinanderbrach.

Die Einflüsse, die in die amerikanische Verfassung eingingen, waren unter anderem die Aufklärung, die Bill of Rights von 1689 und die Schriften Montesquieus. 55 Abgeordnete des Kontinentalkongresses (Vertretern aller Gründungskolonien) entschlossen sich nach Beendigung des Unabhängigkeitskrieges, eine Verfassung auszuarbeiten. Sie schufen ein Dokument mit einer *Präambel* und sieben Artikeln, die die Grundsätze der Gewaltenteilung festschrieben. Aus diesen Artikeln heraus wurde ein Präsident an die Spitze des Staates gestellt, der die ausführende Gewalt (Exekutive) besitzt. Die legislative Gewalt wurde dem Kongress zugeordnet, der aus zwei Kammern besteht: dem Repräsentantenhaus (hier ist jeder Staat gemäß seiner Einwohnerzahl vertreten) und dem Senat, in den jeder Staat zwei Senatoren entsendet. Als oberstes, unabhängiges Gericht tagt der Supreme Court.

... und hält bis heute

Die Verfassung der USA, die 1789 in Kraft trat, ist bis heute unverändert gültig. Sie wurde in den Jahrzehnten lediglich um die sogenannten Amendments (Verfassungszusätze) ergänzt, wie z. B. der erste Zusatz von 1791, der unter anderem verbietet, dass der Kongress Gesetze gegen die Meinungs-, Religions- und Pressefreiheit erlassen kann. Der letzte Zusatz stammt von 1992 und besagt, dass eine vom Repräsentantenhaus beschlossene Diätenerhöhung (Bezahlung der Abgeordneten) erst nach den folgenden Wahlen in Kraft tritt.

Bis heute steht die Verfassung allerdings auch in der Kritik. Ein Beispiel ist die Tatsache, dass schon zu Beginn zwar formuliert wurde, dass alle Menschen gleich geschaffen seien, aber dennoch $^1/_6$ (etwa 500 000 Menschen) der Bevölkerung vom Wahlrecht ausgeschlossen waren – nämlich die Sklaven. Ihr politisches Mitspracherecht konnte erst im 20. Jahrhundert nahezu vollständig durchgesetzt werden.

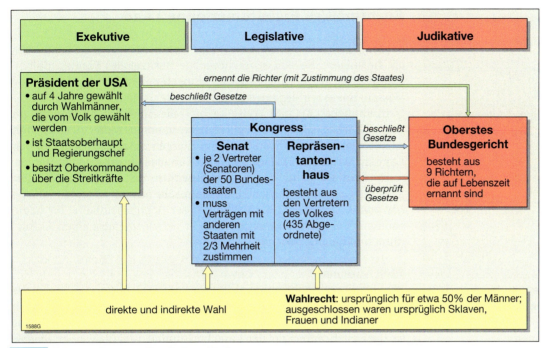

M 3 Schema der amerikanischen Verfassung

M 4 I have a dream

1963 hielt der afroamerikanische Prediger Martin Luther King eine viel beachtete Rede in Washington. Darin sprach er über die Situation der Afroamerikaner in den USA und die Hoffnungen, die er hatte:

I say to you today, my friends, so even though we face the difficulties of today and tomorrow, I still have a dream. It is a dream deeply rooted in the American dream.
5 I have a dream that one day this nation will rise up and live out the true meaning of its creed: "We hold these truths to be self-evident: that all men are created equal."

I have a dream that one day on the red hills of Georgia the sons of former slaves and the sons of 10 former slave owners will be able to sit down together at the table of brotherhood.
I have a dream that one day even the state of Mississippi, a state sweltering with the heat of injustice, sweltering with the heat of oppression, 15 will be transformed into an oasis of freedom and justice.
I have a dream that my four little children will one day live in a nation where they will not be judged by the color of their skin but by the content of 20 their character.
I have a dream today.

http://www.usconstitution.net/dream.html (Stand: 18.10.2009)

Aufgaben

1. Ordne die Begriffe „Legislative", „Judikative" und „Exekutive" den Institutionen zu.
   → M3
2. Beschreibe die Stellung des Präsidenten und beleuchte drei Besonderheiten.
   → M3
3. Welche Personengruppen gehören nicht zum Wahlvolk?
   → M3
4. Welche Kritik äußert Martin Luther King in seiner Rede?
   → M4
5. Finde heraus, ob die Kritik von Martin Luther King heute noch zutreffend ist. Recherchiere dazu im Internet. Orientiere dich an der Methode „Im Internet recherchieren".
   → S. 106 f.

Grundlagen der Moderne

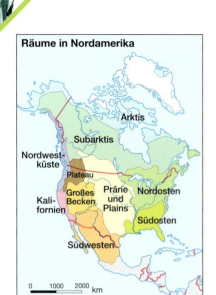

M 1 Kulturräume der verschiedenen Indianernationen

Indianer

Die Bezeichnung geht zurück auf den Irrtum von Columbus, der glaubte Indien entdeckt zu haben, und daher die Einwohner als Indios oder Indianer bezeichnete.

Rechtmäßige Eigentümer ohne Land

Schon die Spanier betraten die Neue Welt in Mittel- und Südamerika als diejenigen, die sich als rechtmäßige Besitzer des Landes fühlten. Die in ihren Augen unzivilisierten Eingeborenen hätten nicht genug Wissen, um es wirklich zu nutzen.

In ähnlicher Art und Weise dachten die Siedler der Kolonien. Im Zuge der Jahre nahm die Bevölkerungszahl immer weiter zu und schon aus diesem Grund sah man in dem riesigen, unendlich scheinenden Land im Westen Amerikas ein neues Zuhause für die eigenen Bürger.

Doch dieses Land war nicht unbewohnt. Seit mehreren Hundert Jahren lebten dort Menschen, die man sehr schnell allgemein als die *Indianer* bezeichnete. Doch schon dieser Begriff beinhaltet bis heute eben auch eine Herabsetzung, denn er verallgemeinert einen Kulturraum und die dort lebenden Menschen.

1200 Nationen

First Nations (Erste Nationen) ist eine der Bezeichnungen, die sich die eingeborene Bevölkerung Nordamerikas, die im Gebiet des heutigen Kanadas lebt, gegeben hat. Ein Teil von ihnen will damit betonen, dass sie die Ersten waren, die das Land bewohnten, und die weißen Siedler erst später kamen. Die Eingeborenen auf dem Gebiet der USA dagegen nennen sich heutzutage oftmals Native Americans (Amerikanische Ureinwohner). Das, was wir Europäer fälschlicherweise als Indianer bezeichnen, umfasst ungefähr 1200 verschiedene Stämme in Kanada und den USA. Diese besitzen verschiedene Kulturen, sprechen unterschiedliche Dialekte und Sprachen und haben letztlich auch eine jeweils andere Geschichte. Sie betrachteten sich nie als eine Einheit – sind aber heute dazu gezwungen, um ihre Interessen überhaupt erfolgreich vertreten zu können.

Schwarzfüße

Wenn wir Europäer an Indianer denken, meinen wir in der Regel die Bewohner der Prärie und der Plains, einem Gebiet, das sich vom Norden im heutigen Kanada bis hin ins heutige Texas zieht. Dieses Gebiet war lange nur sehr dünn besiedelt und geprägt von den umherziehenden Büffelherden. Die Büffel waren gleichzeitig die Lebensgrundlage der meisten Stämme in den Plains.

Einer dieser Stämme waren die Blackfoot, die ihrerseits aus den drei Unterstämmen Siksika, Kainai und Piegan bestanden. Ihr Schicksal ist letztlich typisch für das der anderen Stämme.

Die Blackfoot (vermutlich benannt nach ihren schwarzen Mokassinsohlen) lebten in kleinen Gruppen in Tipis, die sie aus Bisonfellen herstellten. Beides wies auf die Bedeutung des Bisons hin, der nicht allein Fleisch lieferte, sondern auch mit seinem Fell und allen anderen Teilen genutzt wurde. Da die Blackfoot den Herden hinterherziehen mussten, war das Tipi so konstruiert, dass es schnell auf- und abgebaut werden konnte.

Entgegen unserem Bild von den Indianern kannten auch die Blackfoot ursprünglich das Pferd nicht. Die Pferde kamen erst durch die spanischen Eroberer zunächst nach Südamerika, dann über Mittel-

M 2 Blackfoot Prärie-Tipi

M 3 **Crowfoot,** einstiger Häuptling der Siksika

Feuerwasser

Benennung für Rum und Schnaps. Bis heute ist Alkoholismus ein großes Problem bei den amerikanischen Ureinwohnern.

M 4 **Berge aus Häuten erlegter Bisons**

Mit dem Vorrücken weißer Siedler wurde auch die sinnlose Jagd auf Bisons immer verbreiteter. Damit wurde den Indianern ein weiterer Bestandteil ihrer Lebensgrundlage genommen.

amerika in die Gebiete der amerikanischen Ureinwohner. Ihr Lasten- und Tragetier war vorher der Hund gewesen.

Der erste Kontakt

Die ersten Weißen, die mit den Blackfoot in Berührung kamen, waren englische Händler, die schon um 1750 weit nach Westen vorstießen und erste Handelsposten gründeten. Die Händler wurden zunächst sehr freundlich aufgenommen. Da der Verkauf von Pelzen aber einen hohen Gewinn versprach, lag das Hauptinteresse der Weißen eben genau darin. Die Pelze wurden dann gegen Messer und Äxte aus Metall (die Blackfoot kannten nur Steingeräte) sowie Gewehre eingetauscht.

Zu großen Veränderungen kam es durch die amerikanischen Trapper, die vermehrt in die Indianergebiete vorstießen. Diese jagten die Pelztiere selbst, was die Indianer gegen sie aufbrachte, da sie nun nicht mehr selbst Waren mit den Pelzen erhandeln konnten.

Die Engländer und Amerikaner brachten aber auch die Pocken und das *Feuerwasser* mit, wobei beides große Schäden unter den Stammesangehörigen anrichtete.

Fremde im eigenen Land

Nach und nach begannen die weißen Siedler damit, den Stämmen das Land, welches sie bewohnten, abzukaufen. Dies geschah auf der Basis von legalen Verträgen. Insgeheim aber setzte man die Indianer unter Druck und entschied über ihren Kopf hinweg – keiner der 371 geschlossenen Verträge wurde je eingehalten.

Während die Weißen das Land immer weiter in Besitz nahmen, drängten sie die Einheimischen in sogenannte Reservate ab. Diese mussten dort sesshaft werden und damit ihre ursprüngliche Kultur aufgeben. Wehrten sie sich, wurde gegen sie oftmals mit Soldaten brutal und rücksichtslos vorgegangen. Im Zuge der weiteren Jahre verkleinerte man die Reservate immer weiter. So sank die Zahl der Blackfoot von ursprünglich 15 000 im Jahre 1780 auf 5000 im Jahre 1909.

Heute leben wieder 15 000 Blackfoot in Reservaten in Montana und Alberta und seit dem Jahr 2008 versuchen die Vertreter der drei Stämme die Sprache der Blackfoot in die Lehrpläne der regionalen Schulen unterzubringen, um den Zugang zu ihrer Tradition zu erhalten.

Der Weg nach Westen

Die Ausdehnung der amerikanischen Siedler ging währenddessen unvermindert weiter. Schon 1850 hatten die Amerikaner die Westküste der USA erreicht. Diese Entwicklung wurde vor allem durch zwei Faktoren beschleunigt:
- durch den Ausbau des Verkehrswesen, besonders der Eisenbahn,
- durch immer neue Goldfunde im Westen, die viele Menschen und Abenteurer in den Wilden Westen lockten (der „Goldrausch").

In dieser Zeit wuchs ein weiterer amerikanischer Mythos, der bis heute Gewicht hat, und zwar der des Pioniers, der in unbekanntes, feindliches Gebiet vordringt und es entgegen aller Widrigkeiten in Besitz nimmt. Ein Grund z. B. dafür, dass in den USA bis heute der private Waffenbesitz gesetzlich geschützt ist.

Grundlagen der Moderne

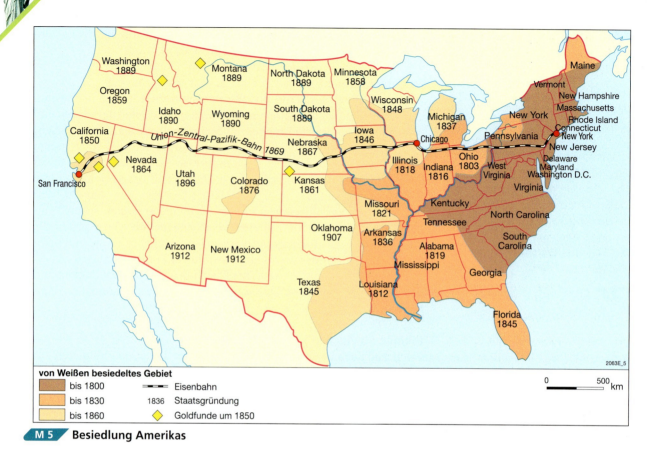

M 5 Besiedlung Amerikas

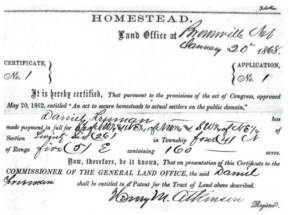

M 6 Homestead Act, Urkunde Nr. 1
Der Homestead Act war ein Gesetz von 1862 zum Landerwerb, vor allem in den unbesiedelten Gebieten der Plains. Diesem Gesetz nach konnte jeder amerikanische Bürger sich auf ein bis dahin unbesiedeltes Land niederlassen und sich ein Grundstück von 160 acres (640 000 m²) abstecken.

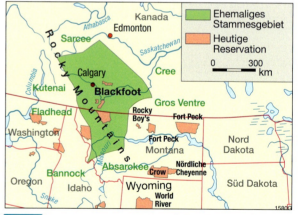

M 7 Das Stammesgebiet und die Reservationen der Blackfoot. Als Reservation bezeichnet man Gebiete, die Ureinwohnern innerhalb eines Staates zugewiesen werden. Es gibt sie nicht nur in den USA, sondern auch in Kanada, Kolumbien und vielen anderen Ländern, wo die Ureinwohner zurückgedrängt wurden.

M 8 UN-Deklaration über eingeborene und in Stämmen lebende Völker in unabhängigen Ländern, 1989

Die UNO (oder UN = United Nations = Vereinte Nationen) ist ein Zusammenschluss aller großen Nationen der Welt, die 1945 nach dem Zweiten Weltkrieg sich zusammentaten, um weitere Kriege zu verhindern und Konflikte ohne Gewalt beizulegen. Sie beteuerten, dass sie für die Rechte aller Menschen eintreten wollen.

Die Erklärungen der UNO müssen nicht als Gesetz in den Ländern umgesetzt werden, dennoch sind sie eine Mahnung zum Umdenken.

Die folgende Erklärung wurde ursprünglich von vier Nationen nicht angenommen: Neuseeland, Australien, Kanada und den USA. Bis heute weigern sich weiterhin Kanada und die USA, die Erklärung umzusetzen.

Dieses Übereinkommen gilt für […]
Artikel 1b) Völker in unabhängigen Ländern, die als Eingeborene gelten, weil sie von Bevölkerungsgruppen abstammen, die in dem Land oder in einem geografischen Gebiet, zu dem das Land gehört, zur Zeit der Eroberung oder Kolonisierung oder der Festlegung der gegenwärtigen Staatsgrenzen ansässig waren und […] einige oder alle ihrer traditionellen sozialen, wirtschaftlichen, kulturellen und politischen Einrichtungen beibehalten. […]

Teil II: Grund und Boden
Artikel 14
1. Die Eigentums- und Besitzrechte der betreffenden Völker an dem von ihnen von alters her besiedelten Land sind anzuerkennen.
2. Die Regierungen haben, soweit notwendig, Maßnahmen zu ergreifen, um das von den betreffenden Völkern von alters her besiedelte Land zu bestimmen und um den wirksamen Schutz ihrer Eigentums- und Besitzrechte zu gewährleisten.

www.ilo169.de/index.php?option=content&task=view&id=20&Itemid=31 (Stand: 11.11.09)

M 9 Die Häuptlinge der Blackfoot-Stämme bei der Unterzeichnung eines Einigungsvertrages. Foto 2001

M 10 Jährlicher Protestritt der Siksika gegen die Landenteignung

Aufgaben

1. Beschreibe in wenigen Sätzen die Besiedlung durch die Kolonisten. Benutze dabei Begriffe aus der Geografie.
   → M5
2. Erkläre, welche Folgen der Homestead-Act für die dort lebenden Indianer haben könnte.
   → M6
3. Analysiere die Karte bezüglich der ursprünglichen Stammesgebiete und der Reservationen. Was fällt dir auf? Welche Probleme kannst du erkennen? → M7
4. Beurteile die Resolution der UN – begründe, warum die vier Nationen die Umsetzung ablehnten. Recherchiere dazu die Situation eingeborener Völker in diesen Ländern.
   → M9
5. Besuche die Webseiten der Siksika-Nation (http://www.siksikanation.com) und der Blackfeet-Nation (http://www.blackfeetnation.com) und informiere dich über die aktuelle Situation in den Reservaten. Gestalte mit deinen Ergebnissen ein Info-Plakat.

Grundlagen der Moderne

M 1 Ludwig XVI. (1754–1793)
Gemälde von 1775

Frankreich steht vor großen Veränderungen

Hungersnot, Staatsverschuldung, ungerechte Besteuerung oder der Wunsch nach Freiheit sind nur einige Aspekte, die das Frankreich des ausgehenden 18. Jahrhunderts widerspiegeln. In dieser Zeit entstand im Volk eine Stimmung, die nach Veränderungen drängte. Im Besonderen richtete sich der Protest der Menschen gegen die Verschwendungssucht des absolutistischen Königs, gegen die Grundbesitzer oder auch gegen private Steuereintreiber, die vielfach in die eigene Tasche wirtschafteten. Zahlreiche Menschen wollten Veränderungen – falls notwendig auch mit Einsatz von Gewalt, um der Armut und Unterdrückung zu entfliehen.

Andere wiederum hofften, dass die Verhältnisse so blieben, wie sie seit jeher waren. Um diese explosive Stimmung in Frankreich besser begreifen zu können, ist es notwendig, die französische Gesellschaft genauer zu betrachten.

Die gesellschaftliche Situation

Die Gesellschaft in Frankreich am Ende des 18. Jahrhunderts war in Stände gegliedert:

Der erste Stand war der Klerus, also die Geistlichen. Obwohl die Geistlichen in einem Stand vereint waren, gab es doch große Unterschiede. Denn zum einen gehörten Kardinäle, Bischöfe und Äbte dazu, die oftmals Adlige waren. Diese verfügten über beträchtlichen Besitz, waren von der Steuer befreit und hatten großen politischen Einfluss. Zum anderen zählten aber auch einfache Dorfpfarrer und Mönche zum Klerus.

Der Adel bildete den zweiten Stand und war die politisch bestimmende Schicht. Auch diese Gruppe war aber in sich nicht einheitlich. Es gab reiche und arme, mächtige und unbedeutende Familien, solche, die von ihrem großen Grundbesitz lebten, und solche, die auf die Gunst des Königs angewiesen waren. Erster und zweiter Stand stellten ungefähr 1,6 % der französischen Bevölkerung dar.

Der überwiegende Teil (ca. 98 %) setzte sich aus Beamten, Rechtsanwälten, Ärzten, Wissenschaftlern, Unternehmern und Grundbesitzern zusammen. Manche von ihnen bemühten sich, gesellschaftlich aufzusteigen und selbst einen Adelstitel zu erwerben.

Hinzu kamen meist arme Bauern, die einem Grundherrn unterstanden. Einige verfügten aber auch über eigenen – wenn auch geringen – Besitz. Zudem gab es die Unterschichten, vor allem in Paris. Dazu zählten unter anderem Tagelöhner, Bettler, Besitzlose und die ebenfalls wenig angesehenen Fabrikarbeiter.

Im 18. Jahrhundert verhärtete sich diese Ständegesellschaft. Viele Adlige versuchten ihre Stellung zu stärken, um sich von den aufstrebenden Bürgern abzugrenzen. Das ging auf Kosten der Bauern, die zunehmend gegen ihre adligen Grundherren aufbegehrten.

Die wachsende Schicht der Bürger kritisierte die alten Vorrechte des Adels und der Kirche, wie zum Beispiel die Tatsache, dass diese weniger Steuern zu zahlen hatten. Zudem hatten die meisten Menschen in Frankreich keine politische Mitsprache; ihre Meinung wurde übergangen.

M 2 Abgaben, Steuern und Fronarbeit, Radierung 1789

M 3 Die Gemüsebäuerin
Gemälde von Jacques-Louis David, 1789

M 4 Ein Salon in Paris
Ein Schriftsteller liest um 1775 aus seinem Roman im Salon der Madame Necker. Bei diesen Treffen wurden auch aufklärerische Ideen ausgetauscht und diskutiert. Holzstich, 19. Jh.

Die wirtschaftliche Situation

In vielen Gegenden konnten die einfachen Leute nicht mehr genügend Geld aufbringen, um damit ihren Lebensunterhalt zu bestreiten; Hungersnöte waren also an der Tagesordnung. Dass sich die Situation gerade in dieser Zeit so zuspitzte, lag unter anderem daran, dass es 1788 zu Missernten kam; diesen folgte ein harter Winter. Das Getreide wurde dadurch knapp und folglich stiegen die Brotpreise massiv an. Diese wirtschaftliche Misere der einfachen Leute wurde noch dadurch verstärkt, dass sie trotz der unzureichenden Ernteerträge umfangreiche Abgaben an die Grundherren zu entrichten hatten.

Die politische Situation

Im Absolutismus beanspruchte der König die alleinige Macht: In vielen Bereichen – ob etwa beim stehenden Heer oder bei den Staatsausgaben – war eine Mitsprache nicht erwünscht und kaum möglich.

Ludwig XVI. war bei der Durchsetzung seiner Entscheidungen auf diejenigen angewiesen, die in seinem Namen handelten. Die Ämter, die oft mit einem Machtzuwachs oder einem Adelstitel verbunden waren, konnten gekauft werden, was dem König viel Geld einbrachte. Hierdurch wurde der König in seiner alleinigen Herrschaft geschwächt. Da er von Adel und Klerus abhängig war, konnte er diese nicht zu Steuerabgaben zwingen. Kirche und Adel konnten immer wieder eine gerechtere, jedoch für sie höhere Besteuerung verhindern.

Die Kritik des Volkes, zum Beispiel an der Verschwendungssucht in Versailles, wurde nicht gehört. So blieb alles beim Alten. Um die Probleme des Landes zu lösen, wären aber Veränderungen notwendig gewesen, die der König jedoch nicht einzuleiten imstande war.

Die kulturelle Situation

Im 18. Jh. hatte sich in Frankreich die geistige Strömung der Aufklärung entwickelt und ausgebreitet. Die Forderung der Aufklärer, die politischen Verhältnisse mittels der Vernunft zu hinterfragen, führte zur Kritik an der Ständegesellschaft Frankreichs und besonders an der Macht der Kirche.

Diese Gedanken wurden zuerst von Einzelnen formuliert und von Wenigen gelesen. Allmählich entstanden jedoch bürgerliche Kreise, die solche Gedanken aufgriffen, diskutierten und verbreiteten. Daraus entwickelte sich schrittweise eine öffentliche Diskussion in Zeitungen, Flugblättern und Büchern. Schließlich galt die Entwicklung in Amerika als Vorbild. Dort hatte man eine freiheitliche Staatsordnung auf der Basis der Volkssouveränität errichtet.

Eine Vielzahl an Ursachen war letztendlich mit verantwortlich, dass es im Jahre 1789 in Frankreich zu Unruhen kam.

Aufgaben

1. Vergleiche die Darstellungen von M1 und M3 nach folgenden Kriterien: Kleidung, Gesichtsausdruck, Standeszugehörigkeit.
2. Aus welchem Stand könnte der Auftraggeber für die Karikatur M2 stammen? Begründe deine Meinung.

Grundlagen der Moderne

M 5 Karikatur auf die Erhebung des dritten Standes, Radierung von 1789

M 6 Der Gesellschaftsvertrag

Im Jahre 1762 schrieb der Aufklärer Jean-Jacques Rousseau in „Vom Gesellschaftsvertrag":

Der Mensch wird frei geboren, und überall ist er in Ketten. Mancher hält sich für den Herrn anderer und sieht nicht, dass er mehr Sklave ist als sie. Solange ein Volk gezwungen ist zu gehorchen
5 und gehorcht, so tut es wohl; sobald es aber das Joch [Teil des Geschirrs, um Tiere einzuspannen] abwerfen kann und es abwirft, so tut es besser. Der Sklave verliert in seinen Ketten alles, selbst die Neigung, diese zu verlieren. […]
10 Seiner Freiheit entsagen heißt seiner Eigenschaft als Mensch entsagen, heißt den Rechten der Menschheit, ja selbst der Pflichten entsagen. Eine solche Verzichtleistung ist schlechterdings unverträglich mit der menschlichen Natur. […] Wie man also auch die Sache betrachten mag, es gibt kein 15 Recht auf Sklaverei. Die Worte Sklaverei und Recht widersprechen einander, sie schließen einander aus. […]
Bei der Untersuchung, worin denn eigentlich das höchste Wohl aller, welches der Zweck eines jeden 20 Systems der Gesetzgebung sein soll, besteht, wird man finden, dass es auf zwei Hauptgegenstände hinausläuft, Freiheit und Gleichheit, Freiheit, weil jede Abhängigkeit des Einzelnen eine ebenso große Kraft dem Staatskörper entzieht, Gleichheit, 25 weil die Freiheit ohne sie nicht bestehen kann.

Fitzek, Alfons: Staatsanschauungen im Wandel der Jahrhunderte. S. 87 f.

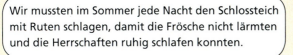

"Warum trägt der dritte Stand allein die Steuerlast? Jeder Stand sollte nach seinen Kräften Steuern zahlen."

"Wir mussten im Sommer jede Nacht den Schlossteich mit Ruten schlagen, damit die Frösche nicht lärmten und die Herrschaften ruhig schlafen konnten."

"Meine Felder liegen im Jagdgebiet des Königs. Ich darf diese Felder vom 1. bis 24. Juni nicht betreten, um die brütenden Rebhühner nicht zu erschrecken."

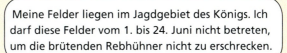

"Wir haben 112 Tage an den Straßen des Königs und 87 Tage auf den Feldern des Grundherrn zu arbeiten. In dieser Zeit können wir unsere Äcker nicht bestellen. Wir fordern eine Abschaffung der Frondienste."

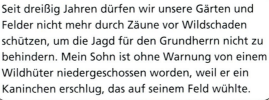

"Seit dreißig Jahren dürfen wir unsere Gärten und Felder nicht mehr durch Zäune vor Wildschaden schützen, um die Jagd für den Grundherrn nicht zu behindern. Mein Sohn ist ohne Warnung von einem Wildhüter niedergeschossen worden, weil er ein Kaninchen erschlug, das auf seinem Feld wühlte."

"Wir müssen über ein Drittel unseres Einkommens an Steuern zahlen, während der Graf und das Kloster steuerfrei blieben. Dabei besitzen sie vier Fünftel unseres Gemeindebodens. Die Sondersteuern, die Salzsteuer und der Kirchenzehnt gehören abgeschafft."

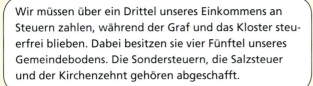

M 7 Der dritte Stand

Aufgaben

1. Erläutere anhand von M5, welche Rolle der dritte Stand bei der Französischen Revolution spielt. Vergleiche mit M2.
2. Erkläre anhand von M6, welche Bedeutung die Aufklärung für die Französische Revolution hatte.
3. a) Erläutere die Forderungen des dritten Standes.
   b) Welche Gedanken könnten der König, die Geistlichen und der Adel gehabt haben?
   → M7

Grundlagen der Moderne

M 1 Militärparade auf den Pariser Champs Elysées
Seit 1880 ist der 14. Juli in Frankreich Staatsfeiertag. Der 14. Juli 1789 gilt als Beginn der Französischen Revolution.

1789 – in Frankreich wird alles auf den Kopf gestellt

Der 14. Juli ist heutzutage in Frankreich ein nationaler Feiertag. Er erinnert an den Beginn der Unruhen, der Revolution. Dieses historische Ereignis stellte aber nicht nur in Frankreich alles auf den Kopf, auch andere Länder waren von diesem Ereignis erheblich betroffen.

Die Auswirkungen dieses Umsturzes sind bis heute in vielerlei Hinsicht zu spüren. Bei den Begriffen Gleichheit, Brüderlichkeit und Freiheit – den Forderungen der Revolutionäre – denken viele Menschen an Frankreich.

Die Ursachen der **Französischen Revolution** sind vielfältig. Ähnlich verhält es sich mit der Frage, womit und wann die Auseinandersetzung letztendlich begann. Immer wieder ist zu lesen, dass der 14. Juli 1789, der Tag, an dem Aufständische das Staatsgefängnis in Paris stürmten, den Startpunkt der Revolution darstellt. Doch die Revolution begann schon früher.

Der König braucht Hilfe

Im absolutistischen Frankreich gab der König mehr Geld aus, als er einnahm. Er benötigte sehr viel Geld für die Hofhaltung in Versailles aber auch für das Militär. Deshalb bestand die Gefahr, dass das Land zahlungsunfähig werden würde. Besonders belastend war für den französischen Staatshaushalt, dass Ludwig XIV. die nordamerikanischen Kolonien im Unabhängigkeitskampf gegen England finanziell unterstützt hatte. Dieses Geld musste allmählich zurückgezahlt werden. Ludwig XIV. benötigte also neue zusätzliche Einnahmequellen, die er alleine nicht aufbringen konnte.

Um den Staatsbankrott abwenden zu können, wollte der König auch für den Klerus und den Adel die Steuern erhöhen. Dies ging allerdings nur mit Zustimmung der Geistlichen, der Adligen und der Bürger, also aller Stände.

Dazu rief er die Vertreter der einzelnen Stände im August 1788 zu einer Versammlung zusammen. Diese sogenannten **Generalstände** hatten sich zum letzten Mal 1614 zusammengefunden. Mit der Einberufung nach einer so langen Zeit wurde deutlich, in welch schwieriger Situation sich der König nun befand.

Als die Versammlung am 5. Mai 1789 in **Versailles** zusammentrat, hatten der erste und zweite Stand je 300, der dritte Stand 600 Vertreter. Ursprünglich sollten den dritten Stand nur 300 Abgeordnete vertreten, doch wurde die Zahl nach Protesten bürgerlicher Abgesandter verdoppelt.

Nach der feierlichen Eröffnung kam es zum Streit über das Abstimmungsverhalten. Würde nach Ständen abgestimmt werden, hätte der dritte Stand immer das Nachsehen; erster und zweiter Stand wären nicht bereit gewesen, auf ihre Vorrechte zu verzichten. Im Falle, dass jedem Abgeordneten pro Kopf eine Stimme zur Verfügung gestanden hätte, wäre es für den ersten und zweiten Stand nicht möglich gewesen, den dritten zu überstimmen. Allein schon dass man sich über diese Frage des Abstimmungsverfahrens nicht einigen konnte, verhinderte die Klärung der Finanzprobleme.

M 2 Ballhausschwur, Gemälde von Jacques-Louis David, 1791

Der dritte Stand entschied alleine

Da es zu keiner Einigung kam, beanspruchten die Vertreter des dritten Standes für das ganze Volk zu sprechen. Nachdem der König diese Versammlung, die auch **Nationalversammlung** genannt wurde, auflösen wollte, zogen sie in ein Ballspielhaus. Die Vertreter des dritten Standes schworen, erst wieder auseinanderzugehen, wenn eine Verfassung, also ein Schriftstück, in dem die Rechte und Pflichten der einzelnen Bürger niedergeschrieben sind, verabschiedet wird. Dieser Schwur vom 20.06.1789, der nach dem Ort, an dem er gefasst wurde, Ballhausschwur genannt wurde, bildete eine wichtige Station im weiteren Verlauf der Revolution.

M 3 Die Kokarde
Diesen Anstecker aus Papier oder Stoff trugen die Revolutionäre, um sichtbar zu machen, dass sie Anhänger der Revolution waren. Zunächst waren die Kokarden weiß (Farbe des Königs), im Verlauf der Revolution kamen die Farben der Stadt Paris (blau und rot) hinzu.

Die Erstürmung des königlichen Gefängnisses

Die Bürger hatten Angst vor einem militärischen Eingreifen des Königs. Deshalb bewaffneten sie sich und stürmten am 14. Juli 1789 das Pariser Staatsgefängnis, die sogenannte Bastille. In der Bastille vermuteten sie neben Gefangenen auch Waffen und Munition. Der militärische Wert dieses Sieges ist heutzutage umstritten, jedoch fassten viele Bürger dieses Ereignis als Signal auf, dass die Macht des Königs angreifbar war.

Aufgaben

1. Inwiefern wird in M2 die politische Veränderung deutlich? Orientiere dich an der Methode „Umgang mit Historiengemälden". → S. 158
2. Erkundige dich im Internet, aus welchen Gründen in anderen Ländern Nationalfeiertage begangen werden.

Grundlagen der Moderne

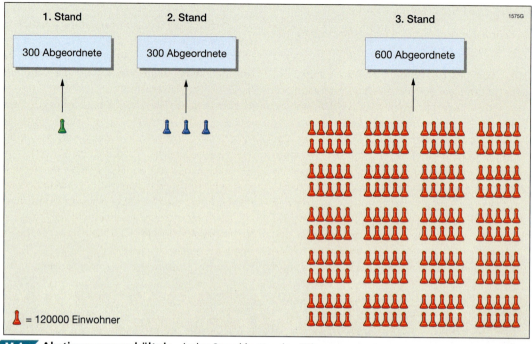

M 4 Abstimmungsverhältnis – jeder Stand hatte eine Stimme

M 5 Der Ballhausschwur

Am 20. Juni 1789 leisteten die Vertreter des dritten Standes den Eid, sich erst dann wieder zu trennen, wenn eine Verfassung verabschiedet sei. Von diesem Ereignis gibt es eine Fülle von Berichten und bildlichen Darstellungen. Diese Szene schilderte der Schriftsteller Nicolas-Sébastien Chamfor.

Die Abgeordneten der Nation werden vom Sitzungsort abgedrängt. Der Präsident, M. Bailly, erscheint und verlangt den wachhabenden Offizier. Dieser hat die Frechheit, ihm zu befehlen,
5 niemanden in den Saal der Generalstände hineinzulassen.
„Ich protestiere gegen solche Befehle", antwortet der Präsident, „und ich werde die Versammlung davon unterrichten." Die Abgeordneten kommen
10 in Scharen, bilden in der Avenue [Straße] verschiedene Gruppen, erregen sich und äußern ihre Empörung. [...]
Unter diesem Geschrei und Tumult hatte der Präsident einen Ort gesucht, wo man ruhig und ver-
15 nünftig beraten könnte. Ein Ballspielhaus wird vorgeschlagen. Die Umstände machten jeden Ort erhaben, der der Nationalversammlung Asyl [Unterkunft, Aufnahme] zu gewähren vermochte.

Man fordert einander auf, dorthin zu gehen. Die Anordnung wird gegeben, alle eilen dorthin. 20 Einer der Abgeordneten, der krank war und sich von Stunde zu Stunde über die Vorgänge in der Versammlung unterrichten ließ, springt aus dem Bett und lässt sich hintragen; er ist bei dem Aufruf zugegen, auf den der nationale Eid folgt; er bittet 25 darum, die Reihenfolge möge mit Rücksicht auf seinen Zustand umgekehrt werden, sodass er als einer der Ersten diesen Eid leisten könne. Seinem Wunsch wird entsprochen; er spricht die Eidesformel mit lauter Stimme: „Dem Himmel sei Dank!", 30 sagt er beim Weggehen. „Wenn ich sterbe, hat mein letzter Eid meinem Vaterland gegolten!"
Hier das Dekret, das über das Geschick Frankreichs entschieden hat: „Die Nationalversammlung hat beschlossen – in der Erwägung, dass angesichts 35 ihres Auftrags, die Verfassung des Reiches festzulegen, die öffentliche Ordnung wiederherzustellen und die wahren Grundsätze der Monarchie aufrechtzuerhalten, nichts sie hindern kann, ihre Beratungen fortzusetzen und das bedeutende 40 Werk zu vollbringen, zu dem sie sich versammelt hat [...].

Paschold, Chris E.; Gier, Albert: Französische Revolution. S. 70

M 6 Der Sturm auf die Bastille

Bericht eines Augenzeugen, des Uhrmachermeisters Humbert, am 12.08.1789:

Jeder von uns gab ungefähr sechs Schüsse ab. Dann wurde ein Papier durch ein ovales Loch geschoben, das ein paar Zoll breit war. Wir stellten das Feuer ein; einer von uns löste sich aus der Rei-
5 he und holte aus der Küche ein Brett, um das Papier in Empfang nehmen zu können. Wir schoben das Brett über die Schutzwehr; viele von uns stellten sich darauf, um ein Gegengewicht zu bilden; einer wagte sich auf das Brett vor, aber in
10 dem Moment, wo er nach dem Papier griff, traf ihn ein Gewehrschuss tödlich und er fiel in den Graben. Sofort ließ ein Standartenträger seine Fahne fallen und holte das Papier, das laut und verständlich vorgelesen wurde. Da der Inhalt, eine Aufforderung zur Kapitulation, uns nicht zufrie- 15
denstellte, beschlossen wir, das Artilleriefeuer zu eröffnen; jeder stellte sich auf, um die Kanonenkugel durchzulassen.

In dem Augenblick, als wir die Lunte anzünden wollten, wurde die kleine Zugbrücke heruntergelassen; 20
kaum dass sie unten war, besetzten wir sie; ich etwa als Zehnter. Wir fanden die Tür verschlossen; nach etwa zwei Minuten machte ein Invalide auf und fragte, was wir wollten: „Man soll die Bastille übergeben", antwortete ich mit den ande- 25
ren zusammen; da ließ er uns hinein. Als Erstes rief ich, man solle die [große] Brücke herunterlassen, was auch geschah.

Paschold, Chris E.; Gier, Albert: Französische Revolution. S. 80

M 7 Sturm auf die Bastille, Gemälde eines unbekannten Künstlers

Aufgaben

1. Erkläre anhand von M4, warum der Abstimmungsmodus für den dritten Stand problematisch war.
2. Vergleiche, ob es zwischen M2 und M5 Übereinstimmungen gibt.
3. Beschreibe mithilfe von M6 die einzelnen Schritte, die zur Einnahme der Bastille führten.
4. Welchen Eindruck von der Erstürmung der Bastille erweckt M7? Vergleiche mit M6.

Grundlagen der Moderne

M 1 Bauernunruhen
Französische Bauern im Sommer 1789

Menschen- und Bürgerrechte

Menschenrechte sind Rechte, die allen Menschen zuteil werden; Bürgerrechte hingegen gewährt ein Staat seinen Bürgern, z. B. Wahlrecht.

Die Revolution geht weiter – Frankreich von 1789–91

Die Stützen des Absolutismus werden beseitigt

Nach dem 14. Juli 1789 brach die absolutistische Herrschaft Stück für Stück zusammen. Als die Bastille erstürmt worden war, griffen die Unruhen auf das Land über. Die Bauern setzten ihre Forderungen häufig gewaltsam durch. Sie verbrannten die Schuldbücher, jagten ihre Herren davon und zerstörten deren Schlösser.

Unter dem Eindruck der Bauernunruhen schaffte die Nationalversammlung am 4. August die „Feudalität" ab, das heißt, der Adel musste auf Rechte verzichten. Er verlor die Rechtsprechung über die bäuerlichen Untertanen, die Käuflichkeit der Ämter wurde aufgehoben und jeder sollte – unabhängig von seiner durch Geburt erworbenen Stellung – Zugang zu allen Ämtern haben. Die Nationalversammlung beschloss zudem grundlegende Neuerungen:

- Nach dem Vorbild der USA wurden **Menschen- und Bürgerrechte** festgelegt.
- Die Einführung der Gewerbefreiheit bedeutete, dass jeder Beruf ergriffen und jedes Gewerbe ausgeübt werden durfte.
- Grundsätzlich änderte sich die Stellung der Kirche, die die Herrschaft des Königs gestützt hatte. Ihr Besitz wurde dem Staat übertragen und der Klerus verlor zahlreiche Vorrechte.
- Frankreich wurde schließlich neu gegliedert und in Departements (Verwaltungsbezirke) eingeteilt.
- Eine Verfassung für Frankreich bildete den Abschluss dieser Reformen vom 3. September 1791. Sie beruhte auf den Prinzipien der Gewaltenteilung. Frankreich wurde somit zur **konstitutionellen Monarchie**. Das bedeutet, dass die Macht des Königs durch eine Verfassung eingeschränkt wurde.

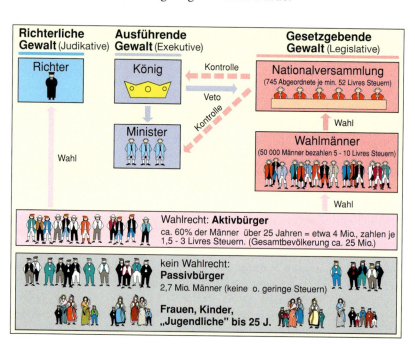

M 2 Verfassung von 1791

M3 Die zwei Gesichter des Königs, Karikatur 1790

So verhielt sich der König bei diesen Vorgängen

Ludwig XVI. verhielt sich seit Ausbruch der Revolution zwiespältig. Einerseits machte er den Revolutionären Zugeständnisse, andererseits versuchte er, die Entwicklung zu bremsen oder gar aufzuhalten.

Der König blieb in Versailles. Seine Weigerung, das Gesetz über die Abschaffung der Stände zu unterzeichnen, verschärfte die Lage. Als dann Gerüchte aufkamen, Ludwig XVI. ziehe Truppen zusammen, und zudem das Brot in Paris knapp wurde, kam es zu einem Aufruhr. Am 5. Oktober 1789 zogen Tausende von Frauen aus allen Bevölkerungsschichten nach Versailles und zwangen den König, nach Paris überzusiedeln. Dort stand er künftig unter Beobachtung der Öffentlichkeit und unter der Kontrolle der Revolutionäre.

Im Juni 1791 versuchte der König, mit seiner Familie zu fliehen, wurde aber kurz vor der Grenze entdeckt und unter demütigenden Umständen zurückgebracht.

M4 Marie Antoinette in Hofrobe, farbiger Kupferstich von Marial Deny, um 1780. Fälschlicherweise wurde ihr auf die Aussage, dass das Volk kein Brot mehr hätte, der Ausspruch zugeschrieben, dass sie „doch dann Kuchen essen sollten". Dennoch fehlte ihr die Fähigkeit, sich in die Nöte der einfachen Menschen hineinzuversetzen.

M5 Zug der Marktfrauen nach Versailles, zeitgenössische Radierung

Der König und seine Frau **Marie Antoinette** hatten ihr Ansehen in der Öffentlichkeit verspielt. Um seinen Thron zu retten, leistete Ludwig XVI. den Eid auf die neue Verfassung vom 3. September 1791, die Frankreich zur konstitutionellen Monarchie machte.

Offiziell stand der König damit an der Spitze des Staates, dessen neue Ordnung er aber innerlich ablehnte und derzurfolge er nach den vergangenen Ereignissen nur noch geringen politischen Einfluss besaß.

Aufgaben

1. a) Erkläre anhand von M2, wer von der politischen Mitsprache ausgeschlossen war.
   b) Vergleiche M2 mit dem Schaubild „Regierung und Verwaltung unter Ludwig XIV." auf S. 13. Welche Unterschiede kannst du feststellen?
2. Verdeutliche, worin die beiden „Gesichter" des Königs bestanden.
   → M3
3. Beschreibe die Stimmung, die in M5 dargestellt wird.

Grundlagen der Moderne

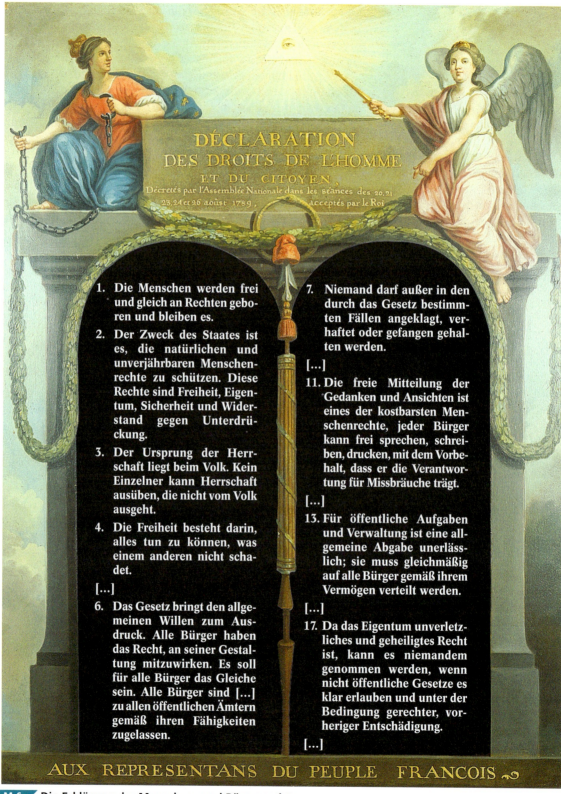

M 6 Die Erklärung der Menschen- und Bürgerrechte
Grundlage ist das Gemälde von Le Barbier, 1789; Figur links: „France"; Figur rechts: „Gesetz"

1. Die Menschen werden frei und gleich an Rechten geboren und bleiben es.
2. Der Zweck des Staates ist es, die natürlichen und unverjährbaren Menschenrechte zu schützen. Diese Rechte sind Freiheit, Eigentum, Sicherheit und Widerstand gegen Unterdrückung.
3. Der Ursprung der Herrschaft liegt beim Volk. Kein Einzelner kann Herrschaft ausüben, die nicht vom Volk ausgeht.
4. Die Freiheit besteht darin, alles tun zu können, was einem anderen nicht schadet.
[...]
6. Das Gesetz bringt den allgemeinen Willen zum Ausdruck. Alle Bürger haben das Recht, an seiner Gestaltung mitzuwirken. Es soll für alle Bürger das Gleiche sein. Alle Bürger sind [...] zu allen öffentlichen Ämtern gemäß ihren Fähigkeiten zugelassen.
7. Niemand darf außer in den durch das Gesetz bestimmten Fällen angeklagt, verhaftet oder gefangen gehalten werden.
[...]
11. Die freie Mitteilung der Gedanken und Ansichten ist eines der kostbarsten Menschenrechte, jeder Bürger kann frei sprechen, schreiben, drucken, mit dem Vorbehalt, dass er die Verantwortung für Missbräuche trägt.
[...]
13. Für öffentliche Aufgaben und Verwaltung ist eine allgemeine Abgabe unerlässlich; sie muss gleichmäßig auf alle Bürger gemäß ihrem Vermögen verteilt werden.
[...]
17. Da das Eigentum unverletzliches und geheiligtes Recht ist, kann es niemandem genommen werden, wenn nicht öffentliche Gesetze es klar erlauben und unter der Bedingung gerechter, vorheriger Entschädigung.
[...]

M 7 Frauenrechte

Die Schriftstellerin Olympe de Gouges (1748–1793) verfasste während der Revolution zahlreiche Flugschriften. Die Erklärung „Die Rechte der Frau" wurde im September 1791 veröffentlicht:

Infolgedessen erkennt und erklärt das an Schönheit und Mut angesichts der Schmerzen der Mutterschaft überlegene Geschlecht, in Gegenwart und unter dem Schutz des Höchsten Wesens, fol-
5 gende Rechte der Frau und Bürgerin:
Artikel 1. Die Frau ist von Geburt frei und bleibt dem Manne gleich an Rechten. Soziale Unterschiede dürfen nur im gemeinen Nutzen begründet sein.
10 Art. 2. Das Ziel jeder politischen Vereinigung ist die Erhaltung der natürlichen und unveräußerlichen Rechte von Mann und Frau. Diese Rechte sind Freiheit, Eigentum, Sicherheit und Widerstand gegen Unterdrückung.
15 Art. 3. Der Ursprung jeder Souveränität ruht wesentlich in der Nation, die nur die Gemeinschaft aller Frauen und Männer ist. Keine Körperschaft, kein Individuum können eine Gewalt ausüben, die nicht ausdrücklich von ihr ausgeht.
20 Art. 4. Freiheit und Gerechtigkeit bestehen darin, den anderen alles zurückzugeben, was ihnen gehört. So wird die Frau in der Ausübung ihrer natürlichen Rechte nur durch die fortdauernde Tyrannei beschränkt, die der Mann ihr entgegen-
25 setzt. Diese Beschränkungen müssen durch Gesetze der Natur und Vernunft abgeschafft werden. [...]

Art. 6. Das Gesetz ist der Ausdruck des allgemei-
30 nen Willens. Alle Bürgerinnen und Bürger sollen persönlich oder durch ihre Vertreter an seiner Formung mitwirken. Es soll für alle gleich sein: Da alle Bürgerinnen und Bürger in seinen Augen gleich sind, sollen sie gleichermaßen zu allen Würden, Posten und öffentlichen Ämtern nach ihren Fähig-
35 keiten zugelassen werden, ohne andere Unterschiede als die ihrer Tugenden und Talente.

<small>Paschold, Chris E.; Gier, Albert: Französische Revolution. S. 185</small>

M 8 Olympe de Gouges, zeitgenössisches Porträt

Aufgaben

1. a) Suche für jeden Artikel der Erklärung der Menschenrechte eine passende Teilüberschrift.
→ M6
b) Beschreibe, weshalb das Prinzip der Ständegesellschaft mit der Erklärung der Menschenrechte unvereinbar war.

2. 🔍 Informiere dich im Internet über die Kinderrechtsorganisation „terre des hommes".

3. Vergleiche die Erklärung „Die Rechte der Frau" mit der Erklärung der Menschenrechte.
→ M6, M7
a) Nenne Gemeinsamkeiten und Unterschiede.
b) Wie sieht Olympe de Gouges die Rolle der Frauen?
→ M7
c) Begründe, ob ihre Erklärung deiner Meinung nach heute noch aktuell ist.

Methode: Umgang mit Strukturbildern

M 1 Typ Pyramide

M 2 Typ Hierarchie

M 3 Typ Vergleich

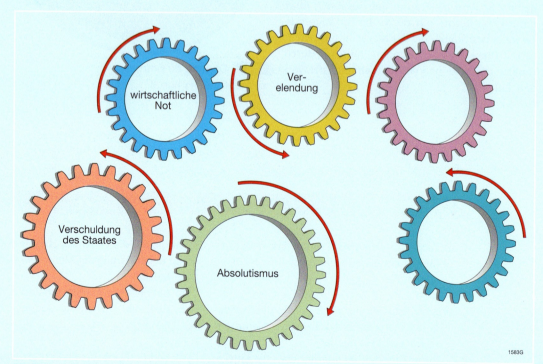

M 4 Typ Zahnräder

Strukturbilder lesen

Strukturbilder oder -skizzen werden verwendet, um schwierige Zusammenhänge auf einen Blick in grafischer Form darzustellen. Die Umformung eines Textes in eine Grafik hilft sowohl dem Betrachter als auch dem Zeichner den Inhalt besser zu verstehen. Um den Umgang mit Strukturbildern zu beherrschen, muss man zunächst wissen, unter welchen Vorgaben eine derartige Gedankenskizze angefertigt wird.

Obwohl es keine festen Regeln für das Erstellen von Strukturbildern gibt, kann man doch zwischen guten und weniger guten unterscheiden. So empfindet man als Betrachter, dass sich die Elemente inhaltlich ergänzen, die eng nebeneinander stehen. Auch werden Elemente, die sich ähnlich sehen, als zusammengehörig empfunden. Zudem achten Verfasser von Strukturbildern darauf, dass Farben nicht wahllos verwendet werden: Alles, was in einer Farbe gezeichnet oder geschrieben wurde, ist sich auch inhaltlich nahe. Dies gilt auch für Symbole.

Strukturbilder geben nur das Wesentliche eines Sachverhalts wieder. Somit sind brauchbare Strukturbilder übersichtlich und bestehen nur aus wenigen Begriffen, die aber sinnvoll an- und geordnet sind.

Fragen an alle Strukturbilder

1. Thema des Strukturbildes
– Welches Thema wird im Strukturbild dargestellt?
– Wie lautet die Überschrift?
– Welche unbekannten Begriffe kommen vor?

2. Aufbau
– Welche Art von Strukturbild liegt vor?
– Welcher Zusammenhang besteht zwischen Aufbau und Inhalt?

3. Elemente
– Welche Zeichnungen, Beschriftungen, Farben sind verwendet worden?
– Welcher Zusammenhang besteht zwischen Elementen und Inhalt?

4. Inhalt
– Welche Informationen enthält das Strukturbild?

Fragen an diese Strukturbilder

1. Welcher Zusammenhang besteht zwischen Aufbau und Inhalt?
2. Welche Begriffe passen in die leeren Zahnräder?
3. Ist das Strukturbild M4 gut geeignet, um die Ursachen der Französischen Revolution darzustellen?

Grundlagen der Moderne

M 1 **Die Guillotine** ist ein Fallbeil; im Vergleich zu anderen Hinrichtungsmethoden sollte die Guillotine dem Hingerichteten das Leiden verkürzen und zusätzliche Qualen ersparen.

Nationalkonvent
Versammlung, die eine Verfassung ausarbeitet und Gesetze beschließt

M 2 **Georges Jacques Danton** (1759–1794)

Die Revolution hat viele Gesichter – Frankreich von 1791–99

Die Monarchie wird abgeschafft

Die Ereignisse in Frankreich wirkten sich auch auf das Ausland aus. So sahen die europäischen Monarchen die Entwicklung in Frankreich mit Sorge. Denn sie glaubten, dass die Herrschaft des französischen Königs – und damit der Monarchie insgesamt – gefährdet war. Um dem französischen König zu helfen, wurde auch Krieg in Betracht gezogen. Ludwig selbst erhoffte sich von einem Krieg gegen das eigene Land das Ende der Revolution, weshalb er auch heimlich mit anderen europäischen Fürsten Kontakt aufnahm.

Viele Revolutionäre stimmten für einen Krieg, weil sie der Bedrohung von außen zuvorkommen wollten und eine Ausbreitung der Revolution in Europa erhofften. Im April 1792 erklärte Frankreich Österreich den Krieg, da die Revolutionäre befürchteten, dass Österreich dem König zu Hilfe kommen würde.

In Frankreich wuchs die Kritik an Ludwig XVI. und Königin Marie Antoinette unterdessen weiter. Der König hatte zunächst mit den gemäßigten Anhängern der Revolution zusammengearbeitet, sich dann aber von ihnen getrennt. Das Misstrauen entlud sich am 10. August 1792. Eine aufgebrachte Menge stürmte das Pariser Stadtschloss, die Tuilerien. Die königliche Familie wurde gefangen genommen, die Monarchie am 21. September 1792 abgeschafft und durch eine Republik ersetzt. In einer Republik gibt es keinen König, die Macht im Staat ist im optimalen Falle aufgeteilt.

Einzelne Ausschüsse regieren

Nach der Gefangennahme des Königs wurde die bestehende Nationalversammlung aufgelöst und durch einen *Nationalkonvent* ersetzt. Dieser wurde nach dem allgemeinen Wahlrecht bestimmt und sollte eine neue Verfassung ohne die Herrschaft eines Königs ausarbeiten. Unter den Anhängern der Revolution hatten sich inzwischen verschiedene politische Gruppen herausgebildet: Den größten Einfluss hatten hier die Jakobiner. Die Bezeichnung „Jakobiner" geht zurück auf ihren Versammlungsort, das ehemalige Kloster St. Jakob in Paris. Hier trafen sich die meisten Anhänger der Revolution, um aktuelle Ereignisse zu besprechen und das weitere Vorgehen zu diskutieren. Führende Vertreter waren Danton, Marat und Robespierre, die in der Folgezeit eine entscheidende Rolle spielten.

Der Konvent setzte die Verfassung wegen des Krieges nie in Kraft. Es wurde deshalb auch keine Regierung gebildet, sondern einzelne Ausschüsse des Konvents übten die Macht aus.

Zwischen 1792 und 1794 war die politische Situation sehr unübersichtlich. Es herrschte Krieg und es kam immer wieder zu Aufständen und Machtkämpfen zwischen einzelnen Gruppen.

Der König wird hingerichtet

Nach der Gefangennahme des Königs und der Abschaffung der Monarchie stellte sich die Frage, was mit Ludwig XVI. geschehen sollte. Der König wurde schließlich im Dezember 1792 wegen Verrates am

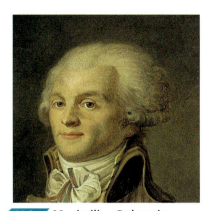

M 3 **Maximilien Robespierre** (1758–1794)

eigenen Volk angeklagt und am 21. Januar 1793 mit der Guillotine hingerichtet. Seiner Frau Marie Antoinette wurde am 16. Oktober 1793 dasselbe Schicksal zuteil.

Die Kriege mit dem Ausland beginnen

Die Tötung eines Monarchen empfanden die übrigen europäischen Herrscher als Gefährdung ihrer eigenen Macht. Deshalb bildeten sie eine Koalition, ein Bündnis, gegen Frankreich und waren zunächst erfolgreich.

Spätestens seit 1794 gelangen jedoch der französischen Armee glänzende Erfolge. Die eroberten Länder wurden in Republiken umgewandelt, die Schweiz zum Beispiel in die Helvetische Republik. So konnten nun auch außerhalb Frankreichs die Ziele der Französischen Revolution verwirklicht werden.

Die militärischen Siege lassen sich darauf zurückführen, dass in Frankreich zu dieser Zeit ein modernes Militärwesen entstand. Das einstige Heer des Königs wurde zum „Volksheer". 1793 wurde für alle Männer zwischen 18 und 25 Jahren die allgemeine Wehrpflicht eingeführt. Frankreich verfügte so über eine große Zahl von Soldaten. Viele von ihnen glaubten an die Ziele der Revolution und kämpften mit Überzeugung für Frankreich. Dies ermöglichte auch eine aggressive Taktik. Außerdem kamen die Befehlshaber nicht mehr nur aus dem Adel. Auch ehrgeizige Soldaten aus dem Bürgertum, die sich in Schlachten bewährt hatten, konnten zu Offizieren und Generälen aufsteigen.

Im Innern herrscht die Gewalt

Die Revolutionsregierung war 1793 nicht nur von außen, sondern auch von innen massiv bedroht. Denn mit der Hinrichtung Ludwigs XVI. beruhigte sich die Lage auch im Innern keineswegs. Es kam zu Aufständen gegen die Herrschaft des Konvents. Im Land herrschte Bürgerkrieg. Hinzu kam, dass Teile der Pariser Bevölkerung radikalere Maßnahmen forderten und den Konvent unter Druck setzten. Es handelte sich dabei um die Sansculotten. Sie waren kompromisslose Anhänger der Revolution, zu denen Handwerker ebenso gehörten wie Bettler. Sie forderten vor allem eine Verbesserung ihrer wirtschaftlichen Lage und unterstützten eine radikalere Vorgehensweise gegen die Gegner der Revolution.

In dieser Situation griff die Revolutionsregierung – angeführt von George Jacques Danton und Maximilien Robespierre – zum Mittel des Terrors und richtete im März 1793 das Revolutionstribunal ein: einen Gerichtshof, der Gegner der Revolution, aber auch Preistreiber verurteilte.

In den Jahren 1793 und 1794 wurden Tausende hingerichtet, auch dann noch, als die innere und äußere Bedrohung nachgelassen hatte. Die Todesurteile wurden mit der Guillotine, einem vom Arzt Guillotin erfundenen Fallbeil, vollstreckt.

Zwischen den verschiedenen Revolutionsparteien brach in dieser angespannten Situation ein mörderischer Machtkampf aus. Verdächtigungen und Verleumdungen waren an der Tagesordnung: Jeder misstraute dem anderen; die Republik hatte sich allmählich in eine Diktatur umgewandelt.

M 4 **Sansculotten** waren radikale Revolutionäre aus der Unterschicht. Anders als Adel und Bürgertum traten sie „sans culottes", das heißt ohne Bundhosen, auf und trugen „pantalons", d. h. lange Hosen.

Grundlagen der Moderne

M 5 Hinrichtung von Maximilien Robespierre am 28. Juli 1794, zeitgenössischer Kupferstich

Letztendlich gerieten Danton und Robespierre selbst in den Strudel der Gewalt und wurden ermordet. Damit endete auch die Zeit der Schreckensherrschaft.

Mit dem Ende der Schreckensherrschaft endete der Terror keineswegs. Zwar stellte man die Verfolgung und Hinrichtung vermeintlicher Feinde der Revolution ein, doch kam es nun zur grausamen Rache an den Jakobinern. Der Bürgerkrieg dauerte noch bis Ende 1795, erst dann kehrte allmählich Ruhe ein.

Im September 1795 erhielt Frankreich eine neue Verfassung, die wieder Gewaltenteilung vorsah. Sie machte das Wahlrecht der Bürger erneut vom Einkommen abhängig und beschränkte den Einfluss ärmerer Bevölkerungsschichten. Somit profitierten vor allem reiche Bürger vom Sturz des Terrorregimes. An der Spitze des Staates stand ein fünfköpfiges **Direktorium,** dem es gelang, die Ordnung wiederherzustellen. Das gesellschaftliche Leben blühte wieder auf, Theater und Restaurants boten Abwechslung vom Alltag. So wurde nach dem Zusammenbruch der radikalen revolutionären Phase erneut das Bürgertum zur bestimmenden politischen Kraft.

Aufgaben

1. Ordne die Jahreszahlen den entsprechenden Begriffen zu. (1793, 1795, 1792 – Direktorium, Nationalkonvent, Schreckensherrschaft)
2. Erkläre den folgenden Satz: „Die Revolution frisst ihre Kinder."
3. 🔍 Informiere dich über das Schauspiel „Dantons Tod". → M2, M3

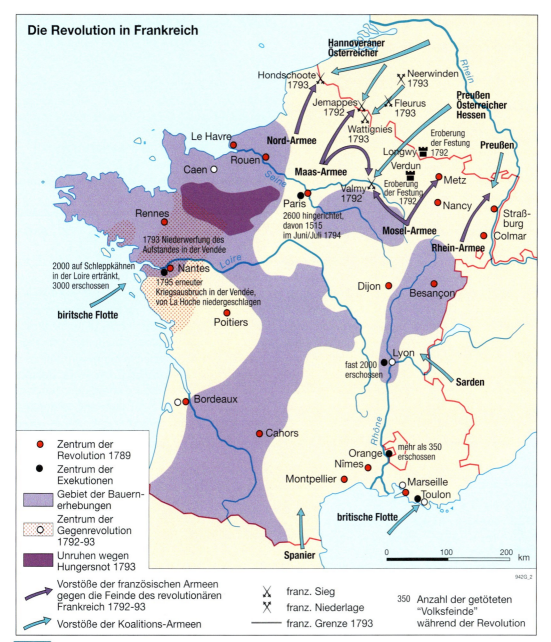

M 6

Vorwärts, Kinder des Vaterlandes,
der Tag des Ruhms ist da.
Gegen uns hat die Tyrannei
ihre blutigen Standarten erhoben.
Hört ihr im Gelände
die wilden Soldaten brüllen?

Sie kommen,
um unsere Söhne und Frauen in unseren Armen zu töten.
Zu den Waffen, Bürger! Stellt eure Bataillone auf;
wir wollen marschieren, unreines Blut soll unsere Äcker tränken.

M 7 **Die Marseillaise** Auszug aus der Nationalhymne Frankreichs

Grundlagen der Moderne

M 8 Gedanken eines Henkers

Die Familie Sanson stellte seit dem 17. Jahrhundert die Henker von Paris. In der Familiengeschichte, die ein Nachkomme verfasste, sind die Aufzeichnungen von Charles-Henri Sanson enthalten. Dieser war in der Zeit der Französischen Revolution als Henker tätig:

29. Prairial [17. Juni 1794]. Ein schrecklicher Tag! Die Guillotine hat vierundfünfzig vernichtet! Ich bin mit meinen Kräften am Ende und wäre beinahe ohnmächtig geworden. Man zeigte mir eine
5 Karikatur, die in der Stadt kursiert und auf der ich dargestellt bin, wie ich mich inmitten einer Ebene, die, soweit das Auge reicht, mit Leichen ohne Köpfe und mit Köpfen ohne Körper bedeckt ist, selbst guillotiniere. Wenn nur mein Hals nötig wäre, um
10 die Guillotine zu beseitigen, ich bin bereit, und der Zeichner soll nicht gelogen haben. Ich rühme mich nicht einer Sensibilität, die ich nicht besitzen kann; ich sah zu oft und aus zu großer Nähe die Leiden und den Tod meiner Mitmenschen mit an,
15 als dass ich leicht zu beeindrucken wäre. Wenn mein Gefühl aber nicht Mitleid ist, dann muss es das Ergebnis einer Nervenkrankheit sein; vielleicht straft mich die Hand Gottes. […]

Paschold, Chris E.; Gier, Albert: Französische Revolution. S. 356

M 9 Eine Rede Robespierres

Robespierre hielt am 5.2.1794 im Konvent die folgende Rede:

Was ist also das grundlegende Prinzip der demokratischen Regierung oder der Volksregierung, das heißt, was ist die wichtigste Kraft, die sie unterstützen und antreiben soll? Es ist die Tugend!
5 Und ich meine damit die öffentliche Tugend […]. Ich meine jene Tugend, die nichts anderes ist als die Liebe zum Vaterland und zu seinen Gesetzen. […]
Von außen werden wir von allen Tyrannen umzingelt; im Innern konspirieren [sich verschwören] 10 alle Freunde der Tyrannen gegen uns: […].
Deshalb sei in der gegenwärtigen Lage der erste Grundsatz eurer Politik, das Volk durch Vernunft und die Volksfeinde durch Terror zu lenken. Wenn in friedlichen Zeiten der Kraftquell der Volksregie- 15 rung die Tugend ist, so sind es in Zeiten der Revolution Tugend und Terror zusammen. Ohne die Tugend ist der Terror verhängnisvoll, ohne den Terror ist die Tugend machtlos. Der Terror ist nichts anderes als die unmittelbare, strenge und unbeug- 20 same Gerechtigkeit; er ist also eine Emanation [hier: Ergebnis] der Tugend.

Robespierre, Maximilien. S. 587f., S. 594f.

M 10 **Opfer der Terrorherrschaft,** Abtransport von Hingerichteten 1793, zeitgenössisches Gemälde

M 11 **Ludwig XVI.,** Gemälde um 1777

M 12 **Der König im Käfig der Verfassung**
zeitgenössische Darstellung

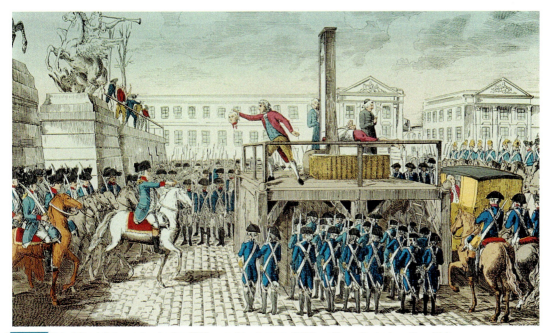

M 13 **Die Hinrichtung Ludwigs XVI.** am 21. Januar 1793, zeitgenössisches Gemälde

Aufgaben

1. Formuliere in eigenen Worten die Kernaussage der Marseillaise. → M7
2. Formuliere die zentralen Aussagen von M8 und M9 und stelle sie gegenüber.
3. Beurteile die Rolle des Königs.
→ M11, M12, M13

Grundlagen der Moderne

Die Bedeutung der Französischen Revolution

Politische Aspekte

Politisch gesehen trat an die Stelle der absoluten Monarchie zunächst eine konstitutionelle. Dann wurde die Monarchie ganz abgeschafft und es entstand eine Republik. Die Nationalversammlung und die französische Verfassung von 1791 galten lange Zeit als Vorbild. Besonders die Erklärung der Menschen- und Bürgerrechte und die in der Verfassung verankerte Volkssouveränität hatten nachhaltige Auswirkungen. Heute sind Frankreich und viele andere europäische Staaten Republiken. Die politische Mitbestimmung zum Beispiel in Form von Wahlen ist im Grundgesetz der Bundesrepublik Deutschland verankert.

Dass heutzutage die Rechte der Menschen in vielen Staaten mehr Bedeutung haben, liegt auch mit an den Forderungen der französischen Revolutionäre nach Liberté, Egalité, Fraternité (Freiheit, Gleichheit und Brüderlichkeit). Gleichzeitig zeigt aber die Geschichte auch, dass die Menschenrechte kein selbstverständliches Gut sind, sondern geschützt und bewahrt werden müssen.

M 1 Einheitliche Maße
Die Französische Revolution setzte auch den vielfältigen Maßeinheiten ein Ende: Liter, Kilogramm und Meter wurden einheitlich verwendet.

bis 1791	ab 1791	1792	ab 1792	ab 1793	ab 1795
Absolutismus	konstitutionelle Monarchie	Abschaffung der Monarchie	Herrschaft des Konvents, Republik	Diktatur der Jakobiner	Herrschaft des Direktoriums, Republik

M 2 Die Phasen der Revolution

Soziale, wirtschaftliche und kulturelle Aspekte

Die Französische Revolution brachte tief greifende soziale Veränderungen.
- Die Ständegesellschaft wurde abgeschafft.
- Durch Geburt erworbene Vorrechte wurden immer unwichtiger.
- Leistung und Reichtum gewannen eine immer größere Bedeutung.

Damit löste sich eine Gesellschaftsordnung auf, die seit Beginn des Mittelalters, also seit einem Jahrtausend, bestimmend war. Damit veränderte sich auch das Wirtschaftsleben. Die Bauern wurden aus ihrer Abhängigkeit von den Grundherren befreit und konnten selbstständig wirtschaften. Das galt auch für ehrgeizige Bürger, die leichter Handel treiben konnten, da z. B. einheitliche Maße galten. Schließlich gab es auch umfassende kulturelle Veränderungen: Neue Kleidersitten, neue Formen von Festen und Feiern sowie die gestiegene Bedeutung von Symbolen und nationalen Liedern sind Beispiele dafür. Die Begriffe „Vaterland" und „Nation" gewannen an Bedeutung. Frankreich erlebte eine politische, soziale, wirtschaftliche und kulturelle Umwälzung von bis dahin nicht gekanntem Ausmaß.

Diese Umwälzungen blieben nicht auf Frankreich beschränkt, sondern erfassten viele Länder Europas – und darüber hinaus. Allerdings vollzogen sich die Veränderungen nicht auf einen Schlag. So ist die Französische Revolution ein entscheidender Schritt auf dem Weg zur modernen Welt, wie wir sie heute kennen.

M 3 Französische Departements nach 1789
Alle 83 Verwaltungsbezirke sind seit der Französischen Revolution gleich geblieben und haben das gleiche politische Gewicht. Das Land wird von Paris aus gesteuert.

M 4 Die Beurteilung der Revolution

a) Der englische Politiker Thomas Paine (1737–1809) hatte sich für die amerikanische Unabhängigkeit eingesetzt und äußerte sich in einer Schrift zur Französischen Revolution:

Eine der ersten Taten der Französischen Revolution war es, dass sie eine Erklärung der Menschenrechte veröffentlichte, auf deren Grundlage die neue Verfassung errichtet werden sollte […]. In der Präambel, die der Erklärung der Rechte vorangestellt ist, erscheint die Nation feierlich und eindrucksvoll, und sie bekennt sich unter der Schirmherrschaft Gottes zu ihrem Auftrag, eine Regierung zu schaffen. Das ist ein derart neues und in der europäischen Welt völlig beispielloses Ereignis, dass das Wort „Revolution" seinem Charakter nicht angemessen ist; es handelt sich vielmehr um eine „Wiedergeburt des Menschen".

Paine, Thomas: Rights of Man. S. 95 ff.

b) Der französische Politiker Joseph de Maistre (1753–1821) emigrierte 1792 und veröffentlichte seine Schrift „Betrachtungen zur Französischen Revolution" in London:

Was die Französische Revolution kennzeichnet und zu einem einzigartigen Ereignis in der Geschichte macht, ist, dass sie durch und durch böse ist; nicht eine Spur von Gutem mag den Schmerz des Betrachters zu mildern; sie hat den höchsten Grad der Verderbtheit erreicht, sie ist reinster Schmutz. Auf welcher Seite der Geschichte findet man eine derartige Fülle von Lastern verzeichnet, die sich auf dem gleichen Schauplatz austoben? Welch grauenvolle Ansammlung von Gemeinheit und von Grausamkeit! Welch äußerste Sittenlosigkeit!

Maistre, Joseph de: Considerations sur la France. S. 56 ff.

c) Der deutsche Schriftsteller Ernst Moritz Arndt (1769–1860) äußerte sich 1806 zur Französischen Revolution:

Ich lasse es mir daher nicht nehmen, dass die ersten Jahre der Revolution wirklich ein höherer und enthusiastischer Geist im Volke war, dass viele entschlossen waren und hofften, es werde und solle eine besondere und glückliche Verfassung aus dem Chaos der Verwirrung und dem Kampf so mancher Ideen hervorgehen. […]
Der Geist des Bösen, der so reichlich in allen Revolutionen ist und aus so wenigen wirklich das Gute und Große kommen lässt, begann nach einigen Jahren zu herrschen und herrschte bis 1795 wütend. Er fuhr in das große Volk und versteckte sich hinter einer Masse von Millionen. Nachdem Thron, Adel und Priestertum und der Bau der ersten losen Verfassung mit allem Alten gestürzt und vernichtet war, da machte die Revolution den Pöbel zum Herrn, jenes Ungeheuer […]. Es ist unmöglich, aus jener abscheulichen Zeit Licht und Klarheit zu finden und Schuld und Unschuld auseinanderzuflechten und zu enträtseln. Solche Epoche klärt keine Geschichte auf. Wahn und Absicht, Schwärmerei und Bosheit, Zufall und Plan, Heroismus und Niederträchtigkeit liegen einander oft so nahe, dass nur ein Gott das Urteil sprechen möchte.

Arndt, Ernst Moritz: Geist der Zeit. S. 172 ff.

Aufgaben

1. Stelle die Folgen der Französischen Revolution zusammen und erkläre, warum diese für uns heute noch wichtig sind.
2. a) Fasse die Urteile der drei Autoren in M4 in kurzer Form zusammen.
   b) Welche Unterschiede und welche Gemeinsamkeiten gibt es bei den Bewertungen?
   c) Formuliere ein eigenes Urteil über die Bedeutung der Französischen Revolution.

M 1 Napoleons Schriftzug

Napoleons Weg zur Macht

1804 krönte sich **Napoleon Bonaparte** zum Kaiser der Franzosen und begründete damit ein Kaisertum. Er stammte ursprünglich aus einer armen Adelsfamilie und hatte keine Verbindung zu Europas Königshäusern. Wie war ein solcher Aufstieg möglich?

Um diese Frage zu beantworten, muss man den Lebensweg Napoleons und die damalige Situation in Frankreich betrachten. Erst das Zusammenspiel von persönlichem Ehrgeiz und sozialem Aufstieg durch die Französische Revolution kann seine Karriere erklären.

Ein zügiger Aufstieg

1769 auf Korsika geboren, besuchte Napoleon seit seinem 10. Lebensjahr die Militärschule. Er kam aufgrund seiner guten Leistungen nach Paris und wurde dort mit bereits 16 Jahren Offizier in der königlichen Armee.

Danach verbrachte er einige Jahre auf Korsika und machte dort erste Schritte auf dem politischen Parkett. Nach dem Beginn der Französischen Revolution kehrte er zunächst ohne feste Anstellung nach Paris zurück. Als Anhänger der Revolution erhielt er ein militärisches Kommando und gewann einige wichtige Kämpfe gegen königstreue Anhänger. Wegen dieser militärischen Leistungen beförderte man ihn bereits mit 25 Jahren zum General. Napoleon verdankte seinen Aufstieg seinem starken Willen und seinen Taten, die er im Zuge der Revolution für Frankreich erfüllte.

Die damalige französische Regierung, das **Direktorium,** übergab ihm zwei Jahre später den Oberbefehl über die Truppen in Italien. Mit Ehrgeiz und der Tatsache, dass er seine Soldaten durch Worte und Taten begeistern konnte, besiegte er in mehreren Schlachten den Gegner Österreich. Ohne Rücksprache mit dem Direktorium schloss Napoleon 1797 Frieden mit Österreich und errichtete in Oberitalien Republiken, die Frankreich kontrollierte. Dieser Sieg und die ihm treu ergebene Armee bildeten fortan die Grundlage seiner Macht.

Nach Paris zurückgekehrt, forderte er einen Feldzug nach Ägypten, um Englands Handel mit Indien zu stören, was ihm jedoch nur teilweise gelang. Wissenschaftler begleiteten Napoleons Armee, um die Kultur Ägyptens zu erforschen. Dadurch wurde unter anderem der Grundstein für die heutige Archäologie gelegt und der gefundene Stein von Rosette ermöglichte die Entschlüsselung der Hieroglyphen. Zwar konnte die Armee Ägypten erobern, doch vernichtete der englische Admiral Lord Nelson die französische Flotte bei Abukir im Mittelmeer.

Napoleon übernimmt die Macht

In Frankreich geriet das Direktorium zum einen durch militärische Bedrohungen von Seiten Englands und Österreichs außenpolitisch in Schwierigkeiten, zum anderen auch innenpolitisch, da der Staat finanziell beinahe ruiniert war. Napoleon sah darin seine Chance zum Aufstieg an die Macht und kehrte nach Paris zurück. Dort beteiligte er sich aktiv am Sturz der handlungsunfähigen Regierung des Direktoriums. Mithilfe seiner Armee ernannte er sich mit 30 Jahren selbst zum Ersten Konsul, was letztendlich die Alleinherrschaft über Frankreich bedeutete.

M 2 **Napoleon als General der Truppen in Italien,** Gemälde von Antoine-Jean Gros, 1796

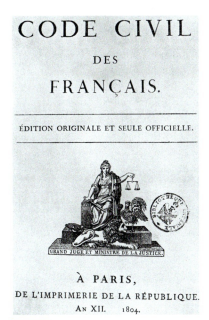

M 3 Titelseite des Code civil von 1804

M 4 Napoleon als Imperator im Krönungsornat, Gemälde von Francois Gérard, 1810

Diesen **Staatsstreich** nahmen die meisten Franzosen ohne große Proteste hin. Obwohl die Revolution nicht lang zurücklag, zeigte sich ein Großteil der Bevölkerung mit dieser Alleinherrschaft einverstanden, da sie sich nach den Jahren der Unruhe während der Revolution eine starke und stabile Regierung wünschten. Bei einer Volksabstimmung stimmte sogar eine überwältigende Mehrheit der Franzosen für eine Regierung Napoleons auf Lebenszeit.

Um seine Macht zu festigen, die Bevölkerung fester an sich zu binden und zu beruhigen, den Staat zu befrieden und zu ordnen, führte Napoleon folgende Maßnahmen durch:

- Staatliche Unterstützung für Arme und Bürger ohne Auskommen sowie ein festgesetzter Brotpreis linderten die wirtschaftliche Not vieler Franzosen.
- Das entwertete Revolutionsgeld ersetzte Napoleon durch eine stabile Münzwährung.
- Während der Revolution geflohene Adlige konnten zurückkehren, wenn sie Napoleon anerkannten.
- Das Steuersystem wurde geordnet und die Verwaltung des Landes vereinfacht.
- Der „**Code civil**" (auch: Code Napoleon), ein auf Napoleon zurückgehendes vereinheitlichendes Gesetzbuch, sicherte revolutionäre Errungenschaften wie Freiheitsrechte des Einzelnen, Rechtsgleichheit und Sicherung des Privateigentums.

Napoleon nutzte die Umbruchsituation der Französischen Revolution für seinen persönlichen politischen Aufstieg. Dies gelang ihm nur, weil er militärisch außerordentlich erfolgreich war und durch politische Maßnahmen einen Ausgleich herbeiführen konnte.

Die Revolution wird beendet – Napoleon wird Kaiser

Schritt für Schritt baute Napoleon seinen politischen Einfluss aus und drängte den der Republik und des Volkes zurück. Schließlich krönte er sich selbst 1804 in einer prunkvollen Zeremonie in Paris zum Kaiser und seine Gattin Josephine zur Kaiserin. Mit dem Kaisertitel wollte er nicht nur seine Macht innenpolitisch sichern, sondern auch seine höhere Position den anderen Monarchen Europas gegenüber herausstellen, denen er als Kaiser übergeordnet war. Nach dem Umsturz der Französischen Revolution und der anschließenden Republik gab es nun in Frankreich wieder eine Monarchie, das Kaisertum. Um seine Macht und sich selbst Unterstützung zu sichern, erhob Napoleon ihm ergebene Personen in den Adelsstand.

Als Kaiser wollte Napoleon seine politische Macht weiter steigern und die Vorrangstellung Frankreichs in Europa ausbauen.

Aufgaben

1. Stelle in einem Schaubild Gründe für den Aufstieg Napoleons zusammen.
2. Nimm zu folgender Aussage Stellung: „Napoleon reißt die Macht an sich, bleibt aber den Idealen der Französischen Revolution verbunden."
3. Vergleiche die Darstellung Napoleons in M4 mit Ludwig XIV. auf S. 17. Orientiere dich an der Methode „Umgang mit Historiengemälden".
→ S. 159

Grundlagen der Moderne

M 5 Der römische Kaiser Augustus
Büste, ca. 20 v. Chr.

M 6 Napoleon Bonaparte
Marmorbüste nach Antoine Denis Chaudet, ca. 1810

M 7 Gründe für Napoleons Erfolg

Der Historiker E. Weis schreibt über Napoleon:

Seine militärische Stärke lag in seiner Fähigkeit, mit Armeen von einer in Europa bis dahin unbekannten Größe von zweihunderttausend Mann oder mehr über Entfernungen von vielen Hundert
5 Kilometern [...] zu manövrieren, um die feindlichen Heere [...] im Zentrum auseinanderzubrechen und deren Bestandteile dann einzeln zu besiegen. [...]
Er hätte diese Erfolge wohl nicht erzielt, wäre er
10 nicht in der Lage gewesen, sich meisterhaft auf die Psyche seiner Soldaten einzustellen und sie zu höchsten Leistungen mitzureißen. Hierzu trug bei, dass er stets unter ihnen war, mit ihnen sprach und auch die Gefahren weitgehend mit ihnen teilte.
15 [...] Bonaparte arbeitete häufig achtzehn Stunden am Tag; man schätzt, dass er in den fünfzehn Jahren seiner Herrschaft ungefähr achtzigtausend Briefe und Befehle diktiert hat. Auch während seiner zahlreichen Feldzüge regierte er persönlich
20 und mit Erfolg. Er konnte vier Sekretären gleichzeitig diktieren, ohne auch nur einen Augenblick die Übersicht zu verlieren. Seine vielleicht größte Stärke bestand darin, dass er alle Möglichkeiten, die in einer Situation lagen, blitzschnell analysie-
25 ren, entsprechende Pläne fassen und sofort detaillierte Befehle mit staunenswerter Sicherheit und Präzision erteilen konnte. [...]

Weis, E.: Der Durchbruch des Bürgertums. S. 225 f.

M 8 Memoiren Napoleons

In seinen Lebenserinnerungen formuliert Napoleon folgende Aussage über sich selbst als Kind.

Ich war ein eigensinniges Kind. Nichts imponierte mir, nichts brachte mich aus der Fassung. Ich war zänkisch und kampfeslustig: Ich fürchtete niemand. Den einen schlug ich, den anderen kratzte ich und alle fürchteten mich.
5

zit. n.: Napoleon. Die Memoiren seines Lebens. Bd. 1

M 9 Der Code civil

Dieses Gesetzbuch Napoleons nahm vieles aus der Verantwortung der Kirche weg und gab sie in den Machtbereich des Staates, wie zum Beispiel die Erfassung der Geburt. Hier Auszüge aus der deutschen Ausgabe von 1808.

55. Jede Geburt soll binnen den ersten drei Tagen nach der Niederkunft dem Ortsbeamten des Personenstandes gemeldet und das Kind ihm vorgezeigt werden. […]
57. Die Geburtsurkunde muss den Tag, die Stunde und den Ort der Geburt, das Geschlecht des Kindes und die Vornamen, die man ihm gegeben hat, die Geschlechtsnamen, das Gewerbe und den Wohnort der Eltern, wie auch der Zeugen, enthalten.

Code civil, deutsche Ausgabe von 1808. S.30–38

M 10 Leitfaden für Eltern aus dem Standesamt Freilassing

basierend auf dem deutschen Personenstandsgesetz von 2009 (vereinfacht und verkürzt):

Eine Geburt in Deutschland muss dem Standesbeamten, in dessen Bezirk das Kind geboren wurde, binnen einer Woche angezeigt werden (§ 18 PStG).
Bei der Meldung eines Neugeborenen sind laut § 59 PStG eine Reihe von Angaben zu leisten: Geburt (Ort, Datum, Zeitpunkt), Kind (Geschlecht, Name), Mutter (Name, Wohnanschrift) und, soweit zu diesem Zeitpunkt bekannt, auch vom Vater.

Leitfaden für Eltern. Standesamt Freilassing 2009

M 11 Napoleon Bonaparte überquert die Alpen über den Sankt-Bernhard-Pass
Gemälde von Jacques-Louis David, 1800

Aufgaben

1. Vergleiche die beiden Bilder M5 und M6 und stelle Gemeinsamkeiten fest.
2. Welche besonderen Fähigkeiten spricht der Historiker Eberhard Weis Napoleon zu?
   → M7
3. Weise auch mithilfe des Textes nach, dass Napoleon schon lange vor seiner Krönung zum Kaiser ehrgeizig darauf bedacht war, Macht zu bekommen und auszuüben.
   → M8
4. Vergleiche den Auszug aus dem „Code civil" von 1808 mit dem heutigen Gesetz zur Anzeige einer Geburt. Benenne Gemeinsamkeiten, aber auch Unterschiede.
   → M9, M10
5. Erläutere, wie sich die bildliche Darstellung Napoleons mit der Zeit (1796, 1800, 1810) änderte.
   → M2, M4, M11
   Orientiere dich an der Methode „Umgang mit Historiengemälden".
   → S. 159

Methode: Umgang mit Historiengemälden

M 1 **Die Krönung Napoleons zum Kaiser der Franzosen**
Gemälde von Jacques-Louis David, 1805/07

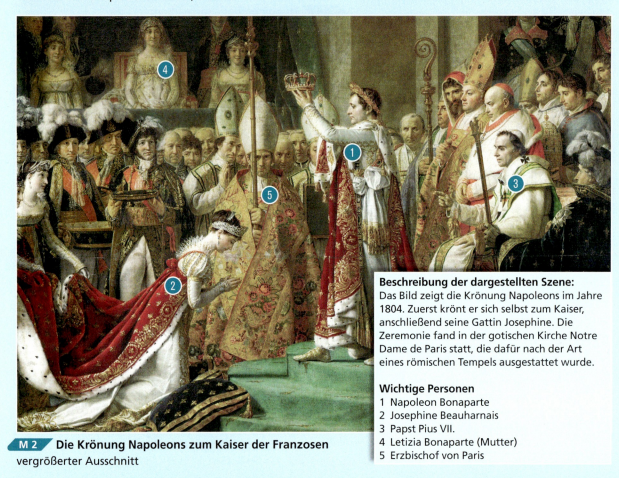

M 2 **Die Krönung Napoleons zum Kaiser der Franzosen**
vergrößerter Ausschnitt

Beschreibung der dargestellten Szene:
Das Bild zeigt die Krönung Napoleons im Jahre 1804. Zuerst krönt er sich selbst zum Kaiser, anschließend seine Gattin Josephine. Die Zeremonie fand in der gotischen Kirche Notre Dame de Paris statt, die dafür nach der Art eines römischen Tempels ausgestattet wurde.

Wichtige Personen
1 Napoleon Bonaparte
2 Josephine Beauharnais
3 Papst Pius VII.
4 Letizia Bonaparte (Mutter)
5 Erzbischof von Paris

Historiengemälde – Bilder aus der Geschichte

Bilder, die Szenen aus der Geschichte darstellen, waren im 19. Jahrhundert besonders geschätzt. Dabei konnte es sich um lang vergangene Ereignisse handeln oder um hochaktuelle Geschehen. Diese Werke der sogenannten Historienmalerei fanden weite Verbreitung: Als Gemälde von beträchtlicher Größe schmückten solche Bilder öffentliche Gebäude oder illustrierten als Abbildungen Bücher und Zeitschriften. Gemeinsam war ihnen, dass sie bedeutende historische Ereignisse detailgetreu zeigten, sodass der Eindruck einer fotografischen Wiedergabe entstand.

Dabei ging es jedoch weniger um geschichtliche Wahrheit, sondern darum, Szenen in positiver Hinsicht für den Herrschenden bzw. den Auftraggeber darzustellen.

Das hier abgebildete Gemälde heißt „Salbung Napoleons und Krönung Josephines in der Kathedrale Notre Dame de Paris". Der Künstler Jacques-Louis David hielt dieses Ereignis fest; er war Hofmaler und Porträtist sowie der Lieblingsmaler Napoleons. Das Bild entstand in den Jahren 1805–1807 und hing ab 1808 im Regierungspalast. Es ist ein gewaltiges Werk mit etwa zehn Metern Breite und sechs Metern Höhe. Es wird heute im Pariser Louvre ausgestellt.

Fragen an alle Historiengemälde

1. Entstehung des Bildes
- Wer hat das Gemälde in Auftrag gegeben?
- Für welchen Zweck waren die Bilder gedacht?
- Welche Hinweise auf die Entstehungszeit lassen sich in den Bildern entdecken?

2. Beschreibung des Bildes
- Wer/was wird auf dem Bild dargestellt?
- Wer/was steht im Mittelpunkt des Gemäldes?
- Welche Stimmung wird auf dem Bild dargestellt?
- Wie sieht der Hintergrund des Bildes aus?

3. Deutung des Bildes
- Überlege, ob es sich bei dem Bild um eine wirklichkeitsgetreue Abbildung des Ereignisses handeln könnte?
- Welche Aussage möchte der Auftraggeber/der Maler dieses Bildes erzielen?

Fragen an dieses Historiengemälde

1. Einige Personen auf dem Gemälde stehen mehr im Licht als andere. Warum? Welche Personen sind dies?
2. Beschreibe die Kleidung Napoleons und seiner Gattin Josephine. Was fällt dir dabei auf?
3. Wie ist der Raum der Krönungsfeier gestaltet?

Grundlagen der Moderne

Napoleon verändert Europa

Frankreich herrscht über Europa
Im Laufe weniger Jahre gelang es Napoleon, durch Feldzüge, Verträge und Bündnisse Frankreich zur führenden Macht des Kontinents zu machen und diese Position zu sichern. Viele Staaten Europas wurden dadurch von Frankreich abhängig.

Territoriale Neuordnung in Deutschland
Nachdem Napoleon 1801 links des Rheins deutsche Gebiete für Frankreich erobert hatte, versprach er den deutschen Fürsten, die dabei Land verloren hatten, Gebiete auf der rechten Seite des Rheins als Entschädigung. Der deutsche Reichstag hatte die Vorgaben Napoleons dazu umzusetzen und beschloss 1803 eine grundlegende Neuordnung Deutschlands mit den umstrittenen Mitteln der Säkularisation und Mediatisierung.

- **Säkularisation** bedeutet die Auflösung geistlicher Herrschaften, in denen etwa ein Bischof herrschte, und ihre Eingliederung in weltliche Fürstentümer. Kirchliches Eigentum wurde dabei in weltlichen Besitz überführt.
- **Mediatisierung** bedeutet die Beseitigung kleinerer weltlicher Herrschaften, wie zum Beispiel Reichsstädte, Reichsritter oder Grafschaften. Sie kamen unter die Staatshoheit größerer Länder.

Die Gebietsveränderungen unter Druck Frankreichs hatten zur Folge, dass von den über 300 eigenständigen Herrschaften nur noch 40 übrig blieben. Dadurch machte Napoleon diese Staaten von sich abhängig, verdankten sie ihm doch ihren Machtzuwachs.

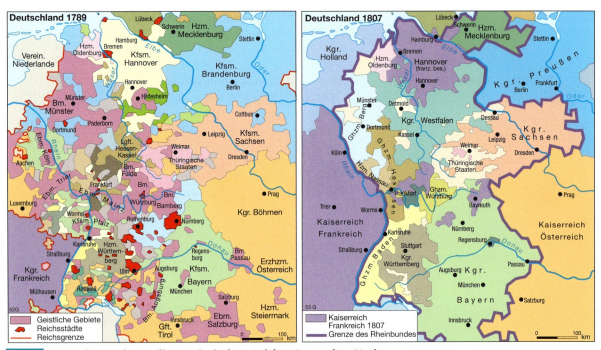

M 1 Neuordnung des Heiligen Römischen Reiches Deutscher Nation

Das Ende des Heiligen Römischen Reiches

Im Konflikt mit Frankreich zerbrach das fast 900 Jahre währende Heilige Römische Reich, das aus einer Vielzahl von Herrschaften bestanden hatte. Zur Auflösung trugen Bündnisse deutscher Länder mit dem Nachbarn Frankreich bei, da das Reich damit seine Geschlossenheit verlor.

Napoleon verlieh 1806 Bayern, Württemberg und Sachsen die Königswürde. Des Weiteren sagten sich 16 west- und süddeutsche Staaten vom deutschen Reich los und schlossen einen Bündnisvertrag mit dem mächtigen Frankreich: den **Rheinbund.** Das war das Ende des Heiligen Römischen Reiches. Kaiser Franz II. legte daraufhin die deutsche Kaiserkrone nieder, blieb aber österreichischer Kaiser, um Napoleon vom Rang her ebenbürtig zu sein.

Auch Preußen geriet nach einer vernichtenden Niederlage bei Jena und Auerstedt 1806 unter die Kontrolle Napoleons und schied als Widersacher Frankreichs zunächst aus.

Reformpolitik und Wirtschaftskrieg gegen England

Napoleon wollte die Bevölkerung in den neu hinzugekommenen Gebieten für sich gewinnen. Deshalb drängte er zur Einführung des Code civil sowie zu Reformen nach französischem Vorbild. Viele deutsche Staaten führten das napoleonische Gesetzbuch ein. Trotzdem blieben die Reformen widersprüchlich: einerseits gesellschaftliche Neuerungen, andererseits Erhalt der hohen Stellung des Adels und über alldem stand die Abhängigkeit von Frankreichs Wohlwollen.

England war Napoleons großer Widersacher. Um es wirtschaftlich zu schwächen und zu isolieren, verhängte er die sogenannte **Kontinentalsperre,** das heißt, keiner der verbündeten Staaten Frankreichs durfte Handel mit Großbritannien treiben oder Kontakt haben. Die französische Wirtschaft sollte davon profitieren, dass die Verbündeten nun verstärkt französische Waren kaufen mussten. Allerdings gelang es nicht, den Schmuggel mit englischen Waren zu unterbinden.

M 2 Verbrennung geschmuggelter Waren in Frankfurt am Main 1810
Geschmuggelt wurden neben Erzeugnissen aus englischen Kolonien (Kaffee, Zucker, Tee, Rum, Tabak oder Seide) englische Tuche und hochwertige Stahlerzeugnisse wie zum Beispiel Rasiermesser.

Grundlagen der Moderne

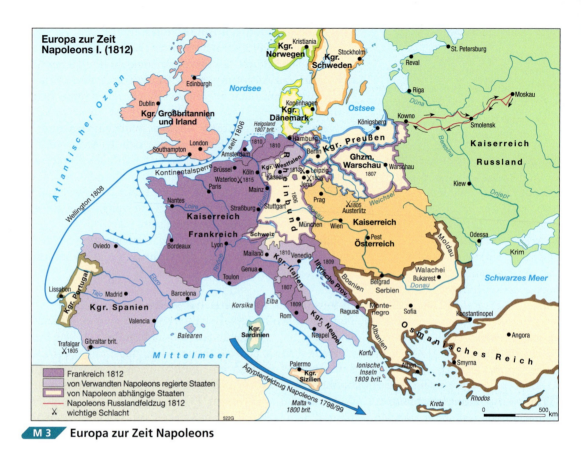

M 3 Europa zur Zeit Napoleons

M 4 Zur Säkularisation

Auch in Bayern wurden Klöster säkularisiert. Wie z. B. das Kloster Speinshart in der Oberpfalz:

Die Säkularisation traf Speinshart 1803. […] Aller Besitz des Klosters ging in die Hände des Staates über. Die Gebäude des Klosterhofes, die auswärtigen Güter, Grundbesitz, Mobiliar und die Ausstattung des Klosters und seine Einrichtungen wurden verkauft, zum Teil verschleudert. Ohne Rücksicht […] wurden unschätzbare kulturelle
5 Güter in alle Winde zerstreut und gingen verloren. Ein Beispiel: Als man die großen Glocken verkaufen wollte, gelang es nicht, diese im Ganzen aus dem Turm herabzulassen. So zerschlug man sie an Ort und Stelle in Stücke und übergab sie als
10 Alteisen den Metallhändlern. […] Im Hauptgebäude wurde bis 1865 das Rentenamt Eschenbach untergebracht. Danach verfielen die Gebäude zusehends.

Heimatverein Eschenbach e.V. (Hg.): Eschenbach und Speinshart – eine Chronik in alten Bildern. S. 132 f.

M 5 **Abriss von Franziskanerkloster und -kirche** auf dem Max-Joseph-Platz in München, um 1803

M 6 Der Rheinbund

Dem unter französischem Druck gegründeten Rheinbund gehörten 16 deutsche Staaten an, darunter das neue Königreich Bayern. Der bayerische Minister Maximilian Graf von Montgelas (1759–1838) äußerte sich nach Napoleons Sturz folgendermaßen zum Rheinbund:

Nicht zu leugnen ist, dass sich Deutschland fortan bei allen Kriegen Frankreichs auf dem Kontinent beteiligt fand, und diese Bestimmung hatte wohl allein unter allen übrigen etwas Missliches an sich;
5 hätte man aber bei der Machtstellung, zu welcher Frankreich emporgestiegen war, sich dieser Verpflichtung entziehen können, und war nicht jederzeit dasselbe als Freund oder als Feind ins Auge zu fassen? War nicht die im letzteren Fall
10 drohende Gefahr durch den Gang der Ereignisse hervorgetreten? Um einen politischen Entschluss unbefangen zu würdigen, muss man sich vor allem in die Zeitverhältnisse, unter denen er gefasst wurde, zurückzuversetzen wissen. Übrigens wäre
15 die Frage berechtigt, ob denn zu irgendeiner Zeit Deutschlands geografische Lage und politische Ohnmacht ihm gestatteten, sich diesen verderblichen Einwirkungen zu entziehen. Eher durfte man hoffen, dem Lande die Möglichkeit dazu zu
20 verschaffen, indem man ihm die Gewährschaft und den Schutz des damals so mächtigen Kaiserreiches verschaffte, welches hinreichend vergrößert erschien, um keinen ferneren Wunsch in dieser Bezeichnung mehr Raum zu geben, und von
25 dem man deshalb voraussetzen durfte, es werde allein bestrebt sein, das Bestehende zu erhalten und die schwächeren Staaten zu beschützen, durch welche es von jenen mächtigeren getrennt war, die etwa noch geneigt sein mochten, sich mit ihm zu messen. Die Missbräuche des zugestande-
30 nen Einflusses waren freilich damals noch nicht so fühlbar geworden, wie dies später geschah.

Denkwürdigkeiten des Bayerischen Staatsministers Maximilian Grafen von Montgelas, übers. von M. v. Freyberg-Eisenberg, Stuttgart 1887, S. 142

M 7 Der Rheinbund, von 1806
Diese französische Medaille ist aus Silber und zeigt die vereinten Fürsten des Rheinbundes bei seiner Gründung.

Aufgaben

1. Vergleiche die Situation in Deutschland vor und nach den durch Napoleon verursachten Gebietsveränderungen.
→ M1
2. Nenne mithilfe des Textes Gründe für Napoleons Wirtschaftskrieg gegen England.
→ M2
3. Erstelle eine Tabelle, in der du die von Napoleon eroberten und von ihm abhängigen Gebiete einträgst.
→ M3
4. a) Erkläre in eigenen Worten die Begriffe Säkularisation und Mediatisierung.
b) Wer konnte Vorteile daraus ziehen und wer wurde dadurch benachteiligt?
→ Text, M4, M5
5. a) Erläutere, wieso der Rheinbund das Ende des Heiligen Römischen Reiches bedeutete.
→ M6, M7
b) Beschreibe, wie Montgelas den Rheinbund beurteilt.
→ M6

Bayern wird Königreich

Bayern verändert sein Gesicht

Die heutige Ausdehnung Bayerns geht zurück auf die napoleonische Zeit. Nachdem Bayern zunächst Gebiete an Frankreich verloren hatte, näherte sich der bayerische Kurfürst Max IV. Joseph auf Anraten seines Ministers **Maximilian Montgelas** Frankreich an. Um Bayerns Existenz zu retten, schloss er daher ein Zweckbündnis mit Napoleon, bekam dafür die Königswürde und konnte sogar das bayerische Gebiet vergrößern, so kamen neue Ländereien in Schwaben und Franken hinzu.

Doch dabei gab es auch Probleme. Denn diese neuen Territorien und die darin lebenden Menschen waren teils gründlich verschieden von denen des restlichen Bayerns, z. B. gab es verschiedene Religionszugehörigkeiten, unterschiedliche Maße und Gewichte, einander widersprechende Rechtsgrundsätze.

Der Minister Montgelas löste diese Ungleichheit auf und erschuf durch grundlegende Reformen nach dem Vorbild Frankreichs einen modernen bayerischen Staat.

- Reformen der Politik: Neue Verwaltungseinheiten entstanden, die Vorläufer unserer heutigen Regierungsbezirke. Bayern wurde fortan mithilfe von Beamten zentral von München aus regiert.
- Reformen des Rechts: Bayern erhielt ein einheitliches Rechtssystem, das unter anderem die Folter verbot. Die Leibeigenschaft wurde aufgehoben und die Gleichheit der Bürger vor dem Gericht geschaffen.
- Reformen der Wirtschaft: Maße und Gewichte wurden vereinheitlicht, innerstaatliche Zölle aufgehoben und Gewerbefreiheit gewährleistet.

Mit diesen Reformen „von oben" wollte man eine Revolution „von unten" verhindern, da die Unzufriedenheit in der Bevölkerung bereits groß war.

M 1 König Max I. Joseph von Bayern
Ausschnitt des Gemäldes von Moritz Kellerhoven

Gefährdung der Selbstständigkeit

Durch die Erhebung zum Königreich, den Eintritt in den Rheinbund auf Druck Napoleons und den Austritt aus dem Heiligen Römischen Reich war Bayern dank Napoleons Einfluss ein mächtiger Staat geworden. Doch eine völlige Souveränität war durch die Abhängigkeit von Napoleon nicht gegeben. Montgelas schuf 1808 eine bayerische Verfassung, die die bisherigen Reformmaßnahmen zusammenfasste und damit die Eigenständigkeit betonte. Das **Königreich Bayern** wurde so zu einer konstitutionellen Monarchie, das heißt, die Herrschaft des Königs war an die Verfassung gebunden.

Doch dem König **Max I. Joseph von Bayern** war klar: Nur solange er treu zu Napoleon stand, war die Selbstständigkeit Bayerns gesichert. Aber die vielen Feldzüge des französischen Kaisers forderten auch von Bayern ihren Tribut, wie zum Beispiel die Stellung von bayerischen Soldaten für französische Kriege.

Gleichwohl überdauerten die territoriale Vergrößerung und die innere Umgestaltung trotz Änderungen im Einzelnen und prägen Bayern bis heute.

M 2 Maximilian Joseph von Montgelas (1759–1838)
Porträtstich von C. Hess, 1816

| 1789 | 1806 | 1819 | 1834 | 1849 | 1864 | 1879 | 1894 | 1800 | 1909 | 1924 |

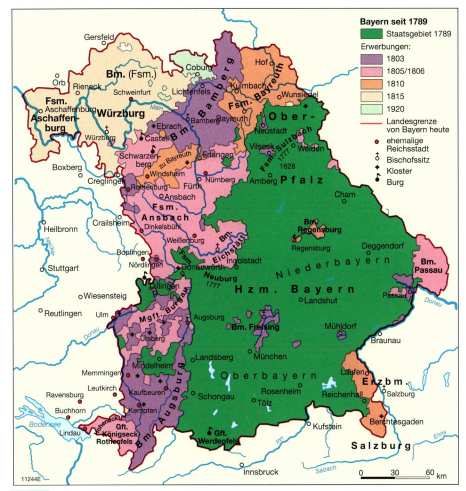

M 3 Territoriale Veränderungen in Bayern seit 1789

M 4 Reformen des Grafen Montgelas

Eine weitere Neuerung in Bayern betraf die Schulbildung der Kinder, da die Schulpflicht eingeführt wurde.

[So sollten] alle schulfähigen […] Kinder vom 6ten bis wenigstens ins vollstreckte 12te Jahr ihres Alters die Schule besuchen […].

Die Schule soll das ganze Jahr hindurch, von Mitte des Julius bis 8. September als der gewöhnlichen Erntezeit ausgenommen, unaufhörlich gehalten werden.

„Allerhöchsten Verordnung" von Maximilian I. Joseph vom 23. Dezember 1802

Aufgaben

1. Nenne die Gebietsgewinne Bayerns Anfang des 19. Jahrhunderts. → M3
2. Fasse die Reformen von Montgelas in eigenen Worten zusammen.
3. Beschreibe die Schulpflicht der Kinder damals und vergleiche es mit deiner heutigen Situation. → M4
4. Nicht nur in Bayern kam es zu Reformen unter Druck Napoleons, sondern auch in Preußen. Informiere dich darüber in verschiedenen Nachschlagewerken/im Internet und erstelle dazu eine Übersicht auf einem Lernplakat. Orientiere dich an der Methode „Umgang mit Internetseiten". → S. 106

Grundlagen der Moderne

Das Ende Napoleons

Widerstand gegen Frankreich

Um die Kontinentalsperre gegen England besser überwachen zu können, besetzte Napoleon 1808 Spanien und setzte seinen Bruder Joseph auf den spanischen Thron. Doch mit neu entwickeltem Nationalstolz wehrte sich die spanische Bevölkerung gegen die Besatzer – unterstützt von den Engländern unter dem Herzog von Wellington. In kleinen beweglichen Kampfverbänden griffen sie immer wieder die französischen Truppen an. Daher kam es nicht zu großen Schlachten, sondern zu begrenzten Gefechten, sogenannten *Guerilla*kämpfen, denen die Franzosen nichts entgegensetzen konnten, da sie sich auf unbekanntem Gebiet befanden. So konnten die Spanier Napoleons Truppen vertreiben und der Kaiser erlitt erstmals eine militärische Niederlage.

Guerilla

spanisch für „kleiner Krieg"; bedeutet, dass Menschen in Kleingruppen im Untergrund gegen feindliche Besatzer kämpfen.

M 1 Das Massaker von Madrid Am 3. Mai 1808 wurden 800 spanische Freiheitskämpfer von französischen Soldaten erschossen. Zeitgenössisches Gemälde von Francisco José de Goya.

Auch in anderen Ländern regte sich Widerstand gegen Napoleon. So kam es unter anderem in Tirol zu einem Aufstand. Tirol gehörte ursprünglich zu Österreich, bevor Napoleon dieses Gebiet an Bayern vergab. Verschiedene Maßnahmen der bayerischen Regierung, wie zum Beispiel militärische Zwangsverpflichtung von Tirolern als Soldaten, provozierten die Einheimischen. Unter ihrem Anführer Andreas Hofer gelang es den Tirolern, die französischen und bayerischen Truppen mehrfach zu schlagen.

Die Katastrophe in Russland

Im Juni 1812 begann Napoleon einen Feldzug gegen Russland, um es zum Wirtschaftsboykott gegen England zu zwingen. Der französische Kaiser bildete die „Große Armee" mit 610 000 Mann aus 20 Nationen – darunter 33 000 Bayern – und marschierte im Juni 1812 in Russland ein. Doch es kam zunächst zu keiner Schlacht, da die russische Armee die Taktik der „verbrannten Erde" anwandte, d. h., sie zogen

M 2 Andreas Hofer
In Tirol erzielten Aufständische unter ihrem Anführer Andreas Hofer Erfolge gegen Napoleon, doch unterlagen sie schließlich der französischen Übermacht. Andreas Hofer wurde gefangen genommen und 1810 erschossen.

sich immer weiter ins Landesinnere zurück und vernichteten alle Orte, in denen sich die französischen Truppen versorgen wollten. Die russische Bevölkerung litt ebenso, da auch sie keine Nahrungsmittel und Unterkünfte mehr hatten. Der russische Zar ließ sogar Moskau in Brand stecken, sodass Napoleon mit erschöpften Soldaten den Rückzug antrat, da kein Winterquartier mehr zur Verfügung stand.

Auf dem Rückmarsch erlitt Napoleons Armee gewaltige Verluste, denn der harte Winter, die fehlende Verpflegung und Seuchen forderten zahlreiche Opfer unter den Männern und russische Reitertruppen griffen ständig an. Nur etwa 30 000 Soldaten kehrten aus Russland zurück. Napoleon war auch hier gescheitert.

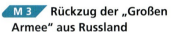

M 3 Rückzug der „Großen Armee" aus Russland

Die Befreiungskriege

Nach dem Untergang der „Großen Armee" schlossen sich Russland, Österreich, Preußen, England und andere Staaten zu einer antifranzösischen Koalition zusammen. Sie sahen die Chance, Napoleon zu besiegen und sich von der französischen Abhängigkeit zu befreien. Die nun ausbrechenden Befreiungskriege wurden von Nationalstolz, Zusammengehörigkeitsgefühl und Begeisterung für die Freiheit getragen. Quer durch alle Volksschichten griffen die Menschen zu den Waffen, sodass sich am Kampf gegen Napoleon nicht nur Soldaten, sondern auch Freiwilligenverbände beteiligten. In der Völkerschlacht bei Leipzig 1813 kämpften über 500 000 Soldaten aus vielen Nationen erfolgreich gegen die Franzosen und deren Herrschaft.

Nach dieser Niederlage floh Napoleon nach Paris. Dort zwangen ihn einrückende Armeen zur Abdankung und er wurde auf die Insel Elba (Italien) verbannt.

Napoleons Versuch, 1815 noch einmal als Machthaber Frankreichs zurückzukehren, scheiterte. Die Alliierten besiegten ihn nach 110 Tagen erneuter Herrschaft in der Schlacht bei Waterloo. Danach wurde er auf die ferne Insel St. Helena im Atlantik verbannt, wo er 1821 starb.

M 4 Napoleon auf St. Helena
zeitgenössisches Bild von Samuel William Reynolds

Grundlagen der Moderne

M 5 Kürassier (Soldat) im Schneesturm
Gemälde von Albrecht Adam, der selbst am Russlandfeldzug 1812 teilnahm

M 6 Über den Russlandfeldzug und seine Grausamkeit

Philippine von Griesheim schrieb im Dezember 1812 in ihren Briefen über den Russlandfeldzug:

Einige Zeilen von Werner […] benachrichtigen uns, dass er lebt, aber in der Schulter verwundet ist […].
Er schreibt, dass sie nicht allein mit der großen
5 Übermacht einer kolossalen Nation, sondern mit Unkenntnis des Landes, mit den Elementen und mit Hunger, Not, Mangel an Kräften und Lebensmitteln zu kämpfen hätten, sich daher selbst ihr Grab bereiten müssten, ohne den raschen Lauf des
10 Schicksals aufhalten zu können. […] Die Franzosen sind ohne Schwertschlag in Moskau eingerückt, doch was haben sie erobert? Nichts als – Rauch und Dampf!!! Wie viele Opfer wird dieser Krieg noch fordern!
15 Ach, wäre doch mein armer Werner erst hier, wie sollte er gepflegt werden.

zit. n.: Kleßmann, Eckart (Hg.): Deutschland unter Napoleon in Augenzeugenberichten. S. 398

M 7 Zu den Befreiungskriegen gegen Napoleon.

Der Dichter Theodor Körner schilderte 1813 seine Überzeugungen, warum er am Kampf gegen Napoleon teilnahm. Er starb 1813 im Kampf gegen die Franzosen.

Ich will Soldat werden, um, sei es mit meinem Blute, mir mein Vaterland zu erkämpfen […]. Es ist bei Gott ein würdiges Gefühl, das mich treibt, es ist die Überzeugung, dass kein Opfer zu groß sei für das höchste menschliche Gut, für seines Volkes 5 Freiheit.

Wendler-Steinberg, Augusta (Hg.): Körner. Werke o. J., Brief vom 10.03.1813

M 8 **Aufstieg und Fall Napoleons,** Radierung von Johann Michael Voltz 1814
Die Bezeichnungen der einzelnen Stufen (von links nach rechts) lauten: Knabe auf Korsika, Schüler zu Brienne, Lieutenant zu Toulon, Bürger General zu Arcola, Erster Consul der Republic, Kaiser des großen Reiches, Abschied von Spanien, Heimkehr aus Russland, Flucht aus Deutschland, Sturz in Frankreich, Der […] auf Elba.

Aufgaben

1. Erkundige dich in verschiedenen Nachschlagewerken/im Internet etc. über Andreas Hofer und erstelle auf einem Plakat eine Kurzbiografie des Widerständlers. → M2
Orientiere dich an der Methode „Umgang mit Internetseiten". → S. 106

2. a) Erläutere die Gründe, warum der Russlandfeldzug scheiterte.
→ M6
b) Beschreibe, wie der Russlandfeldzug auf Gemälden dargestellt wurde.
→ M3, M5

3. Verfasse eine Schilderung oder einen kurzen Artikel eines Journalisten, in dem du die Stimmung der Menschen im Kampf gegen die französische Besatzung beschreibst.
→ M7

4. a) Fasse den Niedergang Napoleons mit eigenen Worten zusammen.
→ M8
b) Bringe die einzelnen Stufen abwärts der Abbildung M8 mit Ereignissen in Napoleons Politik in Verbindung.
→ M8

Grundlagen der Moderne

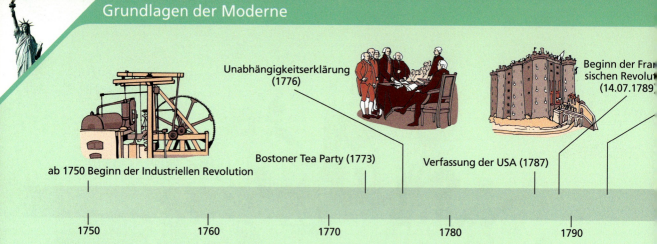

ab 1750 Beginn der Industriellen Revolution
Bostoner Tea Party (1773)
Unabhängigkeitserklärung (1776)
Verfassung der USA (1787)
Beginn der Französischen Revolution (14.07.1789)

1750 — 1760 — 1770 — 1780 — 1790

Spielanleitung:
Gehe mit deinem Partner zusammen und legt zwei Münzen (oder ähnliches) auf den Start. Würfelt dann abwechselnd. Wenn du ein rotes Ereignisfeld betrittst, stellt dir dein Partner eine Frage zur Französischen Revolution, bei einem grünen Ereignisfeld zu Napoleon, bei einem gelben zu Amerika. Ist die Antwort richtig, darf man nochmals würfeln. Bei den anderen Feldern beantwortest du das dort Geforderte. Wer als erster am Ziel ist, hat gewonnen.

	Was geschah am 14. Juli 1798?		🟥		ZIEL
Was ist die Unabhängigkeitserklärung?		🟨	Was ist Säkularisation?		
Wo wurde die Dampfmaschine erfunden?		Was geschah 1806?		🟩	Wer war Montgelas?
🟩	Wie hieß die Frau Ludwigs XVI.?		Was sind Menschenrechte?		🟥
					Wer war Thomas Jefferson?
START		🟨		Was ist ein Staatsstreich?	

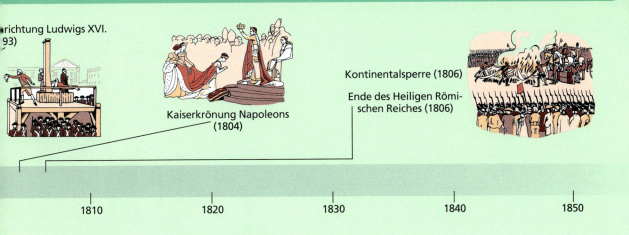

richtung Ludwigs XVI. (93)

Kaiserkrönung Napoleons (1804)

Kontinentalsperre (1806)

Ende des Heiligen Römischen Reiches (1806)

1810 1820 1830 1840 1850

Museumstipp

Bayerisches Residenzmuseum in München

Filmtipp

Napoleon,
von Yves Simoneau,
in Kooperation mit dem ZDF, 2002

Zusammenfassung

Die Industrielle Revolution begann Mitte des 18. Jahrhunderts in England. Die Einführung der Dampfmaschine führte dazu, dass sich die Industrialisierung beschleunigte. Erst 100 Jahre später kann man auch in Deutschland von einer Industrialisierung sprechen.

Im 17. Jahrhundert begründeten englische Siedler die ersten Kolonien an der Westküste Nordamerikas. Das Mutterland England wollte seine Kriegskosten vor allem durch eine strenge Steuerpolitik den Kolonien gegenüber decken, was die Bewohner gegen sie aufbrachte. Im Zuge von Auseinandersetzungen lösten sich die 13 englischen Kolonien vom Mutterland und schrieben dies in der **Unabhängigkeitserklärung** nieder. Damit wurden 1776 die Vereinigten Staaten von Amerika begründet (USA). In einer **Verfassung** formulierten **Thomas Jefferson** und **George Washington** zum ersten Mal die allgemeinen **Menschenrechte.**

Die 1789 ausbrechende **Französische Revolution** bildete einen tiefen historischen Einschnitt. Sie markiert das Ende des Absolutismus und der ständischen Gesellschaft. Wegen des drohenden Staatsbankrotts berief der französische **König Ludwig XVI.** 1789 die Generalstände ein. Da dieses Treffen erfolglos blieb, erklärten sich die Abgeordneten des dritten Standes am 20. Juni 1789 zur Nationalversammlung. Die Erstürmung der Bastille am 14. Juli 1789 markierte den Beginn der Französischen Revolution. Radikale Strömungen führten 1792 zur Republik und zu einer Welle revolutionären Terrors. Während dieser Unruhen wurden der König und seine Frau **Marie Antoinette** ermordet.

Militärische Erfolge führten zum Aufstieg von **Napoleon Bonaparte,** der mit einem **Staatsstreich** die Macht in Frankreich an sich riss. Er zwang Europa unter seine Vorherrschaft. Mit den Mitteln der **Säkularisation** und Mediatisierung erweiterten von Napoleon abhängige Staaten ihre Territorien und Finanzen. Durch den Einfluss Napoleons zerfiel **1806** das **Heilige Römische Reich Deutscher Nation, Bayern** wurde im gleichen Jahr zum **Königreich.** Unter seinem **König Max I. Joseph v. Bayern** und seinem Minister **Montgelas** war Bayern zunächst auf Seiten Napoleons. Als der verlustreiche Russlandfeldzug Napoleons Sturz einleitete und die unterdrückten Völker sich erhoben, wechselte auch Bayern die Seiten.

6. Der Widerstreit zwischen Restauration und Emanzipation

Hambacher Schloss

Europa nach 1815

172

Der Widerstreit zwischen Restauration und Emanzipation

M 1 Klemens Wenzel Fürst von Metternich, (1773–1859)
Porträt von 1815

Die Wiederherstellung der alten Ordnung

Zwischen Tanz und Diplomatie: der Wiener Kongress

Der gemeinsame Sieg der europäischen Länder über Napoleon hatte dessen Herrschaft beendet. Auf einem großen Kongress in Wien trafen sich 1814/15 die wichtigsten Könige Europas und Hunderte von Abgesandten der vielen kleinen und großen Fürstentümer. Auf Empfängen, bei Opernbesuchen und Tanzbällen feierten die Fürsten immer wieder den gemeinsamen Sieg und führten gleichzeitig politische Gespräche über die Zukunft Europas.

Die Beratungen auf dem **Wiener Kongress** fanden jedoch nicht in einer gemeinsamen großen Versammlung statt. Es wurden meist Gespräche untereinander, in kleinem Rahmen, geführt. Die Fäden zogen vor allem Zar Alexander III. sowie der österreichische Staatskanzler **Fürst von Metternich.** Die Diplomaten Preußens, Englands und sogar des besiegten Frankreichs waren auch in die Gespräche eingebunden.

Die französische Besatzung, die Verschiebung von Grenzen und vor allem das Gedankengut der französischen Revolution hatten den herrschenden deutschen Fürsten Probleme hinterlassen. Das Ziel der Fürsten war es, die Ordnung Europas und der eigenen Staaten von vor 1789 wiederherzustellen. Um die eigene Herrschaft gegen einen Umsturz abzusichern, rückten sie drei Grundsätze in den Mittelpunkt:

- **Legitimität:** Allein das Gottesgnadentum und nicht eine Verfassung rechtfertigte (legitimierte) die Fürsten zu ihrer Herrschaft.
- **Solidarität:** Man verpflichtete sich, gemeinsam (solidarisch) jede revolutionäre Bestrebung zu bekämpfen, welche die Macht der Fürsten bedrohen konnte.
- **Restauration:** Die wichtigsten gesellschaftlichen Zustände vor der französischen Revolution sollten wiederhergestellt (restauriert) werden. Allein die Fürsten sollten in den Ländern bestimmen.

Aber gerade dagegen hatten die Bürger in den Befreiungskriegen gekämpft. Sie waren für nationale Einheit und politische Mitbestimmung eingetreten. Diese bürgerlichen Forderungen standen in Widerspruch zu den Ergebnissen des Wiener Kongresses, die den Fürsten ihre alte Macht beließen.

Die Neuordnung Mitteleuropas

Auf dem Wiener Kongress wurde auch die Landkarte Europas neu gestaltet. Dabei achteten die fünf Großmächte Preußen, Österreich, Russland, England und Frankreich sehr darauf, dass das militärische und territoriale Gleichgewicht in Europa erhalten blieb. Auch aus diesem Grund blieb Frankreich in seinen früheren Grenzen bestehen, nun allerdings von den übrigen Großmächten eingerahmt:

- Russland, welches große Teile Polens erhielt, dehnte sich Richtung Westen aus.
- Österreich beherrschte nun ganz Tirol und fast ganz Oberitalien.
- Preußen bekam Gebiete im Osten und rückte im Westen direkt an Frankreich heran.
- Großbritannien wurde unumschränkte Seemacht und konzentrierte sich auf seine Kolonien in Asien, Afrika, Kanada und Australien.

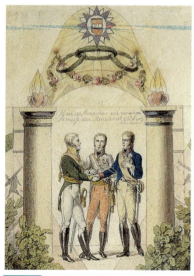

M 2 „Heilige Allianz"
Der russische Zar, der österreichische Kaiser und der preußische König sicherten sich gegenseitigen Beistand bei revolutionären Umsturzversuchen zu. Diesem Bündnis traten später fast alle herrschenden europäischen Fürsten bei.
zeitgenössisches Bild

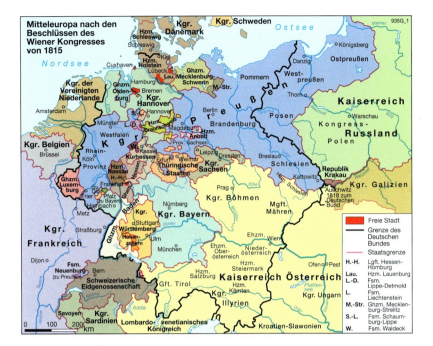

M 3 Mitteleuropa nach den Beschlüssen des Wiener Kongresses von 1815

Staatenbund

Zusammenschluss eigenständiger Staaten. Anders als bei einem Bundesstaat werden aber keine wichtigen Hoheitsrechte (z. B. Armee, Justiz) auf den Gesamtstaat übertragen. Dennoch kann es gemeinsame Gesetze oder Beschlüsse geben, die freiwillig in den Einzelstaaten übernommen werden können.

Nur ein lockeres Bündnis – der Deutsche Bund

Im Ansturm der Truppen Napoleons war 1806 das Heilige Römische Reich untergegangen. Vor allem in den Befreiungskriegen wurden von den Bürgern die nationale Einheit und ein gemeinsamer deutscher Staat gefordert. Doch die Fürsten und Diplomaten des Wiener Kongresses dachten nicht daran, die Entstehung eines gemeinsamen Staates, eines geeinten Deutschlands zu fördern. Sie hätten Macht verloren und auch das europäische Gleichgewicht wäre gestört worden. Daher blieb vieles so, wie es unter Napoleon verändert worden war.

Auf dem Wiener Kongress hatten die Teilnehmer vereinbart, dass an die Stelle des Reiches der **Deutsche Bund** treten sollte. Darin waren die 34 selbstständigen Fürsten und die vier verbliebenen Reichsstädte miteinander verbunden. Preußen und Österreich lagen zwar nur zum Teil innerhalb der Bundesgrenzen, waren aber die beherrschenden Mächte des Deutschen Bundes: Österreich führte den Vorsitz, Preußen war militärisch und wirtschaftlich führend.

Der Deutsche Bund war nur ein *Staatenbund*, in dem die einzelnen Mitgliedsstaaten unabhängig waren, d. h. eigenständige Gesetze und Entscheidungen treffen konnten. Kein Mitgliedsstaat musste irgendwelche Rechte abtreten. Zwar gab es eine gemeinsame Versammlung, den Bundestag in Frankfurt, jedoch keine gemeinsame Regierung, keine gemeinsame Währung oder gemeinsame Armee.

Aufgaben

1. Du hast in den Befreiungskriegen für Freiheit und Einheit gekämpft. Verfasse ein kritisches Flugblatt zu den Beschlüssen des Wiener Kongresses. → M1, M2

2. Beschreibe die Zusammensetzung des Deutschen Bundes. Beachte dabei besonders die Gebiete Preußens und Österreichs. → M3

Der Widerstreit zwischen Restauration und Emanzipation

Der „Eselskopf" symbolisiert …

Dreispitz, Perücke und Degen symbolisieren …

Der „Reichsadler" symbolisiert …

Der Diplomatenfrack symbolisiert …

Das Steckenpferd und der Stammbaum symbolisieren …

Die Kniebundhose und das Gesetzbuch symbolisieren …

Kerzenleuchter, untergehende Sonne und Fledermäuse symbolisieren …

Die Jakobinermützen symbolisieren …

M 4 **Die Wiederherstellung der alten Ordnung,** Karikatur aus dem Jahr 1819
Die folgenden Aussagen sind in den einzelnen Bildmotiven der Karikatur versteckt:
- die Unterdrückung des Bürgertums und der revolutionären Forderungen
- das Gottesgnadentum als Ursprung der adligen Herrschaft
- der Deutsche Bund
- die Vorrechte und die Macht der Fürsten und des Adels
- die Beschlüsse des Wiener Kongresses
- die Rückständigkeit der Beschlüsse des Wiener Kongresses
- den Irrsinn und die Dummheit der Fürsten
- das Ende der Aufklärung und den Beginn der Zeit der Restauration

M 5 Der Kongress, Farbzeichnung von 1815

M 6 Zeitgenössische Beurteilung des Deutschen Bundes

Wenige Tage nach der Gründung des Deutschen Bundes legte der ehemalige preußische leitende Minister Freiherr von Stein seine Haltung dar.

Jeder Mann, der sein Vaterland liebt und dessen Glück und Ruhm wünscht, ist berufen zu untersuchen, ob der Inhalt der Urkunde der Erwartung der Nation entspricht […].
5 Unsere neuen Gesetzgeber haben an die Stelle des alten Deutschen Reiches […] einen Deutschen Bund gesetzt, ohne Haupt, ohne Gerichtshöfe, schwach verbunden für die gemeinsame Verteidigung. Die Rechte des Einzelnen sind durch nichts
10 gesichert als die unbestimmte Erklärung […]; und durch eine Reihe Grundsätze […] über die Rechte jedes Deutschen […] welche durch keine schützende Einrichtung verbürgt werden. […]
Von solch einer fehlerhaften Verfassung lässt sich nur ein schwacher Einfluss auf das öffentliche 15 Glück Deutschlands erwarten […].

Deutsche Geschichte in Quellen, Bd. 7. S. 55 ff.

M 7 Der Wiener Kongress und der Deutsche Bund aus Sicht der modernen Geschichtsforschung

Der Berliner Universitätsprofessor Heinrich August Winkler beurteilt die Ergebnisse des Wiener Kongresses wie folgt:

Da die alten Gewalten nicht zusammengebrochen waren, vielmehr gestärkt aus dem Kampf gegen Napoleon hervorgingen, dachten sie nicht ernsthaft daran, Macht an ein Gedankengebäude namens deutsche Nation abzugeben und dieses 5 eben dadurch ins Reich der Wirklichkeit eintreten zu lassen. […]
Eine Wiederherstellung des Heiligen Römischen Reiches stand auf dem Wiener Kongress nicht zur Debatte. […] 10
Das Ergebnis der Bemühungen um ein einigendes Band [aller] deutschen Staaten, die die napoleonische Zeit überdauert hatten oder 1815 wiedererstanden waren, war der Deutsche Bund. Er war kein Bundesstaat, sondern ein Staatenbund: eine 15 Vereinigung souveräner [eigenständiger] Staaten, die im Bundestag, einem in Frankfurt am Main tagenden ständigen Gesandtenkongress, ihr einziges Organ hatten.
Wer in der Zeit der napoleonischen Kriege ein frei- 20 heitliches und vereintes Deutschland erstrebt hatte, musste vom Ausgang des Wiener Kongresses bitter enttäuscht sein. […] Besonders groß war die Empörung bei den Studenten, von denen viele zuvor in den Befreiungskriegen als Freiwillige 25 gegen Napoleon gekämpft hatten.

Winkler: Der lange Weg nach Westen. S. 71 ff.

Aufgaben

1. a) Beschreibe die einzelnen Bildelemente und ordne diesen die richtige Aussage zu. Orientiere dich an der Methode „Umgang mit Karikaturen". → M4, S. 183
   b) Begründe, warum der Zeichner in seinem Bild die Sonne untergehen lässt. → M4
2. Beschreibe das Bild M5. Welche Staaten sollen die drei Herrscher darstellen?
3. Erläutere die Wirkung des Deutschen Bundes auf die Bevölkerung in den deutschen Staaten. → M6, M7

Der Widerstreit zwischen Restauration und Emanzipation

M 1 Wartburgfest 1817
zeitgenössische Abbildung

Enttäuschte Hoffnungen

Nach dem Wiener Kongress hielten die Fürsten des Deutschen Bundes die Macht wieder fest in ihren Händen. Die Bürger waren aus der Politik zurückgedrängt worden. Die Forderungen nach Freiheit, Gleichheit, nach politischer Mitbestimmung und nach nationaler Einheit waren unerfüllt geblieben.

Im Oktober 1817 gedachten Mitglieder von *Burschenschaften* auf der Wartburg bei Eisenach der Völkerschlacht und der Reformation. Die Enttäuschung über den Rückschritt zu den alten Verhältnissen war in ihren Reihen besonders groß. In Reden protestierten sie gegen die Restauration, forderten ein geeintes und freies Deutschland. Als Zeichen ihrer Wut verbrannten sie die Symbole der erneuten Unterdrückung: eine Adelsperücke, eine Uniform und die Abschrift der Wiener Bundesakte mit den Regelungen zum Deutschen Bund.

Die Karlsbader Beschlüsse

Anders als von den Fürsten des Wiener Kongresses angestrebt, ließen sich die politischen Gedanken nicht einfach wieder zurückdrängen. Die lautstarke Forderung nach einem Ende der Unterdrückung, nach einem freiheitlichen und geeinten Deutschland, schreckte alle Fürsten im Deutschen Bund auf. Gemeinsam mit dem österreichischen Staatskanzler Fürst von Metternich einigten sie sich auf die Karlsbader Beschlüsse von 1819. Darin legten sie Folgendes fest:

- Alle Aktivitäten an den Universitäten, Professoren und Studenten sollten im Deutschen Bund bespitzelt und streng überwacht werden.
- Burschenschaften und *Turnvereine* wurden als gefährlich eingestuft und im Bundesgebiet verboten.
- Bücher und Zeitungen unterlagen fortan einer strengen Zensur, das heißt, vor Veröffentlichung musste die Zustimmung einer Behörde eingeholt werden.
- Kritik am Landesherrn oder den politischen Zuständen war strengstens verboten. Politische Gegner (Oppositionelle) wurden von Spitzeln verraten und bei den Behörden als „Demagogen" (Volksverhetzer) verleumdet.

Diese Gesetze leiteten eine lange Zeit der Unterdrückung, die Zeit des „Vormärz", ein. Viele politisch Aktive wurden überwacht, verfolgt, verurteilt und inhaftiert. Andere verloren ihre Arbeitsstelle oder waren gezwungen, den jeweiligen Bundesstaat zu verlassen: zum Beispiel durften die Professoren Jakob und Wilhelm Grimm nicht mehr an der Universität Göttingen lehren.

Liberalismus und Nationalismus – zwei Seiten einer Medaille

Auf dem Wiener Kongress hatten die Fürsten ausdrücklich ihre Legitimität und das alte Prinzip des **Gottesgnadentums** betont. Die Macht der Landesherren sollte nicht durch Verfassungen eingeschränkt werden. Die politischen Forderungen von **Liberalismus** und **Nationalismus** erweckten dagegen das Misstrauen der Fürsten.

Am Liberalismus erschien ihnen gefährlich, dass Studenten und Bürger freiheitliche Verfassungen in den Bundesstaaten forderten. Die

---

Burschenschaften

studentische Zusammenschlüsse, die damals Reformen an den Universitäten und im Deutschen Bund forderten

Turnvereine

In den frühen Sportvereinen wurde neben den sportlichen Übungen auch über Politik diskutiert.

M 2 Jenaer Burschenschaftsflagge
Die Farben – Schwarz, Rot und Gold – leiten sich von der Uniform einer Freiwilligenarmee ab, den Lützowschen Jägern, die gegen Napoleon gekämpft hatten.

M 3 **Hoffmann von Fallersleben,** (1798–1874) war Professor in Breslau (Preußen). Wegen seiner kritischen Schriften wurde er entlassen. Im Exil dichtete er 1841 auf der Insel Helgoland das „Lied der Deutschen".
Fotografie, unbekanntes Jahr

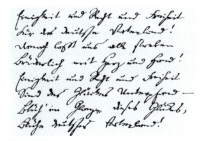

M 4 „Das Lied der Deutschen"
Handschrift von Hoffmann von Fallersleben

M 5 Flagge des Hambacher Festes von 1832

Rechte und die Freiheiten der Bürger sollten geschützt und zugesichert werden, ebenso die Mitbestimmungsrechte der Parlamente. In den liberalen Forderungen wurde nur selten die gesamte Fürstenherrschaft infrage gestellt. Die Liberalen wollten in erster Linie Rechtsstaatlichkeit und Gewaltenteilung.

Als ebenso gefährlich galt den Fürsten der Nationalismus, denn es wurde die Einheit von Staat und Nation, d. h. ein gemeinsames Deutschland, gefordert. Gerade für die beiden größten Staaten im Deutschen Bund, Preußen und Österreich, die sich aus einer Vielzahl von Nationalitäten zusammensetzten, war dies unannehmbar. Ein geeintes Deutschland hätte für sie das Ende ihrer eigenen Staaten bedeutet.

Liberalismus und Nationalismus waren nicht streng voneinander getrennt, sondern gingen häufig ineinander über. Hoffmann von Fallersleben drückte beides in seinem „Lied der Deutschen" aus.

Eine politische Großdemonstration – das Hambacher Fest

Unter dem Deckmantel eines Volksfestes kam es im Mai 1832 zu einer großen politischen Kundgebung. Die fast 30 000 Teilnehmer strömten aus weitem Umkreis zum Versammlungsort, dem Hambacher Schloss:
- Es waren nun alle Bevölkerungsschichten beteiligt. Bürger, Arbeiter, Professoren, Studenten und Bauern trugen schwarz-rot-goldene Fahnen mit sich.
- Die Redner forderten einen deutschen Nationalstaat, Meinungsfreiheit, die Aufhebung der Zensur. Die Bürgerrechte sollten in einer Verfassung garantiert werden.

Da es kaum zwei Jahre vorher in Frankreich wieder zu Unruhen gekommen war, reagierten die Fürsten im Deutschen Bund noch empfindlicher: Alle bisherigen Unterdrückungs- und Zensurmaßnahmen wurden nochmals deutlich verschärft. Die schwarz-rot-goldene Fahne, das Symbol der Nationalbewegung, wurde im gesamten Bundesgebiet verboten.

Der Rückzug des Bürgertums ins Private

Nicht alle Bürger waren von den politischen Forderungen angetan. Sie suchten stattdessen ihr Glück im Privatleben. Ein geselliges, gut bürgerliches Leben im Familienkreis mit klarer Rollenverteilung war ihnen wichtiger als die Politik. Man glaubte, gegen die Obrigkeit nicht aufbegehren zu dürfen, oder war einfach nicht an der Politik interessiert. Dafür widmete man sich mit großer Hingabe der Kunst, der Literatur, der Musik und der Geschichte. Für diese Lebenseinstellung und Kunstauffassung prägte man den Begriff des **Biedermeier.** Das Leben der gebildeten Bevölkerungskreise wurde zum gesellschaftlichen Vorbild im Bürgertum. Nicht mehr nur Besitz und Eigentum, sondern Bildung, Kultur und gute Manieren wurden als wichtige Werte anerkannt.

Aufgaben

1. Suche Informationen zu Jakob und Wilhelm Grimm, Heinrich Heine, Ludwig Börne, Annette von Droste-Hülshoff und Georg Büchner und stelle sie in einer Wandzeitung vor.

2. Erkläre die Bedeutung und Funktion von Nationalflagge und -hymne für ein Land.
→ M2, M3, M5

Der Widerstreit zwischen Restauration und Emanzipation

M 6 Rede auf dem Wartburgfest 1817

Der Vertreter der Jenaer Burschenschaft appellierte in seiner Rede an die Teilnehmer:

Vier lange Jahre sind seit jener Schlacht [bei Leipzig] verflossen; das deutsche Volk hatte schöne Hoffnungen gefasst, sie sind alle vereitelt; alles ist anders gekommen, als wir erwartet haben; viel
5 Großes und Herrliches, was geschehen konnte und musste, ist unterblieben […]. Über solchen Ausgang sind viele wackere Männer kleinmütig geworden, meinen, es sei eben nichts mit der viel gepriesenen Herrlichkeit des deutschen Volkes,
10 ziehen sich zurück vom öffentlichen Leben […].
An dem, was wir erkannt haben, wollen wir aber auch nun halten, […] der Geist, der uns hier zusammengeführt, der Geist der Wahrheit und Gerechtigkeit, soll uns leiten durch unser ganzes
15 Leben, dass wir, alle Brüder, alle Söhne eines und desselben Vaterlandes, eine eherne [feste] Mauer bilden gegen jegliche äußere und innere Feinde dieses Vaterlandes, […]; dass uns nicht blenden soll der Glanz des Herrscherthrones, zu reden das
20 starke freie Wort, wenn es Wahrheit und Recht gilt; dass nimmer in uns erlösche das Streben nach […] jeglicher menschlichen und vaterländischen Tugend.

Deutsche Geschichte in Quellen, Bd. 7. S. 67 ff.

M 7 Karlsbader Beschlüsse 1819

Mit den Bundesgesetzen wurden das gesamte politische Leben überwacht, Forschung und Lehre kontrolliert:

[Es] dürfen Schriften, die in Form täglicher Blätter oder heftweise erscheinen, desgleichen solche, die nicht über 20 Bogen [320 Seiten] im Druck stark sind, in keinem Bundesstaat ohne Vorwissen und […] Genehmigung der Landesbehörden zum 5 Druck befördert werden.

Deutsche Geschichte in Quellen, Bd. 7. S. 72 ff.

M 8 Auszug aus dem Grundgesetz

Artikel 5 [Freiheit der Meinung, Kunst und Wissenschaft]
(1) Jeder hat das Recht, seine Meinung in Wort, Schrift und Bild frei zu äußern und zu verbreiten und sich aus allgemein zugänglichen Quellen 5 ungehindert zu unterrichten. Die Pressefreiheit und die Freiheit der Berichterstattung durch Rundfunk und Film werden gewährleistet. Eine Zensur findet nicht statt. […]
(3) Kunst und Wissenschaft, Forschung und Lehre 10 sind frei. Die Freiheit der Lehre entbindet nicht von der Treue zur Verfassung.

http://www.bundestag.de/parlament/funktion/gesetze/Grundgesetz/gg.html (Stand: 26.09.2009)

M 9 Der Zug zum Hambacher Schloss am 27. Mai 1832
Collage von 1982, nach einem Stich von 1832

M 10 „Die Gedanken sind frei"

Johann Wirth, einer der Organisatoren des Hambacher Festes, schrieb im Februar 1832:

Auch der größte Despot hat nur Gewalt über den Körper: Über den Geist gebietet keine andere Macht als die moralische. Wenn nun auch unsere Körper der Macht der Tyrannen unterworfen sind, so bleibt
5 doch der Geist frei; und dadurch ist uns die Macht gegeben, die Wiedervereinigung Deutschlands im Geiste herzustellen. […] Aus dem geistigen Bündnisse entspringt aber die Macht der öffentlichen Meinung und da diese schwerer in die Waagschale
10 der Gewalten fällt als alle Macht der Fürsten, so führt die Wiedergeburt Deutschlands, im Geiste, von selbst auch auf die [wirkliche] Vereinigung.

zit. n.: Kermann, J. [Hg.]: Texte zur Landesgeschichte

M 12 Victor von Scheffel: „Des Biedermanns Abendgemütlichkeit" (1848)

Vor meiner Haustür steht 'ne Linde,
In ihrem Schatten sitz ich gern,
Ich dampf mein Pfeiflein in dem Winde,
Und lob' durch Nichtstun Gott den Herrn. 5
Die Bienen summen froh und friedlich,
und saugen Bienenhonig ein,
Und alles ist so urgemütlich,
dass ich vor innrer Rührung wein.
Und hätt in Deutschland jeder Hitzkopf, 10
Wie ich 'ne Linde vor der Tür,
Und rauchte seinen Portoriko [Tabaksorte],
Mit so beschaulichem Pläsier [Genuss],
So gäb' es nicht so viel Krakehler [Herumschreier],
In dieser schönen Gotteswelt. 15
Die Sonne schien nicht auf Skandäler [Skandale],
Und doch wär alles wohl bestellt.
Amen

zit. n.: Gutknecht, Ch.: Lauter blühender Unsinn. S. 105 f.

M 11 Mode der Biedermeierzeit
Kupferstich um 1826

M 13 „In einem Berliner Wohnzimmer um 1815"
Federzeichnung von Carl F. Zimmermann 1816

Aufgaben

1. Bestimme in den Textquellen M6 und M10 die liberalen und nationalen Aussagen.
2. Beschreibe die auf dem Bild dargestellte Stimmung des Hambacher Festes. → M9
3. a) Vergleiche M7 mit M8 und benenne die Unterschiede.
   b) Begründe den Stellenwert der Meinungsfreiheit in einer Demokratie. → M8, M10
4. a) Benenne die typischen Merkmale des Biedermeier in den beiden Gemälden und dem Gedicht.
   → M11, M12, M13
   b) Erstelle eine Collage, was heute unter dem Begriff Biedermeier angeboten wird (z. B. Mode, Blumensträuße, Möbel).
   → M11, M13

Methode: Umgang mit Karikaturen

M 1 **Der Denker-Club,** anonyme Karikatur um 1820
Die Gesetze des Denker-Clubs stehen auf dem rechten Plakat:
I. Der Präsident eröffnet präzise 8 Uhr die Sitzung. II. Schweigen ist das erste Gesetz dieser gelehrten Gesellschaft. III. Auf dass kein Mitglied in Versuchung geraten möge, seiner Zunge freyen Lauf zu lassen, so werden beim Eintritt Maulkörbe ausgeteilt. IV. Der Gegenstand, welcher in jedesmaliger Sitzung durch ein reifes Nachdenken gründlich erörtert werden soll, befindet sich auf einer Tafel mit großen Buchstaben deutlich geschrieben.

M 2 **Die gute Presse,** anonyme Karikatur um 1840
Der anonymen Karikatur war der folgende Text beigefügt:
„Süße heilige Zensur, lass uns gehn auf deiner Spur;
Leite uns an deiner Hand, Kindern gleich, am Gängelband."

Karikaturen interpretieren und verstehen

Karikaturen stellen besondere Bildquellen dar, denn in ihnen soll dem Betrachter weitaus mehr vermittelt werden als das vordergründig Abgebildete. Der Begriff „Karikatur" (ital. „caricare") steht für ein kritisches, häufig auch spöttisches Zerrbild, in dem die Wirklichkeit überzeichnet, d. h. übertrieben oder verfremdet, dargestellt wird. Die Verfremdung ist das wichtigste Merkmal der Karikatur:
- Ein dem Betrachter üblicherweise bekannter Sachverhalt wird aus seinem ursprünglichen Zusammenhang gelöst und in einen neuen Zusammenhang übertragen.
- Dem Gesamtbild kommt so eine neue Sinnaussage zu.

Zum Beispiel wird in der Zeit der Restauration eine Schere meist als Symbol für die Pressezensur gebraucht. In personenbezogenen Karikaturen werden hingegen oft typische Kleidungsstücke oder das Aussehen überzeichnet (z. B. der Hut Napoleons oder dessen Größe).

In einer Karikatur werden komplizierte Vorgänge meist stark vereinfacht und auf eine einzige Kernaussage verkleinert. Ähnlich wie bei einer Karte oder einem Schaubild muss der Betrachter erst den Bildinhalt einer Karikatur entschlüsseln, um deren Bedeutung erfassen zu können. Anders als bei einer Karte fehlt allerdings eine Legende zur Entschlüsselung.

Je weiter Karikaturen zurückliegen und darin auf ein bestimmtes Ereignis oder eine Person Bezug genommen wird, desto schwieriger sind sie für uns heute zu enträtseln und zu verstehen. Deshalb ist das geschichtliche Hintergrundwissen zur Entstehungszeit der Karikatur, zum dargestellten Ereignis oder geschichtlichen Vorgang notwendig. Fehlt dieses Wissen, bleibt dem heutigen Betrachter die ursprüngliche Kritik des Zeichners oder dessen Spott verborgen.

Fragen an alle Karikaturen

1. Entstehung der Karikatur
- Aus welcher Zeit stammt die Karikatur?
- Sammle deine historischen Kenntnisse zum Zeitabschnitt und eventuell dargestellten Personen.

2. Beschreibung der Karikatur
- Wer oder was wird in der Karikatur dargestellt?
- Beschreibe die Karikatur und deren einzelne Bildelemente.

3. Symbolik der Karikatur
- Welche Symbole werden in der Karikatur verwendet?
- Ermittle die in den Symbolen versteckte Kritik oder Aussage.

4. Deutung der Karikatur
- Welche Absicht verfolgte der Zeichner mit der Karikatur?
- Erkläre die Bedeutung der Karikatur im geschichtlichen Zusammenhang.

Fragen an diese Karikaturen

1. Beschreibe die verwendeten Symbole und erkläre deren Bedeutung.
2. Erkläre den Zusammenhang der jeweiligen Bildaussagen mit den Karlsbader Beschlüssen von 1819.

Der Widerstreit zwischen Restauration und Emanzipation

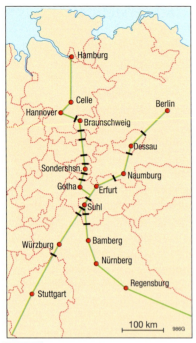

M 1 Zollschranken nach 1815

Wirtschaftliche Veränderungen im Deutschen Bund

Grenzen behindern den Handel

Der Deutsche Bund war kein einheitlicher Staat wie Frankreich oder England, sondern ein Staatenbund. Die 34 einzelnen Staaten und vier freien Städte bildeten nur einen losen Zusammenschluss. Insbesondere im Handel führte dies zu Problemen:
- Maße, Gewichte und Währungen unterschieden sich voneinander,
- Zollschranken zwischen den eigenständigen Staaten behinderten den freien Warenaustausch und verteuerten die Waren.

In beiden Bereichen wurde in der Bundesversammlung in Frankfurt keine Lösung angestrebt, denn die Fürsten beharrten auf ihren traditionellen Rechten und Einnahmequellen. Jede Forderung nach einem freien Handel, nach einem gemeinsamen Zollgebiet oder einer einheitlichen Währung wurde von ihnen unterdrückt.

Ein erster Zusammenschluss

Innerhalb der einzelnen Bundesstaaten waren die alten Zollschranken schon abgeschafft. Nur an den Staatsgrenzen wurden Zölle auf die Waren verlangt. Der entscheidende Anstoß für ein großes, zusammenhängendes Zollgebiet ging dann schließlich vom wirtschaftlich führenden Preußen aus. Je mehr der Handel zwischen seinen beiden getrennten Gebietshälften zunahm, desto hinderlicher waren die Zölle, die zwischen den beiden Teilen an andere Staaten bezahlt werden mussten. Anfangs vereinbarte Preußen mit diesen Ländern nur zollfreie Fernhandelsstraßen, später einigte man sich mit den süddeutschen Staaten auf einen gemeinsamen Deutschen Zollverein:
- Es gab keine Zölle innerhalb seines Gebietes, dafür einen einheitlichen Außenzoll. Die Einnahmen daraus wurden aufgeteilt.
- Die unterschiedlichen Gewichtsmaße wurden vereinheitlicht.
- Der preußische Taler wurde zur wichtigsten Währung im Zollvereinsgebiet.

M 2

M 3 Souvenirdose von 1836, die mit einer Zeichnung zur ersten deutschen Eisenbahnlinie zwischen Nürnberg und Fürth bemalt ist

Trotz des wirtschaftlichen Zusammenschlusses bildete der Deutsche Zollverein keinen Staat. Außerdem prägte der Gegensatz zwischen Preußen und Österreich weiter den Deutschen Bund.

Die Warenherstellung verändert sich

Die Gründung des Deutschen Zollvereins war durch Veränderungen in der Warenproduktion und im Verkehr vorangetrieben worden. Wie bereits in England vollzogen sich damals auch in einigen Gebieten des Deutschen Bundes Veränderungen:

- Die Waren wurden arbeitsteilig mit Maschineneinsatz hergestellt.
- Durch höhere Stückzahlen sank der Preis des einzelnen Produktes.
- Leistungsfähige Dampfmaschinen ersetzten die Kraft von Menschen, Tieren, Wind oder Wasser und ermöglichten eine unabhängigere und schnellere Produktion.
- Die Fabrikbesitzer handelten als Unternehmer planvoll, um den eigenen Gewinn zu erhöhen. Sie stellten gezielt die Waren her, die benötigt wurden und einen hohen Profit versprachen.

Diese Umgestaltungen setzten nicht in allen Ländern des Deutschen Bundes, nicht an allen Orten und nicht in allen Gewerben gleichzeitig ein. Unabhängig von bisherigen Handwerkstraditionen bildeten sich neue Wirtschaftszentren an den Flüssen Rhein und Ruhr, in Sachsen und Schlesien aus. Dort stand überall der Energieträger Steinkohle für Dampfmaschinen direkt zur Verfügung.

Waren und Nachrichten werden schneller transportiert

Für einen schnelleren Warentransport wurden von den Staaten Fernhandelsstraßen befestigt, Flüsse vertieft, begradigt und über Kanäle miteinander verbunden. Hingegen wurden der Eisenbahnbau und die Dampfschifffahrt fast ausschließlich privat finanziert. Von den schnellen, neuen Transport- und Reisemitteln erhofften sich deren Aktionäre ein gutes Geschäft. Der gesamte Eisenbahnbau – Schienen, Lokomotiven- und Waggonbau – war anfangs von englischen Importen abhängig. Allerdings kopierte man diese fremden Technologien, indem man z. B. ganze Lokomotiven in Einzelteile zerlegte und nachbaute oder sich in den englischen Firmen das notwendige Wissen erschlich.

Auch Nachrichten konnten durch Bahnreisende und die Erfindung der Telegrafie endlich schneller ausgetauscht werden. Von Telegrafenstation zu Telegrafenstation wurden einzelne Zeichen anfangs noch optisch übermittelt. Erst durch die elektrische Telegrafie konnten mehr Zeichen viel schneller übermittelt werden. Allerdings waren immer noch viele Zwischenstationen und speziell ausgebildete Personen, sogenannte Telegrafisten, erforderlich. Mittels der Telegrafie konnten vor allem militärische Befehle schneller weitergeleitet werden. Zunehmend wurden auch Nachrichten aus Zeitungen miteinander ausgetauscht.

M 4 Optische Telegrafenstation
Von Berlin nach Koblenz verlief eine Telegrafenstrecke mit 61 Zwischenstationen. Die Buchstaben und Zahlen wurden in ein kompliziertes System übertragen und durch die Zeiger dargestellt.

Aufgaben

1. Beschreibe, wodurch der Handel im Deutschen Bund erschwert wurde.
   → M1

2. Vergleiche das Gebiet des Deutschen Zollvereins um 1842 mit dem Gebiet des Deutschen Bundes.
   → M2

Der Widerstreit zwischen Restauration und Emanzipation

M 5 Über die Zollgrenzen im Deutschen Bund

Der württembergische Liberale und Wirtschaftsprofessor Friedrich List stellte 1819 Überlegungen zum Deutschen Bund an. Aufgrund seiner liberalen Forderungen wurde er von den Behörden überwacht und inhaftiert.

Achtunddreißig Zoll- und Mautlinien in Deutschland lähmen den Verkehr im Inneren und bringen ungefähr dieselbe Wirkung hervor, wie wenn jedes Glied des menschlichen Körpers unterbun-
5 den wird, damit das Blut ja nicht in ein anderes überfließe. Um von Hamburg nach Österreich, von Berlin in die Schweiz zu handeln, hat man zehn Staaten zu durchschneiden, zehn Zollordnungen zu studieren, zehnmal Durchgangszoll zu bezah-
10 len […].
Trostlos ist dieser Zustand für Männer, welche wirken und handeln möchten; mit neidischen Blicken sehen sie hinüber über den Rhein, wo ein großes Volk vom Kanal bis an das Mittelländische Meer,
15 vom Rhein bis an die Pyrenäen, von der Grenze Hollands bis Italien auf freien Flüssen und offenen Landstraßen Handel treibt, ohne einem Mautner [Zöllner] zu begegnen.

List, Friedrich: Schriften, Bd. 5. S. 50

M 6 Elektrischer Telegraf (Nachbau)
Die Buchstaben und Zeichen einer Nachricht übersetzte man beim Sender in kurze und längere Stromsignale (Morsealphabet). Am Empfängerort wurden dann Punkte oder Striche auf einem Papierstreifen ausgegeben. Telegrafenstationen waren wie an einer Kette aufgereiht und über Kabel miteinander verbunden.

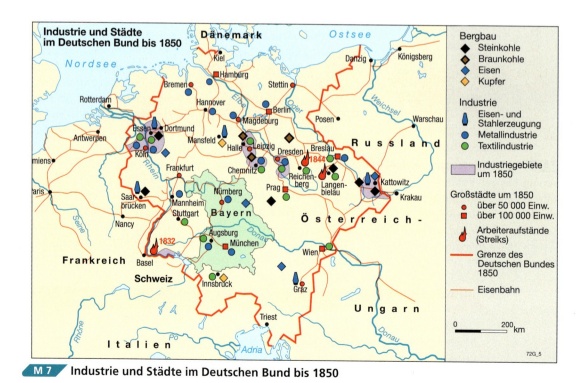

M 7 Industrie und Städte im Deutschen Bund bis 1850

M 8 Über den Nutzen der Eisenbahn

Der rheinische Unternehmer Friedrich Harkort berichtete nach einer „Informationsreise" durch England:

Größere Vorteile scheinen Eisenbahnen zu bieten. […] Die sämtlichen Ruhrzechen erhielten durch die Eisenbahn den unschätzbaren Vorteil eines raschen regelmäßigen Absatzes unter großen
5 Frachtersparungen. Innerhalb von drei Stunden könnte man 1000 Scheffel [entspricht heute etwa 8700 Liter] Kohlen […] nach dem Rhein schaffen. Wie glänzend würden die Gewerbe von Rheinland-Westfalen bei einer solchen Verbindung mit
10 dem Meer sich gestalten! Möge auch im Vaterland bald die Zeit kommen, wo der Triumphwagen des Gewerbefleißes mit rauchenden Kolossen bespannt ist und dem Gemeinsinne die Wege bahnte.

Zeitschrift „Hermann" Nr. 26, 30.3.1825

M 10 **Sächsisches Dampfschiff,** Kupferstich, 1836

M 11 **Treidelschifffahrt,** Holzstich, 1867

M 9 **Stärke der Dampflok Adler von 1835**

Aufgaben

1. Erläutere, welche Handelshindernisse Friedrich List bemängelt und was er fordert.
   → M5
2. 🔍 Notiere Zeichen und Abkürzungen, die von dir in einer E-Mail oder SMS aktuell benutzt werden. → M6
3. a) Erstelle eine Tabelle zu den Industriegebieten. Trage die Industrien und Rohstoffe ein.
   → M7
   b) Beschreibe die Nachteile Bayerns gegenüber diesen Regionen.
   → M7
4. Erläutere, welche Orte und Regionen vor allem miteinander verbunden wurden.
   → M7
5. Erkläre die Überlegenheit der neuen Verkehrsmittel.
   → M8, M9, M10, M11

Der Widerstreit zwischen Restauration und Emanzipation

Die deutsche Revolution von 1848

Häufig sind Touristen in Berlin verwundert, wenn sie den Straßennamen am berühmten Brandenburger Tor lesen: „Platz des 18. März". Die Lösung für dieses Rätsel findet sich im Jahr 1848, als auch in den deutschen Ländern eine Revolution stattfand.

Die Spannungen entladen sich

Das Streben der Bürger nach Freiheit und Einheit, nach garantierten Rechten und Mitbestimmung ließ sich trotz aller Unterdrückungsmaßnahmen nicht einfach beenden. Auch Verfolgungen und Verhaftungen hielten die Bürger nicht von ihren Forderungen zurück. Zu den unterdrückten Hoffnungen der Bürger kam nun noch anderes hinzu:
- Durch die wirtschaftlichen Veränderungen verloren immer mehr Menschen ihre Arbeitsplätze im Handwerk und ihr Einkommen.
- Missernten ließen 1846/47 die Grundnahrungsmittel Kartoffeln und Getreide viel teurer werden.
- In den Dörfern und Städten konnten große Teile der Bevölkerung nicht mehr den eigenen Lebensunterhalt sichern.

Im Frühjahr 1848 entluden sich dann in den Ländern des Deutschen Bundes schlagartig die Spannungen. Anders als kurz vorher in Frankreich begann die Revolution zuerst bei den Bauern. Vom Hunger getrieben, war ihr Protest der eigentliche Auslöser der Revolution:
- Die Bauern besetzten die Herrschaftshäuser der Gutsherren und verbrannten die Grundbücher, in denen die Abgaben eingetragen waren. Sie wollten endlich genügend Nahrung zum Überleben behalten können.
- Jetzt begehrten auch in den Städten Tagelöhner, Handwerker, Studenten und Bürger gegen die Polizei und das Militär der Fürsten auf. Sie wollten genug zu essen haben und endlich frei ihre Meinung äußern dürfen.

Von den an Frankreich angrenzenden Gebieten breitete sich der Protest rasch über den gesamten Deutschen Bund aus. Die Eisenbahn beförderte die Nachrichten und Revolutionäre schnell von Ort zu Ort.

Das Volk kämpft ...

Immer mehr Menschen fassten den Mut, sich gemeinsam gegen die herrschenden Fürsten zu wehren. Überall fanden Anfang März Demonstrationen, Versammlungen, die Erstürmung von Polizeiwachen und Schießereien statt. Als gemeinsames Zeichen trug man schwarz-rot-goldene Flaggen oder Abzeichen.

Die Fürsten hatten Angst, die Macht vollständig zu verlieren. Daher beteiligten sie nun Bürger an den Regierungen. In Wien musste der Fürst von Metternich sogar Österreich verlassen. Auch der preußische König Friedrich Wilhelm IV. hatte bereits eine Verfassung und Bürgerrechte zugesagt. Als aber Schüsse auf Demonstranten fielen, kam es zu Straßenschlachten. Die Berliner Bevölkerung errichtete Barrikaden, besorgte sich Waffen und kämpfte gemeinsam gegen königliche Soldaten. Schließlich mussten sich die Soldaten zurückziehen, der preußische König sich endgültig den Forderungen der Bürger beugen. Der Protest war in einen Kampf für Freiheit und Mitbestimmungen umgeschlagen.

M 1 Straßenschild in Berlin
Foto, 2009

M 2 „Frei und Einig"
Bürger, Soldat und Student versammeln sich unter einer gemeinsamen Flagge. Lithografie, 1848

M 3 Der Barrikadenkampf der Bürger gegen das königliche Militär am Alexanderplatz in Berlin am 18. März 1848.
Lithografie, 1848

… für eine gemeinsame Volksvertretung

Die Revolution schien im Frühjahr 1848 bereits gesiegt zu haben. Vor allem auf den preußischen König wurden viele Hoffnungen gesetzt. Schließlich hatte er angekündigt, dass Preußen in Deutschland aufgehen werde. Ein gemeinsamer Nationalstaat mit festen Bürgerrechten schien zum Greifen nahe. Die Entscheidung hierüber sollte in einem frei gewählten Parlament aller Deutschen, einer **Nationalversammlung**, geschlossen werden.

Erstmals konnte das Volk frei entscheiden, wer an seiner Stelle Entscheidungen treffen sollte. Aber nur über Besitz oder Einkommen verfügende Männer waren wahlberechtigt. Allerdings war dies in den Bundesstaaten ungleich geregelt. Frauen durften noch nicht wählen und waren von der Mitbestimmung ausgeschlossen.

Das Parlament wurde im Mai 1848 feierlich in der **Frankfurter Paulskirche** eröffnet. Die Abgeordneten beachteten damals nur wenig, dass nach wie vor die Fürsten in den Ländern des Deutschen Bundes herrschten. Die Revolution hatte zwar deren Macht beschnitten, das Volk an den Regierungen beteiligt, doch die Fürsten nach wie vor im Amt belassen. Der überwiegende Teil der Parlamentarier glaubte, dass nur im gemeinsamen Handeln mit den Fürsten ein geeintes Deutschland gestaltet werden könne. Nur wenige, wie der sächsische Abgesandte Robert Blum setzten sich für eine Republik, d. h. ein Deutschland ohne König oder sonstige Fürsten ein. Diese und viele andere Fragen mussten von den Abgeordneten rasch geklärt werden.

M 4 Frankfurter Paulskirche
Lithografie, 1848

Aufgaben

1. Erkläre in einem Rollenspiel einer Gruppe von Berlin-Touristen die Herkunft des Straßennamens „Platz des 18. März". → M1, M3

2. Beschreibe, welche Bildelemente in M2, M3 und M4 übereinstimmen.

Der Widerstreit zwischen Restauration und Emanzipation

M 5 Über die Armut der Bauern

In einem zeitgenössischen Bericht wird die Ernährung der Bauern um 1840 geschildert.

Von Martini bis Weihnachten wurde alle Tage zweimal bloß Rüben gegessen, die zu Mittag gekocht und am Abend wieder aufgewärmt wurden [...] Von Weihnachten bis Ostern wurden in
5 derselben Weise täglich zweimal Erbsen gegessen, die mit [Rapsöl] mundgerecht gemacht werden, und von Ostern, bis die frischen Gemüse herankamen, zweimal Linsen. Fleisch wurde nur an den vier Hauptfesten gegessen [...] denn die kleinen
10 Bauern [...] produzierten nicht so viel Korn, als sie dem Gutsherrn als Pacht abliefern mussten.

Schild, G.: Aufbruch aus der Behaglichkeit. S. 33 f.

M 6 Das Elend in Schlesien

1844 war es in Schlesien zu einem Hungeraufstand gekommen, der von der preußischen Armee niedergeschlagen wurde.

M 7 Inschrift einer Bauernstube

Dieses Haus ist gebaut worden 1829. Es war Lehensgut. Ich erlebte eine gute Zeit, denn im Jahre 1848 auf den 18ten April wurde in ganz Deutschland das Lehen aufgehoben und das Eigentum
5 bekannt gemacht, sodass jeder Bauer nach seinem Belieben schalten und walten könne.

zit. n.: Zeit für Geschichte, S. 149

M 8 Bauern erstürmen das Schloss Waldenburg in Sachsen, Holzstich vom Mai 1848

M 9 Märzforderungen an den preußischen König

Die Berliner Bürger forderten am 7. März 1848 Folgendes in einem Flugblatt ein:

1. Unbedingte Pressefreiheit
2. Vollständige Redefreiheit
3. Sofortige [...] Begnadigung aller wegen politischer und Pressevergehen Verurteilten und Verfolgten
4. Freies Versammlungs- und Vereinigungsrecht
5. Gleiche politische Berechtigung aller, ohne Rücksicht auf religiöses Bekenntnis und Besitz [...]
8. Allgemeine deutsche Volksvertretung

Flugblatt vom 07.03.1848

M 10 Straßenkampf in Berlin

Über die Ereignisse im März 1848 berichtet ein Zeitgenosse in seinen Lebenserinnerungen:

Bald waren in allen Richtungen die Straßen mit Barrikaden gesperrt. Die Pflastersteine schienen von selbst aus dem Boden zu springen und sich zu Brustwehren [Barrikaden] aufzubauen, auf denen dann
5 schwarz-rot-goldene Fahnen flatterten – und hinter ihnen Bürger aus allen Klassen [...] – hastig bewaffnet mit dem, was eben zur Hand war – Kugelbüchsen, Jagdflinten, Pistolen, Spießen, Säbeln, Äxten, Hämmern usw. Es war ein Aufstand ohne Vorbereitung, ohne Planung, ohne System. [...]
10 Und hinter den Barrikaden waren die Frauen geschäftig, den Verwundeten beizustehen und die Kämpfenden mit Speis und Trank zu stärken, während kleine Knaben eifrig dabei waren, Kugeln zu gießen oder Gewehre zu laden [...].
15

Schurz, Carl: Lebenserinnerungen, Bd.1. Berlin 1906. S. 123 f.

M 11 Hinter den Barrikaden
Jugendliche gießen aus Bleilettern der Berliner Druckereien Kugeln für die Gewehre.

M 12 Der preußische König muss nachgeben

Der Diplomat Karl A. Varnhagen berichtete von der Beisetzung der im Straßenkampf getöteten Revolutionäre:

Zuerst wurden sechs bis sieben Leichen von der Breiten Straße her nach dem Schloss angefahren, die blutigen Wunden aufgedeckt, bekränzt mit Blumen und Laub. Die begleitende Volksmenge
5 […] schrie; der König soll die Leichen sehen, hieß es.
Auf den gebieterischen Ruf hin erschien der König auf dem Altan [Balkon] […] Alles hatte den Kopf entblößt, nur der König die Mütze auf; da hieß es
10 gebieterisch: „Die Mütze herab!", und er nahm sie ab.
[Beim Leichenzug] musste der König wiederholt auf der Galerie erscheinen, die Leichen grüßen und vieles anhören. Endlich wurde ein geistliches
15 Lied angestimmt und […] die ganze Volksmenge sang mit und schien versöhnt. Der König durfte sich erschöpft und vernichtet zurückziehen.
Geschichte in Quellen, Bd. 5. S. 154

M 13 Aufruf des preußischen Königs

Am 21. März reagierte Friedrich Wilhelm IV. auf die Märzrevolution und erkannte die Forderungen der Aufständischen an.

An mein Volk und an die deutsche Nation
Mit Vertrauen spreche Ich heute, wo das Vaterland in höchster Gefahr schwebt, zu der deutschen Nation […]. Deutschland ist von innerer Gärung ergriffen […]. Rettung aus dieser […] Gefahr kann 5
nur aus der innigsten Vereinigung der deutschen Fürsten und Völker unter einer Leitung hervorgehen.
Ich übernehme heute diese Leitung für die Tage der Gefahr. Mein Volk, das die Gefahr nicht scheut, 10
wird mich nicht verlassen, und Deutschland wird sich mir mit Vertrauen anschließen. Ich habe heute die alten deutschen Farben angenommen und mich und mein Volk unter das ehrwürdige Banner des deutschen Reiches gestellt. Preußen geht fort- 15
an in Deutschland auf.
Geschichte in Quellen, Bd. 7. S.266 f.

M 14 Umritt des Königs durch Berlin
Friedrich Wilhelm IV. König von Preußen verkündet in den Straßen seiner Hauptstadt die Einheit der deutschen Nation.
Abbildung aus „Neuruppiner Bilderbogen", 1848

Aufgaben

1. Beschreibe die Not der Bauern und die Reaktion der Fürsten. → M5, M6
2. Erläutere mithilfe der Abbildung M8 die Inschrift der Bauernstube. → M7, M8
3. Diskutiert über die Märzforderungen. Begründet und belegt mit Beispielen, warum diese in einer Demokratie notwendig sind. → M9
4. Verfasse ein Flugblatt, indem du von den Ereignissen in Berlin berichtest. → M10, M11
5. Finde in den Text- und Bildquellen Belege dafür, dass der preußische König der Revolution nachgab. Ordne deine Ergebnisse nach den Kriterien: Gesten, Worte und Handeln.
→ M12, M13, M14

Der Widerstreit zwischen Restauration und Emanzipation

M 1 Robert Blum (1807–1848)
Porträt um 1845

Der Traum von Einheit und Freiheit

Als der sächsische Abgeordnete Robert Blum den Tagungsraum der Nationalversammlung in der Frankfurter Paulskirche betrat, war er voller Hoffnung auf ein geeintes Deutschland und eine Verfassung mit garantierten Rechten. Alle Abgeordneten waren in freier und gleicher Wahl bestimmt worden. Nun lag es an ihnen, in einer gemeinsamen Verfassung den lange verfolgten Traum Wirklichkeit werden zu lassen.

Fragen über Fragen

Die Zeit der politischen Unterdrückung und Verfolgung im Deutschen Bund hatte verhindert, dass sich Parteien gebildet hatten. Erst jetzt, in den Debatten und durch gleiche Überzeugungen, kam es zu losen Zusammenschlüssen von Abgeordneten. Dort diskutierte man die wichtigsten Fragen:
- Welche Rechte sollten den Bürgern künftig garantiert werden?
- Sollte man noch mit den Fürsten zusammenarbeiten und konnte man ihnen vertrauen?
- Wie groß sollte das geeinte Deutschland eigentlich sein?

In den Beratungen und Debatten der Nationalversammlung wurde heftig um die Antworten gestritten. Manche Überzeugungen der Abgeordneten waren so gegensätzlich, dass kein Kompromiss gefunden werden konnte. Diese intensiven Auseinandersetzungen waren für die Abgeordneten sehr wichtig. Endlich konnten sie frei und ohne Angst ihre Meinung sagen. Aber die Antworten zogen sich in die Länge und in der Zwischenzeit fanden die Fürsten wieder zu alter Stärke. Noch immer erteilten nur sie Polizei und Militär die Befehle.

M 2 Das Parlament in der Frankfurter Paulskirche, zeitgenössische Zeichnung

M 3 Hampelmann 1848
Spottfigur zum Parlamentspräsidenten der Frankfurter Paulskirche. Dieser versucht mit Glocke und Rute für Ruhe und Ordnung während der Debatten zu sorgen.

Freiheit, Gleichheit und Gerechtigkeit
Die Abgeordneten der Frankfurter Paulskirche informierten die Bürger ständig über den aktuellen Stand ihrer Arbeiten. An oberster Stelle standen die Beratungen zu den Grundrechten, die jedem Bürger zustehen und ihn vor staatlicher Willkür schützen sollten:
- Freiheit, Eigentum, Meinung, das Recht auf Versammlung, Glaube, Gewissen, Beruf, Wissenschaft und viele weitere Rechte sollten niemandem mehr genommen werden können.
- Sämtliche Privilegien des Adels wurden endgültig abgeschafft. Alle Bürger sollten gleiche Rechte haben.

Weitaus schwieriger war die Antwort auf die Zusammenarbeit mit den regierenden Fürsten. Eine kleine Gruppe von Abgeordneten, denen auch Robert Blum angehörte, glaubte nicht daran, dass die Fürsten freiwillig ihre Macht an Parlamente abgeben oder begrenzen lassen würden. Die breite Mehrheit glaubte dagegen an das Wohlwollen der Fürsten. Daher sollte kein gewählter Präsident an der Spitze einer Republik, sondern ein erblicher Kaiser an der Spitze eines geeinten Deutschlands mit einer Monarchie stehen.

Wie groß soll Deutschland sein?
Am kompliziertesten erwies sich in der Verfassung die Frage nach der Größe eines geeinten Deutschlands. Mit welchen Teilen sollten die beiden größten Staaten, Preußen und Österreich, einen Platz darin finden? Zu Preußen gehörten z. B. polnische Gebiete, in denen nur zum Teil deutsch gesprochen wurde, während sich das Kaiserreich Österreich-Ungarn sogar bis an die Grenze zu Russland erstreckte. In der Frankfurter Paulskirche wurden vor allem zwei Lösungen diskutiert:
- großdeutsch, d. h. mit den überwiegend deutschsprachigen Teilen Österreichs und Preußens, oder
- kleindeutsch, d. h. ohne Österreich, aber mit ganz Preußen.

Während die Abgeordneten noch nach Lösungsmöglichkeiten suchten, handelte der österreichische Kaiser bereits. Er war nicht bereit, den Vorschlag der Nationalversammlung anzunehmen, sein Land zu zerteilen und Macht abzugeben. Mithilfe seines Militärs gewann er die Kontrolle über Österreich zurück und beendete dort die Revolution. In Wien kam es dabei zu heftigen Kämpfen. Robert Blum, der den österreichischen Revolutionären helfen wollte, wurde gefangen genommen, zum Tode verurteilt und erschossen.

Als einzige Lösung verblieb den Abgeordneten daher nur noch die kleindeutsche Variante mit Preußen, aber ohne Österreich. Der weitere Verlauf und der Erfolg der Revolution hingen nun von der Zusammenarbeit mit dem preußischen König ab. Die Abgeordneten vertrauten ihm und boten ihm die Kaiserkrone an. Schließlich hatte er ja im März 1848 erklärt, dass Preußen fortan die Revolution unterstütze.

M 4 Die klein- und großdeutsche Lösung im Vergleich

Aufgaben

1. Beschreibe den Parlamentssaal der Frankfurter Paulskirche.
   → M1

2. Erkläre mithilfe der Karte M4, warum der österreichische Kaiser eine großdeutsche Lösung ablehnte.

Der Widerstreit zwischen Restauration und Emanzipation

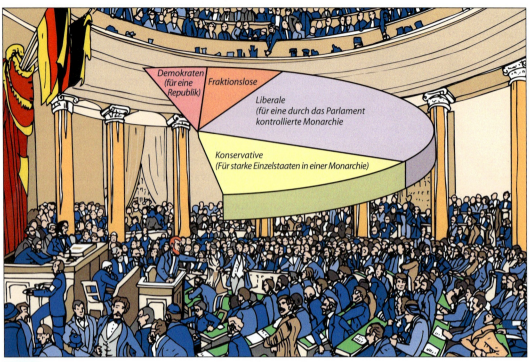

M 5 Die Sitzverteilung in der Frankfurter Paulskirche
Die Abgeordneten hatten im Parlament keinen vorgegebenen Sitzplatz. Sie suchten sich Sitznachbarn mit ähnlicher politischer Grundüberzeugung. Es bildete sich langsam diese Sitzordnung heraus.

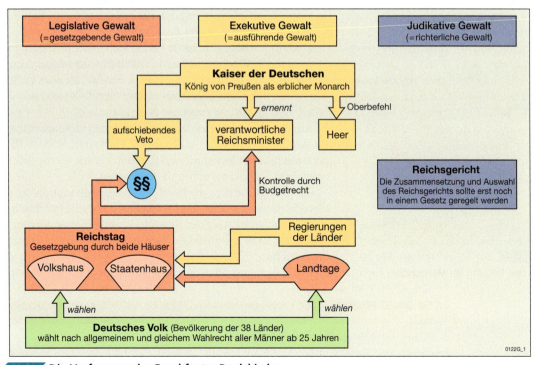

M 6 Die Verfassung der Frankfurter Paulskirche
Die Zusammensetzung und Auswahl des Reichsgerichts sollte erst noch in einem Gesetz geregelt werden.

M 7 Grundrechte in der Verfassung der Frankfurter Paulskirche von 1848/49

§ 130 Dem deutschen Volke sollen die nachstehenden Grundrechte gewährleistet sein. Sie sollen den Verfassungen der deutschen Einzelstaaten zur Norm dienen, und keine Verfassung oder
5 Gesetzgebung eines deutschen Einzelstaates soll diese aufheben oder beschränken können. [...]
§ 137 Vor dem Gesetz gilt kein Unterschied der Stände. Der Adel als Stand ist aufgehoben. [...].
§ 138 Die Freiheit der Person ist unverletzlich. [...]
10 Die Polizeibehörde muss jeden, den sie in Verwahrung genommen hat, im Laufe des folgenden Tages entweder freilassen oder der richterlichen Behörde übergeben. [...]
§ 140 Die Wohnung ist unverletzlich. [...]
15 § 143 Jeder Deutsche hat das Recht, durch Wort, Schrift, Druck und bildliche Darstellung seine Meinung frei zu äußern.
§ 144 Jeder Deutsche hat volle Glaubens- und Gewissensfreiheit. [...]
20 § 152 Die Wissenschaft und ihre Lehre ist frei. [...]
§ 158 Es steht einem jeden frei, seinen Beruf zu wählen und sich für denselben auszubilden, wie und wo er will.
25 § 159 Jeder Deutsche hat das Recht, sich mit Bitten und Beschwerden schriftlich an die Behörden, an die Volksvertretungen und an den Reichstag zu wenden. [...]
§ 161 Die Deutschen haben das Recht, sich fried-
30 lich und ohne Waffen zu versammeln. [...]
§ 164 Das Eigentum ist unverletzlich. Eine Enteignung kann nur aus Rücksichten des gemeinen Besten, nur aufgrund eines Gesetzes und gegen gerechte Entschädigung vorgenommen werden.

Deutsche Geschichte in Quellen, Bd. 7. S. 326 ff.

M 8 Grundrechte im Grundgesetz für die Bundesrepublik Deutschland von 1949

Art.1 [...] (3) Die nachfolgenden Grundrechte binden Gesetzgebung, vollziehende Gewalt und Rechtsprechung als unmittelbar geltendes Recht. [...]
5 Art. 3 (1) Alle Menschen sind vor dem Gesetz gleich. [...]
Art. 4 (1) Die Freiheit des Glaubens, des Gewissens und die Freiheit des religiösen und weltanschaulichen Bekenntnisses sind unverletzlich. [...]
10 Art. 5 (1) Jeder hat das Recht, seine Meinung in Wort, Schrift und Bild frei zu äußern und zu verbreiten und sich aus allgemein zugänglichen Quellen ungehindert zu unterrichten. Die Pressefreiheit und die Freiheit der Berichterstattung durch Rundfunk und Film werden gewährleistet.
15 Eine Zensur findet nicht statt. [...]
(3) Kunst und Wissenschaft, Forschung und Lehre sind frei. [...]
Art. 8 (1) Alle Deutschen haben das Recht, sich ohne Anmeldung oder Erlaubnis friedlich und
20 ohne Waffen zu versammeln. [...]
Art. 9 (1) Alle Deutschen haben das Recht, Vereine und Gesellschaften zu bilden. [...]
Art. 12 (1) Alle Deutschen haben das Recht, Beruf, Arbeitsplatz und Ausbildungsstätte frei zu wäh-
25 len. [...]
Art. 13 (1) Die Wohnung ist unverletzlich. [...]
Art. 17 Jedermann hat das Recht, sich einzeln oder in Gemeinschaft mit anderen schriftlich mit Bitten oder Beschwerden an die zuständigen Stellen und
30 an die Volksvertretung zu wenden.

www.bundestag.de/dokumente/rechtsgrundlagen/grundgesetz/gg_01.html (Stand: 11.11.2009)

Aufgaben

1. a) Beschreibe die Sitzordnung der Abgeordneten aus der Sicht des Redners. → M5
   b) Erkläre, in welche Richtung der Abgeordnete Robert Blum blicken würde.
2. Erläutere das Verfassungsschema M6 anhand folgender Fragen: Wer ist Staatsoberhaupt und welche Rechte hat er? Welche Rechte hat dagegen der Reichstag und wie wird er gebildet?
3. Vergleiche die Grundrechte von 1848 und heute miteinander. Ordne die ähnlichen Bestimmungen in eine Tabelle ein und beschreibe den Inhalt in einem Schlagwort.
   → M7, M8

	1848	1949
Berufsfreiheit	§ 158	Art. 12
...	...	...

Der Widerstreit zwischen Restauration und Emanzipation

M 1 Friedrich Wilhelm IV.
Foto um 1855

Der Traum zerplatzt

Ein geeintes Deutschland – ohne Oberhaupt

Nach fast einem Jahr hatten die Abgeordneten der Nationalversammlung endlich die Grundzüge eines Deutschen Reiches erarbeitet. Von den selbstständigen deutschen Staaten nahmen 28, vor allem die kleineren Staaten, die vorgeschlagene Verfassung rasch an und waren bereit, sich einem geeinten Deutschland unterzuordnen:
- Es sollte keine Republik, sondern eine Monarchie sein.
- An der Spitze würde kein vom Volk gewählter Präsident, sondern ein erblicher Kaiser stehen.

Demnach würde die Herrscherfamilie, die von der Nationalversammlung für das Kaiseramt ausgewählt würde, auch zukünftig an der Spitze des Deutschen Reiches stehen. Da der österreichische Kaiser sich von der deutschen Nationalversammlung abgewandt hatte, verblieb nur noch der preußische König als Kandidat. Schließlich hatte preußisches Militär über die ganze Zeit hinweg die Frankfurter Paulskirche geschützt. Die Abgesandten der Nationalversammlung reisten daher voller Zuversicht nach Berlin, um dem preußischen König Friedrich Wilhelm IV. die erbliche Kaiserkrone eines geeinten und freien deutschen Reiches anzubieten.

Ein König, der nicht Kaiser werden will

In Preußen aber zögerte der König, die Verfassung der Paulskirche anzunehmen. Vom Schock des März 1848 hatten sich das Königshaus und der alte Adel längst erholt. Friedrich Wilhelm IV. hatte das damals aus Berlin vertriebene Militär wieder in die Hauptstadt zurückholen können. Außerdem hatte er für Preußen eigenmächtig eine Verfassung erlassen, in der seine Macht unangetastet blieb:
- Er allein setzte in Preußen eine Regierung ein und kontrollierte sie.
- Für alle Beschlüsse des preußischen Parlaments hatte er sich ein Einspruchsrecht eingeräumt.
- Dessen Abgeordnete wurden weder frei noch gleich gewählt.

Für den preußischen König war es also nicht notwendig, sich einem Deutschen Reich unterzuordnen und seine wiedergewonnene Macht zu teilen. Ein von einem Parlament kontrollierter Kaiser wollte er nicht sein. Da er keinen Vorteil für sich und Preußen sah, lehnte er die ihm angebotene Krone ab.

Die Revolution setzt sich nicht durch

Alle anderen deutschen Fürsten und Könige orientierten sich am Verhalten Friedrich Wilhelms IV. Auch sie hoben nun die fortschrittlichen Verfassungen auf, schlossen die frei gewählten Parlamente und ließen die Abgeordneten verhaften. Der preußische König unterstützte alle Fürsten mit seinen Soldaten bei diesem endgültigen Zurückdrängen der Revolution. Zwar kam es zu einzelnen Aufständen, aber diesmal waren die Fürsten die Gewinner. Eine neue Phase der Unterdrückung begann.

Obwohl die Revolution gescheitert war, blieben die demokratischen Gedanken und Ziele im Gedächtnis. Besonders die in der Frankfurter Paulskirche erarbeiteten Grundrechte für alle Deutschen wirkten als demokratisches Vorbild weit über das Jahr 1848 hinaus.

M 2 Gesandtschaft der Nationalversammlung bei Friedrich Wilhelm IV. am 3. April 1849
Stahlstich, 1861

M 3 Karikatur auf den preußischen König Friedrich Wilhelm IV., Lithografie um 1849

M 5 Der Präsident der Nationalversammlung vor der Germania, Lithografie um 1849
„Wat heulst'n kleener Hampelmann? – Ick habe Ihr'n Kleenen 'ne Krone jeschnitzt, nu will er se nich!"
Im Hintergrund spielt Friedrich Wilhelm IV. mit einem Bären, dem Wappentier Berlins.

M 4 Die Ablehnung der Kaiserkrone

Friedrich Wilhelm IV. beschrieb 1849 einem Freund sehr eindringlich seine Motive:

Die Krone, die ein Hohenzoller nehmen dürfte, [...] ist keine [...] wenn auch mit fürstlicher Zustimmung eingesetzte [...], sondern eine, die den Stempel Gottes trägt [...].
5 Diese Krone [...] ist verunehrt mit dem Ludergeruch [Gestank] der Revolution von 1848, der albernsten, dümmsten, schlechtesten, wenn auch, Gottlob, nicht der bösesten dieses Jahrhunderts. [...] Einen solchen [...] Reif [...] soll ein legitimer
10 König von Gottes Gnaden und nun gar der König von Preußen sich geben lassen [...]? Soll die tausendjährige Krone deutscher Nation [...] wieder einmal vergeben werden, so bin ich es und meinesgleichen, die sie vergeben; und wehe dem, der
15 sich anmaßt, was ihm nicht zukommt.

Ranke, L.: Briefwechsel Wilhelms IV.. S. 233 f.

M 6 Rede zum 150-jährigen Jubiläum der Verfassung der Frankfurter Paulskirche

Der damalige Bundespräsident Roman Herzog würdigte den Verfassungsentwurf von 1848/49:

Die Revolution ist letztlich gescheitert, die demokratische Gestalt eines einigen Deutschland hat noch lange auf ihre Verwirklichung warten müssen. Und doch wies das Jahr 1848 weit in die
5 Zukunft. Die „Paulskirche" ist das eine große Symbol für das Streben der Deutschen nach Einigkeit und Recht und Freiheit [...]. Damals sind die Prinzipien formuliert worden, die noch heute die Grundlagen unserer staatlichen Existenz ausma-
10 chen: das Bekenntnis zu Menschenrechten und Demokratie und der gemeinsame Wille, die verschiedenen Regionen und Strömungen in unserem Land [...] zu vereinigen.

http://www.bundespraesident.de/Reden-und-Interviews

Aufgaben

1. Beschreibe die Karikaturen M3 und M5 und erläutere, worauf Bezug genommen wird.
2. Welche Gründe führt der preußische König für seine Ablehnung an? → M2, M4
3. Benenne die vom Bundespräsidenten angeführten Erfolge der Revolution von 1848. → M6

Der Widerstreit zwischen Restauration und Emanzipation

Bayern unter Ludwig I.

Den Besuchern des größten Volksfestes der Welt ist dessen Ursprung egal. Sie wollen sich amüsieren und miteinander feiern. Dies stand auch am 12. Oktober 1810 an erster Stelle, als die Vermählung des Thronfolgers Ludwig mit seiner Frau Theresia gefeiert wurde. Daher wurde ein großes Pferderennen auf einer Wiese außerhalb der damaligen Stadt veranstaltet. In den folgenden Jahrhunderten entwickelte sich daraus das bekannte Oktoberfest.

Als liberaler König vom Volk geachtet …

Als **Ludwig I. von Bayern** im Jahr 1825 König wurde, hegten viele Bürger Hoffnungen auf den neuen König. Obwohl er vom Gottesgnadentum überzeugt war, hatte er wiederholt liberale Meinungen geäußert und sogar eine größere Mitbestimmung der Bürger in der Verfassung gefordert.

- Ludwig I. hob die Pressezensur in Bayern auf und widersetzte sich damit klar der Politik der Restauration und den Karlsbader Beschlüssen von 1819.
- Der König regierte im Einvernehmen mit dem bayerischen Landtag und erkannte dessen Kontrolle der Finanzen an.
- Er unterstützte die Gründung eines größeren Zollgebietes und Bayern trat 1834 dem Deutschen Zollverein bei.

Außerdem unterstützte Ludwig I. aus politischen Gründen die griechische Nationalbewegung, die gegen die Osmanen für ein freies und geeintes Griechenland eintrat. Besonders interessierte sich Ludwig I. für die Geschichte des antiken Griechenlands und dessen Architektur.

… als restaurativer König gestürzt!

Eine Abkehr von der liberalen Politik war die Bevorzugung der katholischen Religion. Geistliche erhielten wieder mehr Einfluss am Königshof. So verstärkte sich die Kluft zwischen dem katholischen Altbayern und dem erst seit 1803 zu Bayern gehörenden protestantischen Franken. Diese ließ sich auch nicht mehr überbrücken durch

- die Benennung der Regierungsbezirke mit den heutigen Namen,
- die Einführung von patriotisch-bayerischen Heimatfesten
- oder die Person des Königs als eigentliches Bindeglied.

Zur Wende wurde dann das Hambacher Fest 1832 in der bayerischen Rheinprovinz. Ludwig I. reagierte fortan im Sinne Metternichs und der restaurativen Politik. Die Pressezensur wurde wieder eingeführt, jede liberale Forderung unterdrückt, liberale Politiker verfolgt, angeklagt und inhaftiert. Ludwig fühlte sich nicht nur politisch angegriffen, sondern von seinem Volk unverstanden und persönlich gekränkt. Wie im Frankreich Ludwigs XIV. hatte man nun wieder jedes Bild des Königs zu grüßen oder sich sogar tief zu verneigen.

Der Unmut im bayerischen Volk und der Ansehensverlust des Königs wuchsen gleichförmig. Hinzu kam eine private Affäre Ludwigs I. mit der Tänzerin Lola Montez, der Einfluss auf seine Politik unterstellt wurde. Die Revolution von 1848 beendete dann die Herrschaft Ludwigs I. Er verzichtete zugunsten seines Sohnes Maximilian II. auf den Thron, der auch nach der Revolution einen liberalen Weg beibehielt.

M 1 **Brauereigespann beim traditionellen Trachtenumzug**
Das Oktoberfest wird mit einem Festumzug von Trachtengruppen, Musikkapellen und Münchner Brauereien begonnen. Foto, 2005

M 2 **Ludwig I. von Bayern (1786-1868),** Gemälde um 1830

M 3 **Königsplatz in München** – Links befinden sich die sogenannten Propyläen, die ein Eingangstor zum Platz darstellen. Rechts ist die Glyptothek mit einer Sammlung antiker römischer und griechischer Statuen. Ihr gegenüber steht die baugleiche Antikensammlung. Foto, 2007

Ludwig I. als Kunstkönig und Wirtschaftsförderer

Auf einem Spaziergang durch München begegnet man ständig Bauten, die von Ludwig I. errichtet oder umgestaltet wurden: der Bavaria an der Theresienwiese, der Münchner Residenz, der Ludwigstraße mit dem Siegestor, der Staatsbibliothek und der Universität, der Kunstsammlung der Alten Pinakothek oder dem Königsplatz.

In absolutistischer Tradition wollte sich Ludwig I. in Bauwerken nach außen hin selbst darstellen, jedoch seine Residenzstadt nicht nur verschönern. Die Architektur und Historienmalerei waren für Ludwig I. ein Mittel, seinem Volk auf diesem Weg Kunst und Geschichte zu vermitteln. Deutlich wird dieser erzieherische Ansatz in zwei Bauwerken, die sich an der Donau befinden: die Befreiungshalle bei Kelheim und die Walhalla bei Regensburg. Die Erste sollte eine Gedenkstätte für den erfolgreichen Krieg gegen die Unterdrückung und die Herrschaft Napoleons sein, die Zweite ein Ruhmestempel für bedeutende deutsche Künstler, Feldherren und andere Personen, die an Ereignisse aus der deutschen Geschichte erinnern sollten. Sein Volk erreichte Ludwig I. damit allerdings kaum.

Die Spurensuche zum bayerischen König Ludwig I. kann man gleich in der Nähe der Befreiungshalle fortsetzen. In Blickweite sieht man die Einmündung des ehemaligen Ludwigskanals. Das 1845 vollendete gigantische Bauprojekt sollte Franken mit Bayern verbinden und über Main und Rhein einen Zugang zur Nordsee ermöglichen. Ähnliches wurde im Eisenbahnbereich verwirklicht. Es wurde die Königlich-Bayerische-Staatsbahn gegründet und begonnen, eine Nord-Süd-Verbindung durch Bayern zu bauen. Der fränkische Teil des Königreiches sollte so eng mit dem bayerischen Landesteil verbunden werden.

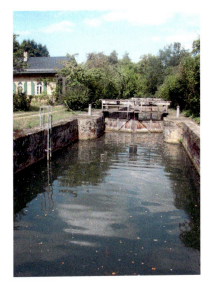

M 4 **Schleuse des Ludwigskanals in Bamberg,** heutiges Foto

Aufgaben

1. Du bist der Reiseleiter einer Touristengruppe in München. Erzähle von der Beziehung des heutigen München zu Ludwig I. → M1, M2, M3

2. 🔍 Suche weitere Informationen zu den unter Ludwig I. in München errichteten Bauwerken und stelle diese in einer Collage dar.

Der Widerstreit zwischen Restauration und Emanzipation

M 5 Ausstellung von Pferden und Rindern auf dem ersten Oktoberfest 1810
Neben dem Pferderennen und sonstigen Feierlichkeiten wurden bereits 1810 auch Tiere und landwirtschaftliche Produkte ausgestellt und prämiert. Bis heute wird das Oktoberfest von landwirtschaftlichen Ausstellungen begleitet und im vierjährigen Rhythmus das Zentral-Landwirtschaftsfest gefeiert. Lithografie um 1810

M 6 Trachtengruppe beim Oktoberfest
Das Oktoberfest wird seit 1950 traditionell mit einem Trachten- und Schützenumzug eröffnet. Der erste Trachtenumzug hatte auf Initiative Ludwigs I. anlässlich seiner Silberhochzeit im Jahr 1835 stattgefunden. Foto, 2008.

M 7 Siegestor in München
Den Abschluss der Ludwigstraße bildet das Siegestor. Ludwig I. wünschte einen Triumphbogen für die bayerische Armee. In das Siegestor sind sechs große Steinreliefs mit Darstellungen zum Handwerk und zur Landwirtschaft eingelassen. Sie sollen die bayerischen Regierungsbezirke symbolisieren. Foto, 2003

M 8 Walhalla bei Regensburg
Die Idee zur Ruhmeshalle „Walhalla" stammt direkt von Ludwig I. Schon als Kronprinz ließ er erste Pläne gestalten. Erbaut wurde die Walhalla dann oberhalb der Donau zwischen 1830 und 1842. Ihr Name leitet sich aus der germanischen Sagenwelt ab. Foto, 2009

M 9 Innenraum der Walhalla
Im Inneren der Walhalla befinden sich 129 Steinbüsten und 65 Gedenktafeln. In der Mitte steht eine Steinskulptur Ludwigs I. Über die Neuaufnahme von Ehrungen entscheidet inzwischen die Bayerische Staatsregierung. Foto, 2007

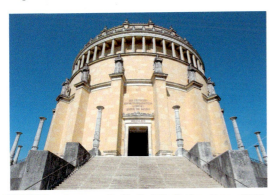

M 10 Befreiungshalle bei Kelheim, Foto, 2008
Die Befreiungshalle wurde zwischen 1842 und 1863 erbaut, ist über 45 m hoch und misst 29 m im Durchmesser. Über dem Eingang ist zu lesen:
DEN TEUTSCHEN
BEFREIUNGSKAEMPFERN
LUDWIG I
KOENIG VON BAYERN

M 11 Siegesgöttinnen in der Befreiungshalle
Im Inneren des Kuppelsaals befindet sich eine umlaufende Reihe mit 34 römischen Siegesgöttinnen. Auf 17 vergoldeten Schilden wird an wichtige Schlachten aus den Kriegen gegen Napoleon erinnert. Foto, 2007.

Aufgaben

1. a) Vergleiche die Trachten der Bilder M5 und M6 miteinander. Beschreibe Gemeinsamkeiten und Unterschiede.
   b) Suche Informationen zu traditioneller Kleidung deiner Region oder Landschaft.
2. Beschreibe, woran das Siegestor in seiner Bauform erinnert. → M7
3. a) Beschreibe die Bauform der Walhalla. → M8
   b) Erkläre, warum der Dichter Heinrich Heine erst 2009 und nicht schon bei der Eröffnung der Walhalla mit einer Büste geehrt wurde. → M9
4. a) Beschreibe die Bauform der Befreiungshalle. → M10
   b) Erkläre, was die Siegesgöttinnen darstellen sollen. → M11

Der Widerstreit zwischen Restauration und Emanzipation

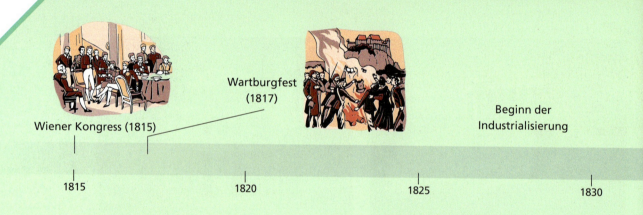

Wiener Kongress (1815)
Wartburgfest (1817)
Beginn der Industrialisierung

1815 — 1820 — 1825 — 1830

Finde zu jedem Bildausschnitt (1–7) eine Zeitungsschlagzeile, die das historische Ereignis oder die historische Person kurz beschreibt.

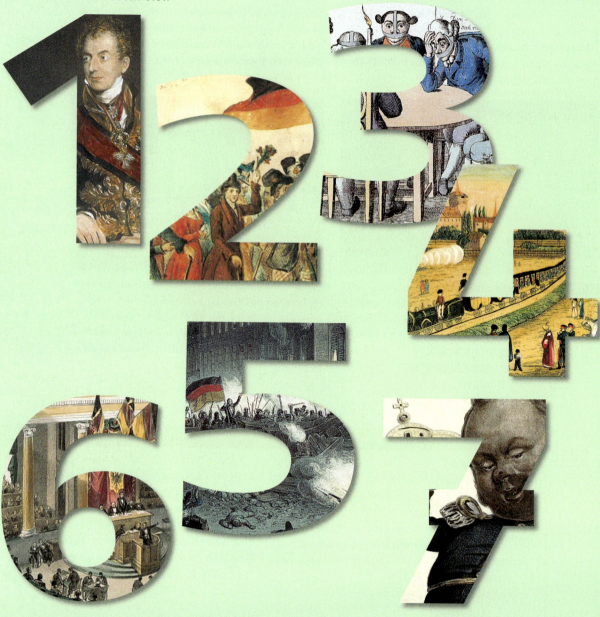

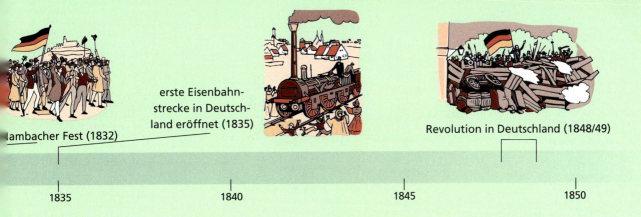

Hambacher Fest (1832)
erste Eisenbahnstrecke in Deutschland eröffnet (1835)
Revolution in Deutschland (1848/49)

1835 1840 1845 1850

Zusammenfassung

Den Sieg über Napoleon hatten die Fürsten den Bürgern, Bauern und Studenten zu verdanken. Sie hatten als Soldaten in den Armeen gekämpft. Trotzdem waren die Fürsten auf dem **Wiener Kongress** nicht dazu bereit, ihre Macht mit den Bürgern zu teilen.

An die Stelle des alten Reiches trat nun der **Deutsche Bund,** in dem sich die selbstständigen deutschen Fürstentümer zusammen geschlossen hatten. Überall wurde die Politik der Restauration umgesetzt und alle bürgerlichen Forderungen nach Mitbestimmung zurückgewiesen. Der österreichische Staatskanzler Fürst von **Metternich** wurde zum Hauptvertreter der restaurativen Politik.

Vor allem die Studenten verlangten aber weiter lautstark Freiheit, Gleichheit und ein geeintes Reich, für das sie einst gekämpft hatten. Nur langsam bekannten sich immer mehr Menschen zu den Ideen des **Liberalismus** und **Nationalismus.** Die schwarz-rot-goldene Flagge wurde zum Symbol einer gemeinsamen Grundüberzeugung. Diesem politischen Engagement stand zeitgleich das Biedermeier gegenüber. Für einen Teil der Bürger waren Kunst und Kultur wichtiger als Politik.

Das Königreich Bayern wurde ab 1825 von **Ludwig I.** regiert. Unter ihm wurden wichtige Schritte für eine Modernisierung Bayerns unternommen und bedeutende Bauten in der Hauptstadt München oder an anderen Orten errichtet. Allerdings blieb auch sein Volk von der Herrschaft ausgeschlossen.

Bewaffnete Aufstände in den Dörfern und Städten standen am Beginn der deutschen Revolution 1848/49. Überall im Deutschen Bund mussten die Fürsten nun den liberalen Forderungen nachgeben. Im Mai kamen schließlich die ersten frei gewählten Abgeordneten der **Nationalversammlung** in der **Frankfurter Paulskirche** zusammen. Ihr Versuch eine Verfassung und ein geeintes Deutschland zu errichten scheiterte jedoch am Widerstand von Österreich und Preußen. Die Konkurrenz der beiden größten deutschen Staaten prägte auch die kommenden Jahrzehnte der Geschichte.

Sehenswürdigkeiten

Walhalla bei Regensburg

Befreiungshalle bei Kelheim

Königsplatz und Bavaria in München

Konstitutionssäule bei Volkach

Lesetipp

Kordon, Klaus:
1848.
Beltz 2001

Mai, Manfred:
Lesebuch zur deutschen Geschichte.
Beltz 2007

Wölfel, Ursula:
Jacob unterwegs oder Das Kartoffelbergwerk.
CBJ 2002

Filmtipp

Die Deutschen, Teil 8 –
Robert Blum und die Revolution.
ZDF 2008

7. Thematischer Rückblick: Kriegs- und Notzeiten

Koalitionen im Spanischen Erbfolgekrieg

König Karl II. von Spanien
Gemälde von Carreno di Miranda

Die Kartoffelesser
Gemälde von Vincent van Gogh

Die Schlacht bei Höchstädt am 13.08.1704

Thematischer Rückblick: Kriegs- und Notzeiten

M 1 Kurfürst Maximilian II. Emanuel von Bayern (1662–1726) während einer Schlacht
Bildteppich 1705

Not prägt das Leben in Bayern

Die Ruhmsucht des bayerischen Kurfürsten bringt zusätzliche Not
Als der spanische König Karl II. ohne Thronerben starb, sah Kurfürst **Maximilian II. Emanuel von Bayern** die Chance, die Königswürde für Bayern zu erhalten und als Verbündeter Frankreichs seine Macht auszubauen. Dabei verwickelte er sein Land in einen europäischen Krieg und brachte seinen Untertanen großes Elend und Armut. Die Kriegshandlungen des **Spanischen Erbfolgekrieges** (1701–1714) fanden auch im Süden des Deutschen Reiches, so auch in Bayern, statt.

Seit dem 16. Jahrhundert wurden in Bayern die Lebensmittel knapp, Teuerungen und Hungersnöte nahmen zu. Missernten als Folge von Unwetter und Überschwemmungen kamen noch dazu. Im Frieden war der Alltag der Menschen bereits sehr hart, aber in Kriegszeiten verschlimmerten sich die Not und das Elend der Bevölkerung noch einmal beträchtlich.

Der Spanische Erbfolgekrieg auf bayerischem Boden

Die Schlacht von Höchstädt 1704 in der Nähe von Dillingen war eine sehr wichtige Schlacht des Spanischen Erbfolgekrieges. Auf der Linie Blindheim-Lutzingen standen sich am 13. August 1704 mehr als 100 000 Soldaten gegenüber. Franzosen und Bayern lagerten im freien Gelände und bildeten eine 7 km breite Front. Frankreich ließ das Dorf Blindheim befestigen. Die Schlacht endete allerdings damit, dass die geschlagenen Franzosen zurückweichen mussten. Auf bayerisch-französischer Seite wurden 13 000 Tote und Verwundete gezählt, während die österreichischen Truppen ca. 4600 Tote und 7600 Verletzte beklagten. Blindheim und einige umliegende Dörfer waren zerstört, das Vieh getötet und die Ernte vernichtet worden. Den Menschen war der überwiegende Teil der Lebensgrundlage entzogen. 15 Tage nach Ende der Schlacht lag noch etwa die Hälfte der Gefallenen und Pferde verwesend auf den Feldern, was die ganze Gegend in einen fürchterlichen Gestank hüllte.

M 2 **Blindheim,** Lage in Bayern

M 3 Schlachtengetümmel vor den Toren Blindheims
Gemälde von Georg Philipp Rugendas I., 18. Jh.

Der Bayerische Volksaufstand 1705

Bayern wurde 1705 von Truppen des österreichischen Kaisers Joseph I. besetzt. Nach der Niederlage und Vertreibung von Kurfürst Maximilian II. Emanuel sollte Bayern in das habsburgische Kaiserreich eingegliedert werden. Das bayerische Volk erhob sich jedoch gegen die österreichische Besatzung. Dieser von Bauern geführte Volksaufstand umfasste weite Gebiete Niederbayerns, das Innviertel und das östliche Oberbayern. Die Städte und Festungen in diesen Landstrichen wurden von den Aufständischen erobert und der Aufstand griff auch auf den Bayerischen Wald, Teile der Oberpfalz sowie Kelheim an der Donau über. Er endete am 8. Januar 1706 in der Schlacht von Aidenbach bei Passau. In dieser Schlacht erlitten die Aufständischen eine Niederlage mit etwa 4000 Gefallenen, was zum Zusammenbruch des Volksaufstands gegen Österreich führte. Die wichtigsten bayerischen Anführer waren der legendäre Schmied von Kochel, die Schützen von Aidenbach, Georg Sebastian Plinganser und Johann Georg Meindl. Noch heute werden sie als Volkshelden bewundert.

M 4 „Lieber bairisch sterben als österreichisch verderben", so lautete die Parole der 7000 Bauern, die bereit waren, für die Freiheit des bayerischen Volkes ihr Leben einzusetzen.
In Aidenbach findet jedes Jahr ein historisches Freilichtspiel zur Erinnerung an den Aufstand von 1705/1706 statt. Werbeplakat

Not in der Stadt und auf dem Land

Kriege trafen die Menschen auf dem Land genauso hart wie in der Stadt. Dörfer, Mühlen und Landgüter waren dem Feind schutzlos ausgeliefert und so dauerte es oft zwei bis drei Ernten, bis die Häuser, Ställe und Scheunen wieder genutzt werden konnten. Die Städte wurden zwar belagert, aber nur selten ganz zerstört. Das größere Problem war, dass die Stadtkassen geplündert wurden. Für Handwerk und Handel fehlten die finanziellen Mittel.

Die Folge von Kriegen und Missernten war, dass immer mehr Menschen bettelnd durch das Land zogen. Dies war unerwünscht: So wurde beispielsweise 1746 in Bayern ein Gesetz gegen das Betteln erlassen. Bettelei wurde damit grundsätzlich verboten und jemand, der einem Bettler etwas gab, machte sich strafbar. 1748 wurde gesetzlich festgelegt, wer für die Versorgung der Armen zuständig war. So wurde der Geburtsort zum Unterstützungswohnsitz erklärt und hatte entsprechende Almosen zu entrichten.

In Krisenzeiten gab es zusätzlich Zuzugs- und Heiratsbeschränkungen und das Verbot der Getreideausfuhr. Bayern kaufte für die Versorgung der Bevölkerung auch auswärtiges Getreide. Viele Fürsten spendeten große Geldsummen oder riefen zu Spendenaktionen für die Bedürftigen auf. In München wurde 1749 sogar eine Lotterie ins Leben gerufen, deren Erlöse für die Armen gedacht war. Doch trotz all dieser Maßnahmen gelang es nicht, die Armut zu beseitigen.

Aufgaben

1. Erläutere, welche Folgen die Ruhmsucht Maximilians II. Emanuel für seine Untertanen hatte.
2. Schildere aus der Sicht eines bayerischen Soldaten die Ereignisse der Schlacht von Höchstädt.
3. Fasse die Gründe für Armut und Elend der bayerischen Bevölkerung zusammen.
4. Notiere, welche Maßnahmen zur Linderung der Armut vorgenommen wurden.
5. Diskutiert, was man damals unter Armut verstand und was Armut heute bedeutet.

Thematischer Rückblick: Kriegs- und Notzeiten

M 5 Das Schlachtfeld nach den Kämpfen
Zeichnung des Augsburger Schlachtenmalers Georg Philipp Rugendas d. Ä.

M 6 Bauernleben in Bayern

Durch die Missernten und Kriege gerieten Menschen auf dem Land in große Not. Die Situation der Bauern beschreibt eine Predigt des Mönchs Jordan von Wasserburg.

Er vergleicht die menschliche Gesellschaft mit einem Leib, an welchem „die Geistlichkeit das Herz, die Obrigkeit das Haupt, Doktoren und Lehrer die Augen, Künstler und Handwerker die Hände seien – einige die Füße, welche in dem Dreck umstampfen müssen, und diese sind die armen Bauers- und Bettelleute." […] Im Allgemeinen waren die Verhältnisse der Bauern recht bescheiden, sogar drückend. Kaum 4 % des Bodens gehörten dem bayerischen Bauern als eigener Besitz, alles andere dem Grundherren. Entsprechend den geringen Erträgen der Bodennutzung war auch der Viehbestand klein. So besaß z. B. 1719 in der unterfränkischen Gemeinde Eßfeld ein 70 Morgen (entspricht ca. 15 ha) großer Hof bestenfalls ein Pferd, zwei bis drei Kühe, ein Rind, ein Kalb und zwei Schweine. […] Sie zwangen zu einer Sparsamkeit und Bescheidenheit, die uns völlig unbegreiflich geworden sind.

zit. n.: Decker, G. und A.: Lebensverhältnisse im 16., 17. und 18. Jahrhundert. S. 84–86. (gekürzt und leicht verändert)

M 7 Das Schlachtfeld ein Jahr später

Am 2. Juli 1705 besuchte der ehemalige niederländische Gesandtschaftssekretär Jean de Blainville das Schlachtfeld bei Höchstädt. Er berichtet über die Zustände, die er vorgefunden hatte:

[…] ist das kleine Dorf Blindheim und die ganze umliegende Gegend in einem Umkreis von fünf bis sechs Stunden dergestalt verwüstet, dass man denken sollte, die Armeen hätten sie jetzt eben erst verlassen […] Obgleich zu dieser Zeit (2. Juli) das Getreide in dieser Ebene sehr hoch stand, so konnten wir dennoch gar viele erschreckliche Spuren des Trauerspiels, das hier aufgeführt worden, ganz deutlich erkennen. Stücke von halb begrabenen Körpern, Füße, Arme, Hirnschädel, ganze Gerippe von Menschen und Pferden, mit Flintenkolben, Degentrümmern und Lumpen vermischt, welche die Bauern nach Abzug der Armeen nicht für wert gehalten aufzusammeln, stellten dem Auge und der Einbildungskraft den gräulichsten und fürchterlichsten Anblick dar. Eine so schreckliche Aussicht brachte mich darauf, der unverantwortlichsten Torheit der Menschen nachzudenken, welche mit einer viehischen Wut erfüllt, sie den Namen Tapferkeit beilegen, einander auf das Grausamste niedermetzeln, ohne eine persönliche Feindschaft und Rachbegierde gegeneinander zu hegen […]. Elende Opfer für den unmenschlichen Ehrgeiz der Fürsten.

Junkelmann, M.: Die Schlacht von Höchstädt 1704. S. 66

M 8 Überlebende der Höchstädtschlacht

Im Kriegsarchiv in Vincennes in der Nähe von Paris werden Personalakten der Soldaten aufbewahrt, die in der Schlacht von Höchstädt gekämpft hatten.

Eintrag vom 7. November 1704
Theodore Richarme, 53 Jahre alt, geboren in Lyon, Reiter unter Sieur d'Horte, Regiment Royal Piedmont, in dem er 25 Jahre gedient hat, wie aus sei-
5 nem Zertifikat hervorgeht, [...] leidet schwer im Magen, in der Brust und auf beiden Seiten, nachdem er von Pferdehufen getrampelt worden ist, als ihm in der letzten Schlacht von Höchstädt sein Pferd getötet wurde, dadurch dienstunfähig. Er ist
10 von Beruf Seidenmacher und er ist Katholik. Am 16. September 1705 ist er gestorben. Akte komplett.

Junkelmann, M.: Die Schlacht von Höchstädt 1704. S. 68

M 9 „Schmied von Kochel"-Festspiele
Im Hintergrund sieht man das Denkmal für den Freiheitskämpfer in Kochel am See. Foto 2005

M 10 Die Ernte des Todes, Stich 1726

M 11 Amputation im Feldlager, Stich 1726
Kugeln zersplitterten die Knochen oftmals in einer Weise, dass eine Amputation unvermeidlich war, sollte der tödliche Wundbrand vermieden werden. Obwohl ohne Betäubung durchgeführt, überlebte die Mehrzahl der Amputierten diesen Eingriff.

Aufgaben

1. Erläutere die Lebensumstände der Menschen auf dem Land.
   → M6
2. In welchen Textzeilen wird die Kritik am Krieg beschrieben?
   → M7
3. Nenne die Folgen des Krieges für die Soldaten und die Bevölkerung.
   → M8, M10, M11
4. 🔍 Informiere dich über die Sage des Schmieds von Kochel.
   → M9

Thematischer Rückblick: Kriegs- und Notzeiten

Gegen den Hunger

Hunger bestimmt den Alltag auch in Bayern

Der Alltag der Menschen war weit bis ins 19. Jahrhundert von Hunger bestimmt. Getreidebrei, Fisch und Kleinvieh (Hühner und Hasen) waren die üblichen Nahrungsmittel. Die bayerischen Bauern beispielsweise aßen Getreidebrei aus Dinkel, Buchweizen, Hafer, Roggen oder Gerste, der mit Hülsenfrüchten versetzt war. Nahrungsmittel waren schwer zu lagern und verdarben schnell. Helles Brot, Butter und Käse wurden für den Verkauf produziert, was sich wiederum nur Wohlhabende kaufen konnten. Von einer für uns aus heutiger Sicht „gesunden Ernährung" konnte keine Rede sein.

Hinzu kamen häufige Missernten. Im 18. Jahrhundert wurde nicht nur Bayern, sondern ganz Europa von mehreren Hungerkatastrophen heimgesucht, denen Millionen Menschen zum Opfer fielen. Schon ein leichter Rückgang der Ernteerträge bedeutete für die Ernährung der Menschen eine Katastrophe. Ernteverluste führten zu einer geringeren Nachfrage nach Arbeit und damit zu einem Rückgang der Einkommen der Landbevölkerung.

Dies hatte wiederum wirtschaftliche Folgen, da weniger gekauft wurde und somit auch die Handwerker und Händler betroffen waren. War beispielsweise der Preis für Roggen hoch, dem Grundnahrungsmittel der einfachen Bevölkerung, ging sogar die Zahl der Eheschließungen zurück, denn die Heiratserlaubnis setzte den Nachweis voraus, eine Ehefrau und Kinder ernähren zu können.

M 1 Das Abendessen der Bauern
Ein karges Mahl aus Getreidebrei war für die Bauern alltäglich. Radierung von Adriaen von Ostade, 1653

Kartoffeln gegen den Hunger in ganz Deutschland

Um dem Hunger entgegenzuwirken, mussten andere Nahrungsmittel gesucht werden. Der oberfränkische Bauer Hans Rogler brachte 1647 die ihm wohlschmeckenden, ursprünglich aus Amerika stammenden Kartoffelknollen aus dem Grenzgebiet Böhmen/Sudetenland mit nach Pilgramsreuth bei Selb und pflanzte sie auf seinen Feldern an. Damit begann der Kartoffelanbau in Deutschland in Bayern. Ein halbes Jahrhundert später gab es bereits 500 Kartoffelfelder in der Region.

Die Kartoffel war für den Anbau auf nährstoffarmen Böden besser geeignet als Getreide. Auch kleine und hügelige Flächen waren für den zwar schwereren, aber ertragreicheren Kartoffelanbau geeignet. Dies vereinfachte es, die Kleinbauern vom Anbau der Kartoffel zu überzeugen. Sie brauchten sogar jahrzehntelang keinen Zehnt von Kartoffeln an die Grundherren abgeben. Der Kartoffelanbau passte aber nicht in das seit dem Mittelalter praktizierte System der Dreifelderwirtschaft mit dem wechselnden Anbau von Sommergetreide, Wintergetreide und Brache.

Preußen und die Kartoffel

1720 ordnete der Soldatenkönig Friedrich Wilhelm I. von Preußen als Folge von Getreidemissernten den Anbau von Kartoffeln unter Androhung härtester Strafen bei Missachtung an. Friedrich II. ließ während der Hungersnot 1743/44 in Preußen Kartoffeln verteilen. Angeblich griff er sogar zu einer List und ließ Kartoffelfelder von Soldaten bewachen, um die Bauern auf das Nahrungsmittel neugierig zu machen.

M 2 Eine Bäuerin schält Kartoffeln, Gemälde von Vincent van Gogh, Kohlezeichnung 1885

210

M 3 „Über und über schwarz, das ist eine Freude für Unsereinen." Missernten und Teuerung 1817

Ein Kartoffelhändler freut sich über die Missernte, die ihm Wuchergewinne verspricht.
Bemalte Schützenscheibe aus Erlangen, 1817

M 4 „Das Feld zur Zeit der Bestellung", Farblithografie 1890

Trotzdem weigerten sich viele Bauern, dieses ungewohnte Nahrungsmittel zu essen. So erteilte Friedrich II. schließlich nach mehreren Anordnungen 1756 den sogenannten Kartoffelbefehl an seine Untertanen. Aber erst nach dem Siebenjährigen Krieg (1756–1763) wurde die Kartoffel als Nahrungsmittel wirklich akzeptiert.

1771/72 und in den Folgejahren gab es große Getreidemissernten, die auf Klimaveränderungen zurückzuführen sind. Kalte und regenreiche Jahre führten zu einer großen Hungersnot, da das Getreide vor der Ernte schon verdorben war. Es dauerte dennoch einige Zeit, bis die Kartoffel als vollwertiges Nahrungsmittel akzeptiert wurde.

Erst zu Beginn des 19. Jahrhunderts, als die Bevölkerungszahl stark zunahm, Lebensmittel knapp waren und Hungersnöte die Menschen dazu zwangen, auch Kartoffeln zu essen, fand sie langsam Verbreitung. Ab 1780 hat sich die Knolle durchgesetzt und brachte einschneidende Veränderungen in den Essgewohnheiten mit sich. Gegen Ende des 19. Jahrhunderts begann der Kartoffelanbau die gesamte Landwirtschaft zu beeinflussen.

Aufgaben

1. Erläutere, weshalb die Kartoffel als Nahrungsmittel gegen die Hungersnot geeignet war.
2. Schildere die Stimmung, die der Maler Vincent van Gogh auf diesem Bild vermittelt. → M2
3. Auf welche Weise wird der Kartoffelhändler dargestellt? → M3
4. Beschreibe die Arbeiten, die mit dem Kartoffelanbau verbunden sind. → M4

Thematischer Rückblick: Kriegs- und Notzeiten

M 5 Ein Bauer erinnert sich an sein erstes Hungerjahr 1770

Der Kleinbauer und Schriftsteller Ulrich Bräker (1735–1798) schrieb in seinen Erinnerungen über seine Erfahrungen mit dem Hunger:

Das Jahr 1770 neigte sich schon im Frühling zum Aufschlagen. Der Schnee lag bis in den Mai auf der Saat, sodass er gar viel darunter erstickte. Indessen tröstete man sich doch den ganzen Som-
5 mer auf eine leidliche Ernte – dann auf das Ausdreschen; aber leider alles umsonst. Ich hatte eine gute Portion Erdäpfel im Boden; es wurde mir aber leider viel davon gestohlen. Den Sommer über hatte ich zwei Kühe auf fremder Weide und
10 ein paar Geißen, welche mein erstgeborener Junge hütete; im Herbst aber musste ich aus Mangel an Geld und Futter alle Tiere verkaufen. Denn der Handel nahm ab, so wie die Getreidepreise stiegen.

Bräker, Ullrich: Lebensgeschichte. S. 162 f. (gekürzt und leicht verändert)

M 6 Überlegungen über den Kartoffelanbau

Der Geograf, Staatswissenschaftler und Jurist Julius Bernhards von Rohr schrieb 1722 über den Kartoffelanbau:

Nachdem an manchen sandigen, dürren und unfruchtbaren Orten und Strichen, dergleichen unter anderen sonderlich in der Nieder-Lausitz […] angetroffen werden, zumal bei dürren Jahren
5 eine sehr große Getreidenot entsteht, so wäre zu versuchen, ob es nicht angebracht wäre, an denselbigen Orten Patatas oder Erdäpfel zu pflanzen, dergleichen in Amerika angetroffen werden, damit die Leute sich mit denselben anstatt Brot
10 des Hungers erwehren könnten. […] Sie [die Kartoffeln] dienen anstatt des Brotes […] und können entweder in Wasser oder Milch, am besten mit fetter Fleischbrühe gekocht werden, da sie in einer Viertelstunde weich, geschält und zerschnitten
15 und mit Butter oder Zucker oder auch allein gegessen werden.

Rohr, J. B. von: Vollständiges Hauswirtschaftsbuch. S. 133 f. (gekürzt und leicht verändert)

M 7 Kartoffelbefehl Friedrichs II. von Preußen vom 24. März 1756

Der Kartoffelbefehl bezeichnet die „Circular-Ordre" Friedrichs II., mit der er allen preußischen Beamten am 24. März 1756 befahl, sämtlichen Untertanen den Kartoffelanbau begreiflich zu machen.

Es ist von Uns in höchster Person in Unsern andern Provintzien die Anpflanzung der so genannten Tartoffeln, als ein nützliches und so wohl für Menschen, als Vieh auf sehr vielfache Art dienliches Erd Gewächse, ernstlich anbefohlen. Da wir nun 5 bemercket, daß man sich in Schlesien mit Anziehung dieses Gewächses an den mehresten Orten nicht sonderlich abgiebt. Als habt Ihr denen Herrschaften und Unterthanen den Nutzen von Anpflantzung dieses Erd Gewächses begreiflich zu 10 machen, und denselben anzurathen, daß sie noch dieses Früh-Jahr die Pflantzung der Tartoffeln, als einer sehr nahrhaften Speise unternehmen.

www.another-view-on-history.de/2008/03/24/friedrich-ii-der-grose-kartoffelbefehl-24-marz-1756/ (Stand: 11.11.09)

M 8 Kartoffeldenkmal in Rehau (Selb)
Das am 1. Dezember 1990 in Pilgramsreuth eingeweihte Denkmal trägt die Inschrift „Um 1647 begannen in Pilgramsreuth Hans Rogler und andere Bauern systematisch mit dem Feldanbau der Kartoffel."

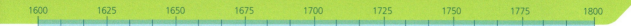

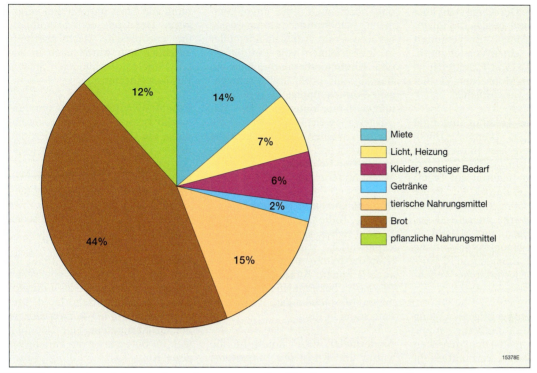

M 9 Statistik zu Lebenshaltungskosten einer fünfköpfigen Maurerfamilie um 1800 (in Prozent des Einkommens)

M 10 Über die Ernährung in der Frühen Neuzeit

Der Historiker Richard van Dülmen schreibt in den 1990er-Jahren in einer Studie zur mitteleuropäischen Ernährungslage während der Frühen Neuzeit:

Erst im 18. Jahrhundert wurde Brot zur typischen Speise der Nebenmahlzeiten (Brotzeit), auch in den unteren Schichten. Fleisch war als Alltagskost auch bei einfachen Leuten zwar nicht unbekannt,
5 aber sein Verzehr ging seit dem 16. Jahrhundert nach und nach zurück. An seine Stelle traten zunehmend verschiedene Getreidespeisen und Suppen sowie Gartenerzeugnisse, vor allem Kraut, Gemüse und Obst. Wichtigste Nahrung wurde seit dem 18. Jahrhundert die aus Amerika eingeführte 10 Kartoffel. […] Vor allem waren es die Hungerjahre 1770/72, die den Anbau der Kartoffel so vorantrieben, dass sie zur eigentlichen Volksspeise wurde. Als alltägliches Getränk diente den einfachen Leuten nicht Wasser oder Milch, sondern Bier. 15

Dülmen, R. van: Kultur und Alltag in der Frühen Neuzeit. S. 69

Aufgaben

1. Beschreibe, welche Probleme der Kleinbauer hatte und wie er versuchte, diese zu bewältigen. → M5
2. Notiere die Vorteile des Kartoffelanbaus gegenüber dem Getreideanbau. → M6
3. Übersetze den Kartoffelbefehl Friedrichs II. von Preußen in heute verständliches Deutsch. → M7
4. Erstelle einen kurzen Text für einen Reiseführer über das Kartoffeldenkmal in Selb. Bringe dabei auch die Bedeutung der Kartoffel mit ein. → M8
5. a) Berechne, wie viel Prozent des Einkommens für die Ernährung verwendet wurde. → M9
   b) Überlege, weshalb so viel des Einkommens für Lebensmittel verwendet wurde. → M9

Minilexikon

Absolutismus. Der König steht über dem Gesetz und besitzt die uneingeschränkte Macht. Er verändert Gesetze nach seinen Vorstellungen. → Ludwig XIV. von Frankreich ist einer der ersten Monarchen, die diese Vorstellung verwirklichen.

Asam, Cosmas Damian und Egid Quirin. Cosmas Damian (1687–1739) arbeitete als Barockmaler und Egid Quirin (1692–1750) fertigte Plastiken (Figuren aus Stein) im Stil des → Barock an. Beide arbeiteten zusammen, um barocke Gesamtkunstwerke, bestehend aus Architektur, Plastik und Malerei, zu schaffen. Ihre Hauptwerke sind die Stiftskirche St. Emmeran in Regensburg und die Klosterkirche Weltenburg.

Aufklärung. Eine geistige Bewegung im 18. Jh. in West- und Mitteleuropa. Ihre Vertreter hielten den Menschen von Natur aus für vernunftbegabt und frei und wollten ihn von althergebrachten Vorstellungen und Aberglauben befreien. Durch Bildung und Erziehung sollte er befähigt werden, sein Leben selbstbewusst und autonom zu leben. Da der Verstand und die Vernunft stark betont wurden, bezeichnet man diese Zeit auch als „Zeitalter der Vernunft".

Bach, Johann Sebastian (1685–1750). Bedeutendster Komponist des → Barock. Bach war zunächst Hofmusiker und -organist, wurde aber dann vor allem als Komponist zahlreicher Orgelwerke und Klavierstücke berühmt. Besonders bekannt sind seine Kantaten (Orgelstücke), die „Brandenburger Konzerte", seine Passionen (Musikwerke über das Leiden und Sterben Christi nach den Evangelien) und das „Wohltemperierte Klavier", eine Sammlung von Fugen (Klavierstücke, in denen sich ein musikalisches Motiv immer wiederholt). Später arbeitete Bach auch als fürstlicher Kapellmeister und als Leiter des Thomanerchores in Leipzig.

Barock. Kunst- und Kulturepoche im 17. und 18. Jh. Der Begriff „Barock" war zunächst abwertend gemeint und bezeichnete eine unvollkommene, „schiefrunde" (portugiesisch: barocco) Perle. Auf Gemälden oder in Innenräumen von Residenzen und Kirchen verwandte man im Barock viele ovale und geschwungene Formen, üppige Dekorationen und wertvolle Materialien. Die Auftraggeber – meist Herrscher oder die Kirche – wollten sich mit barocken Bauwerken und Kunst selbst verewigen und ein sichtbares Zeichen ihrer Macht hinterlassen.

Bernini, Giovanni Lorenzo (1598–1680). Italienischer Bildhauer. Bernini schuf zahlreiche Barockkunstwerke, vor allem Büsten (Kopfdarstellungen aus Stein), aber auch Brunnen, Altäre und Paläste. Besonders bekannt sind die Kolonnaden (der Säulengang) vor dem Petersdom in Rom.

Biedermeier. Bezeichnung für die Kultur und Kunst des Bürgertums im Zeitraum zwischen → Wiener Kongress und der Revolution (→ Restauration).

Bill of Rights. Nach der → Glorious Revolution erließ das englische → Parlament 1689 dieses Staatsgesetz, das der neue König unterzeichnen musste. Es regelte die Thronfolge in England und alle Rechte des Parlaments. Mit der Bill of Rights sicherte sich das Parlament die Herrschaft über den König.

Bloody Revolution. Dieser englische Bürgerkrieg wurde von 1642 bis 1649 zwischen König Karl I. und dem Parlament ausgetragen. Im Zentrum standen dabei die Spannungen zwischen dem absolutistisch gesinnten König und dem Unterhaus. Der Krieg endete mit der Hinrichtung des Königs, der zeitweiligen Abschaffung der Monarchie und der Errichtung einer Republik in England.

Code civil (auch: Code Napoleon). Von → Napoleon 1804 geschaffenes bürgerliches Gesetzbuch, das die Grundgedanken der Französischen Revolution (persönliche Freiheit, Gleichheit vor dem Gesetz, Trennung von Staat und Kirche) verankerte. Der Code civil beeinflusste die europäische Rechtsprechung erheblich und wurde auch in den mit Napoleon verbündeten Staaten Europas eingeführt.

Commonwealth. Das Commonwealth ist eine lose Staatenverbindung, die von Großbritannien und dessen ehemaligen Kolonien gebildet wird. Die Bezeichnung „Commonwealth" bedeutet einen freiwilligen Bund unabhängiger, souveräner Staaten, die gemeinsame Ziele haben und sich zu einer politischen Gemeinschaft zusammenschließen.

Cromwell, Oliver (1599–1658). Er war der Gründer der englischen Republik und regierte als Lordprotektor England, Schottland und Irland während der kurzen Zeit, in der Großbritannien eine Republik war. Im Bürgerkrieg des Parlaments gegen König Karl I. (→ Bloody Revolution) wurde Cromwell zum führenden Feldherrn des Parlamentsheeres. Mit der von ihm betriebenen Hinrichtung Karls I. endeten alle Versuche der Könige aus der Adelsfamilie Stuart, England absolutistisch zu regieren. Seine Bestrebungen, England dauerhaft in die Republik zu führen, scheiterten.

Dampfmaschine. Ganz allgemein eine Maschine, die direkt oder indirekt mit Dampf angetrieben wird. Ursprünglich dazu genutzt, um tiefe Schächte im Bergbau zu entwässern, verhalf sie der Industrialisierung zu einem hohen Entwicklungstempo. Ihr Vorteil war ein nahezu unbegrenztes Vorhandensein von Energie, unabhängig von Flüssen oder Wind.

Deutscher Bund. 1815 auf dem → Wiener Kongress gegründeter loser Staatenbund, dem 34 souveräne Fürsten, 4 Freie Städte sowie 3 ausländische Staaten angehörten. Einziges Organ war der Bundestag (Bundesversammlung) in Frankfurt am Main, wo die Gesandten unter dem Vorsitz Österreichs tagten. Er zerbrach 1866 am preußisch-österreichischen → Dualismus.

Minilexikon

Direktorium. Nach der Verfassung von 1795 oberste Regierungsbehörde Frankreichs. Es bestand aus 5 Mitgliedern. 1799 beseitigte Napoleon das Direktorium durch einen → Staatsstreich.

Dualismus. Auseinandersetzung und Rivalität der beiden deutschen Großmächte Preußen und Österreich um die Vorherrschaft im → Deutschen Bund.

East India Trading Company (= Britische ostindische Handelsgesellschaft). Sie war eine private Handelsgesellschaft, die 1600 gegründet wurde und von der britischen Krone mit besonderen Rechten, z. B. dem Recht eigene Münzen zu schlagen und eigene Truppen zu unterhalten, ausgestattet wurde. Sie kontrollierte den Südamerika- und Karibikhandel und verfolgte Piraten. 1813 verlor sie ihre Sonderrechte und wurde bedeutungslos.

Föderalismus. (lat. foedus = Bund). Politisches Organisationsprinzip eines Staates. Ein föderaler Staat besteht aus einer Reihe von Bundesstaaten, die gemeinsam einen Gesamtstaat bilden. Der Gesamtstaat ist den Bundesstaaten übergeordnet, d. h. es gibt eine gemeinsame Währung und gemeinsame Gesetze. Gleichzeitig bewahren die Bundesstaaten einen Teil ihrer Eigenständigkeit und können selbstständige Entscheidungen innerhalb ihres Gebietes treffen. Die Bundesrepublik Deutschland ist ein föderaler Staat und besteht aus 16 Bundesländern.

Frankfurter Paulskirche (auch Frankfurter Nationalversammlung). Erstes frei gewähltes deutsches Parlament, das 1848/49 in der Frankfurter Paulskirche als Versammlungsort tagte. Die Abgeordneten erarbeiteten eine demokratische Verfassung mit garantierten Grundrechten für alle Bürger. Diese Verfassung trat zwar nicht in Kraft, wurde aber zum Vorbild späterer Verfassungen in Deutschland.

Französische Revolution. Umsturz, der 1789 mit dem Sturm auf die Bastille begann und in dessen Verlauf der → Absolutismus und die Ständegesellschaft in Frankreich abgeschafft wurden.

Fresko. Maltechnik, bei der die Farben auf den noch feuchten Kalkputz einer Wand aufgetragen werden. Trocknet der Putz, wird auch die Farbe hart. Vermalt sich ein Künstler, muss der Putz abgeklopft werden. Um dies zu verhindern, werden Entwürfe in Originalgröße aus Karton ausgeschnitten und an den Putz gehalten. Hauptmeister dieser Maltechnik war der italienische Barockkünstler Giambattista Tiepolo.

Friedrich II., König von Preußen (1712–1786), auch Friedrich der Große. Als preußischer König erweiterte er das Staatsgebiet in den drei Schlesischen Kriegen und durch die Teilung Polens. Neben seiner kriegerischen Außenpolitik verwirklichte er ein umfangreiches Reformwerk innerhalb Preußens. Dieses friderizianische Preußen mit einer effektiven Verwaltung wurde für viele damalige Staaten zum modernen Vorbild.

Galilei, Galileo (1564–1642). Italienischer Astronom, Physiker und Mathematiker.

Generalstände. Versammlung von Vertretern der drei Stände (Geistlichkeit, Adel, Bürger und Bauern) in Frankreich mit dem Recht der Steuerbewilligung.

Gewaltenteilung. Die Aufklärer forderten, dass in einem vernünftigen Staat die staatliche Gewalt nicht bei einer Person liegen darf, sondern dass sie aufgeteilt werden muss. Zunächst unterschied man die exekutive (ausführende) und die legislative (gesetzgebende) Gewalt, später kam die Judikative (richterliche Gewalt) hinzu. Diese Gewalten sollten unabhängig voneinander existieren. Heutzutage entspricht diese Unterscheidung auch den Institutionen des Grundgesetzes: Bundestag/Bundesrat (Legislative – hier werden Gesetze „gemacht"), Bundesregierung/Bundeskanzler (Exekutive – sie führen die Gesetze aus: „regieren"), Judikative (Bundesverfassungsgericht und die ihr untergeordneten Gerichte – sie überprüfen die Umsetzung der Gesetze und damit auch die Regierung und die anderen Institutionen). Besonders → Charles de Montesquieu ist bekannt für die Theorie der Gewaltenteilung.

Glorious Revolution. In der „Glorreichen Revolution" von 1688/89 entschied das englische → Parlament den Machtkampf, den es seit Beginn des 17. Jahrhunderts mit den Königen aus der Adelsfamilie Stuart führte, endgültig zu seinen Gunsten. Es setzte die → Bill of Rights durch und schuf damit die Grundlage für das heutige parlamentarische Regierungssystem in Großbritannien.

Gottesgnadentum. Der absolut herrschende König ist keinem Menschen, nur Gott Rechenschaft schuldig, denn seine Macht ist ihm von Gott gegeben.

Hegemonie. Streben nach Vormacht. → Ludwig XIV. versuchte dies vergeblich mit vielen Kriegen zu erreichen.

Hofzeremoniell. Ein festgelegter Tagesablauf, dem sich alle unterwerfen müssen, sorgte dafür, dass → Ludwig XIV. die Adligen unter Kontrolle hatte.

Industrielle Revolution. Eine schnelle und bis heute wirksame Umgestaltung der Gesellschaft und des Arbeitslebens durch die verstärkte Einführung von Maschinen in der Produktion. Damit verbunden ist nicht nur eine enorme Entwicklung in Technik, Maschinenbau, Chemie und Elektrizität, sondern auch eine Verarmung ganzer Bevölkerungsschichten. Sie beginnt in England unter günstigen Voraussetzungen schon um 1750, während andere Industriestaaten erst rund 100 Jahre später von der Industrialisierung ergriffen werden.

Jefferson, Thomas (1743–1826). Hauptsächlicher Verfasser der Amerikanischen Unabhängigkeitserklä-

Minilexikon

rung und dritter Präsident der USA (1801–1809).

Kaisertum Napoleons. → Napoleon hatte sich 1804 mit päpstlicher Beteiligung selbst zum Kaiser der Franzosen gekrönt. Mit seinem Sturz endete sein zehnjähriges Kaisertum, das 1852 durch seinen Neffen Napoleon III. bis zur Niederlage Frankreichs im Krieg von 1870/71 erneuert wurde.

Kant, Immanuel (1724–1804). Bedeutender deutscher Philosoph im „Zeitalter der Aufklärung".

Königreich Bayern. Durch den Zerfall des Heiligen Römischen Reiches Deutscher Nation und durch das Bündnis mit → Napoleon wurde das Kurfürstentum Bayern 1806 zum Königreich erhoben. Mittels → Säkularisation und → Mediatisierung konnte es Land- und Machtgewinne verzeichnen. Es hatte bis 1918 Bestand.

Konstitutionelle Monarchie. Regierungsform, in der die Gewalt des Monarchen an eine Verfassung (Konstitution) gebunden ist, die eine Mitwirkung der Volksvertretung bei der Gesetzgebung vorsieht.

Kontinentalsperre. Von Napoleon 1806 gegen Großbritannien verhängte Wirtschaftsblockade, die den europäischen Kontinent abriegelte.

Liberalismus. In der Aufklärung wurzelnde politische Bewegung, die im 19. Jh. Bedeutung erlangte. Im Zentrum steht das Recht des Einzelnen auf freie Entfaltung gegenüber staatlicher Bevormundung. Zu seinen Forderungen zählen Glaubens- und Meinungsfreiheit, Sicherung der bürgerlichen Grundrechte sowie Beteiligung an politischen Entscheidungen. Der wirtschaftliche Liberalismus fordert einen freien Wettbewerb ohne staatliche Eingriffe und Zollschranken.

Ludwig I., König von Bayern (1786–1868). Regierte Bayern in der Zeit der → Restauration. Seine Herrschaft wurde von einer anfänglich liberalen Grundhaltung geprägt, die nach dem Hambacher Fest 1832 in eine restaurative Politik umschlug. Ludwig I. verbesserte die Infrastruktur Bayerns durch Kanal- und Eisenbahnbau und förderte die Wissenschaften. Das Bild der Stadt München wird bis heute durch zahlreiche Bauten aus seiner Regierungszeit geprägt.

Ludwig XIV. Französischer König, der 1643-1715 regierte. Er förderte den → Absolutismus und festigte die Königsmacht durch den Ausbau der Verwaltung, die Entmachtung des Adels und die Förderung der Wirtschaft (→ Merkantilismus). Der Bau von → Versailles, sein → Hofzeremoniell sowie seine kriegerische Außenpolitik kosteten Unsummen und ruinierten den frz. Staatshaushalt.

Ludwig XVI. Französischer König, der von 1774–1793 regierte. Im Zuge der → Französischen Revolution wurden er und seine Frau Marie Antoinette 1793 hingerichtet.

Magna Charta Libertatum (lat. = Große Freiheitsurkunde). Mit dieser Urkunde musste der schwache englische König Johann „ohne Land" 1215 den Baronen, hohen Kirchenfürsten und Abgesandten der Stadt Londons Freiheiten gewähren, die seine königliche Gewalt einschränkten. Die Magna Charta bildet den Ausgangspunkt der späteren Herrschaft des → Parlaments. Sie ist die älteste englische Verfassungsurkunde.

Manufaktur. An einem Ort stellen verschiedene Handwerker in einzelnen Arbeitsschritten ein Produkt schneller und kostengünstiger her.

Maria Theresia, Kaiserin v. Österreich (1717–1780). Erbte den österreichischen Herzogsthron sowie die ungarische und böhmische Königswürde. Ihr Mann Franz I. Stephan wurde 1745 zum römisch-deutschen Kaiser gewählt. Nach den Schlesischen Kriegen wurde unter Maria Theresia eine Reihe von Reformen begonnen, durch die die zentrale Regierung in Wien deutlich gestärkt wurde.

Marie Antoinette. Geboren als das 15. Kind der österreichischen Kaiserin → Maria Theresia heiratete sie 1770 den französischen Thronfolger. Im Zuge der → Französischen Revolution wurde Marie Antoinette ebenso hingerichtet wie zuvor ihr Gemahl → Ludwig XVI.

Max I. Joseph. Seit 1806 König von Bayern durch das Bündnis mit → Napoleon. Mithilfe seines Ministers → Montgelas ordnete er Bayern neu und erließ eine Verfassung.

Maximilian II. Emanuel von Bayern (1662–1726). Nach dem Dreißigjährigen Krieg entwickelte sich Bayern ebenso wie andere europäische Länder zum absolutistischen Staat. Kurfürst Maximilian II. Emanuel führte Bayern auf der Seite Frankreichs während des → Spanischen Erbfolgekrieges in Elend und Armut.

Mediatisierung. Beseitigung der Selbstständigkeit kleinerer weltlicher Reichsstände (z. B. Grafschaften, Reichsritter) und ihre Unterwerfung unter die Landeshoheit anderer Territorien. Sie erfolgte seit 1803 zur Entschädigung jener Fürsten, deren linksrheinische Gebiete an Frankreich gefallen waren.

Menschenrechte. Die Aufklärer sahen es als gewiss an, dass der Mensch von Geburt an mit besonderen Rechten ausgestattet ist. Diese könne man ihnen nicht nehmen, bzw. diese könnten sie nicht von sich aus ablegen. Zu diesen Rechten gehören u. a. das Recht auf Leben und Freiheit der Person, Glaubens- und Meinungsfreiheit u. v. m. Sie bilden bis heute die Grundlage aller Demokratien.

Metternich, Fürst von (1773–1859). Wichtigster Politiker im → Deutschen Bund in der Zeitspanne der → Restauration. Als österreichischer Staatskanzler bestimmte er maßgeblich die Ergebnisse des → Wiener Kongresses mit. Unter seiner Füh-

Minilexikon

rung wurde das Prinzip der Restauration in allen Mitgliedsstaaten des Deutschen Bundes umgesetzt.

Merkantilismus. Gezielter Eingriff des Staates in die Wirtschaft mit dem Ziel, möglichst viel Gewinn für den Staat herauszuholen.

Newton, Isaac (1643–1727). engl. Physiker und Mathematiker. Gilt als größter Wissenschaftler aller Zeiten aufgrund seiner Leistungen auf den Gebieten der Mathematik (z. B. Infinitesimalrechnung), der Optik (z. B. das Spiegelteleskop) und der Mechanik (z. B. die Bewegung der Planeten, Theorien zur Schwerkraft).

Montesquieu, Charles de. Frz. Schriftsteller und Staatstheoretiker. Bekannt für seine Theorie der → Gewaltenteilung.

Montgelas, Graf von (1759–1838). War Minister des bayerischen Königs → Max I. Joseph und gilt als Schöpfer des modernen Bayern. Durch eine Revolution von oben reformierte er grundlegend Recht, Verwaltung sowie das Wirtschafts- und Bildungssystem und schuf damit die Voraussetzung für einen geschlossenen bayerischen Gesamtstaat. Kirchliche Besitztümer wurden durch → Säkularisierung, Reichsgebiete durch → Mediatisierung enteignet und Bayern zugeschlagen.

Napoleon Bonaparte (1769–1821). Errang als Soldat große Erfolge für das revolutionäre Frankreich, riss dann durch einen → Staatsstreich die Macht an sich und krönte sich 1804 zum Kaiser der Franzosen. Er eroberte beinahe ganz Europa und festigte seine Stellung durch Bündnisse. Die Niederlage im Feldzug gegen Russland und die deutschen Befreiungskriege führten zu seinem Sturz. Er versuchte noch einmal an die Macht zu gelangen, wurde jedoch bei Waterloo 1815 besiegt und auf die Insel St. Helena im Atlantik verbannt.

Nationalismus. Meist negativ besetzter Begriff für ein übersteigertes Nationalgefühl und die Überbewertung der eigenen Nation. In der Zeit der → Restauration bedeutete er die generelle Forderung nach einem politisch geeinten Staat und einem geeinten Volk.

Nationalversammlung. Gewählte Volksversammlung einer Nation, die vor allem zur Ausarbeitung einer Verfassung zusammentritt, so beispielsweise die französische Nationalversammlung 1789–1792 oder die Frankfurter Nationalversammlung 1848/49.

Neumann, Johann Balthasar (1687–1753). War eigentlich Geschützgießer, später arbeitete er als Architekt und wurde so zu einem der wichtigsten Baumeister des → Barock. In Würzburg schuf er als Baudirektor die Residenz der Würzburger Fürstbischöfe, zudem gehen viele fränkische Wallfahrtskirchen, aber auch Wohnhäuser, Brunnen und die Würzburger Wasserversorgung auf seine Pläne zurück. Seine lichtdurchfluteten Treppenhäuser in den von ihm gebauten Schlössern gelten bis heute als Meisterwerke der Statik.

Parlament (lat. Parlamentum = Besprechung). Politische Vertretung des Volkes. In England entwickelte sich das Parlament aus den Beratungen, die der König an seinem Hof mit Adligen und Geistlichen sowie den Vertretern der Grafschaften abhielt. Unter dem schwachen König Johann „ohne Land" gewann das Parlament an Macht und erließ 1215 die → Magna Charta. In der → Bloody Revolution im 17. Jh. besiegte das Parlament König Karl I. und verhinderte so die Einführung des Absolutismus in England.

Parlamentarische Monarchie. In der parlamentarischen Monarchie ist der König das Staatsoberhaupt, hat aber nicht die Möglichkeit, die Regierung abzusetzen. Er übt wenig Einfluss auf die Staatsgeschäfte aus, da diese vom → Parlament und der Regierung geführt werden. Der König hat meist nur repräsentative Aufgaben. In Europa ist diese Staatsform in Belgien, Dänemark, den Niederlanden, Schweden und Spanien anzutreffen, außerhalb Europas zum Beispiel in Japan, Australien und Kanada.

Reichstag. Der Reichstag des römisch-deutschen Reiches war kein Parlament und keine gewählte Volksvertretung. Aus den früheren Hoftagen des Königs entwickelte sich ab 1663 eine dauerhafte Einrichtung mit Sitz in Regensburg. Die Gesandten der drei Stände (Kurfürstenrat, Reichsfürstenrat und Städterat) versuchten dort, ihre Interessen gegen die Zentralmacht des Kaisers durchzusetzen.

Restauration, auch Zeit des Vormärz. Der Begriff wird auf die Epoche zwischen 1815–1848 angewandt und umfasst die Bestrebungen der Politik, den vor der Französischen Revolution geltenden Ordnungsprinzipien erneut Geltung zu verschaffen.

Rheinbund. 1806 erklärten 16 Reichsfürsten ihren Austritt aus dem Reich und gründeten unter dem Schutz → Napoleons den Rheinbund. Der Habsburger Franz II. legte daraufhin die römisch-deutsche Kaiserwürde nieder und nannte sich künftig Kaiser von Österreich. Nachdem Napoleon den Russlandfeldzug verloren hatte, löste sich der Rheinbund rasch auf.

Rousseau, Jean-Jacques (1715–1778). Frz.-schweizerischer Philosoph und Schriftsteller. Mit seinem aufklärerischen Gedanken über den Gesellschaftsvertrag ging er über die Gewaltenteilung hinaus und prägte den Begriff der → Volkssouveränität.

Säkularisation. Überführung von Kirchengut in weltlichen Besitz. Zu einer umfassenden Säkularisation kam es in Frankreich durch die Französische Revolution.

Siebenjähriger Krieg (1756–1763). Preußen und Großbritannien kämpften gegen Österreich, Frankreich und Russland. Der Krieg wurde in Mitteleuropa, Nordamerika, Indien, der Karibik sowie auf

Minilexikon

den Weltmeeren ausgefochten. Für Großbritannien und Frankreich ging es dabei um die Herrschaft in Nordamerika und Indien.

Spanischer Erbfolgekrieg (1701–1714). Auseinandersetzung um das Erbe des letzten spanischen Habsburgers, König Karl II. von Spanien, der kinderlos gestorben war. Österreich und England kämpften gegen eine durch Frankreich angeführte Kriegskoalition.

Staatsstreich. Überraschende und meist gewaltsame Übernahme der Macht eines Staates durch eine Person oder eine Gruppe. Dieser Umsturz geschieht oft mithilfe des Militärs, mit dem Ziel eine neue diktatorische Regierung zu schaffen.

Unabhängigkeitserklärung. Im Verlauf der zweiten Hälfte des 18. Jhs. entfernten sich die englischen Kolonien in Nordamerika immer mehr von ihrem Mutterland. Nach einer Verschärfung der Steuerpolitik ihnen gegenüber lösten sie sich weiter und erklärten die Unabhängigkeit der 13 Kolonien von England. Damit schuf man gleichzeitig die Vereinigten Staaten von Amerika (USA).

Verfassung. Die politische Grundordnung eines Staates, die alle Regelungen über die Staatsform, der Herrschaftsausübung und die Bildung und Aufgaben der Staatsorgane enthält.

Versailles. → Ludwig XIV. ließ das Schloss Versailles in der Nähe von Paris erbauen und machte es zu seinem Regierungssitz. Es wurde zu einer Bühne für sein uneingeschränktes Herrschen, auf der sich alles um ihn drehte. Er band damit den Adel an sich und entmachtete ihn.

Volkssouveränität. Souveränität ist der frz. Begriff für die höchste Staatsgewalt. Man spricht in Bezug auf einen König z. B. vom Souverän. In einer Demokratie jedoch gilt das Volk als Souverän, d. h. alle staatliche Gewalt geht hier von ihm aus. In der Realität wird dies durch Abstimmungen und Wahlen umgesetzt. Der Aufklärer → Jean-Jacques Rousseau prägte diesen Begriff als erster.

Washington, George (1732–1799). Oberbefehlshaber der kolonialen Truppen im Amerikanischen → Unabhängigkeitskrieg. War von 1789 bis 1797 erster Präsident der Vereinigten Staaten von Amerika (USA).

Wiener Kongress. Konferenz europäischer Fürsten und Staatsmänner, um über die politische Neuordnung Europas nach → Napoleons Sturz zu beraten (1814/15). Den Vorsitz führte der österreichische Außenminister → Fürst Metternich, der den Kongress in weiten Teilen prägte. Die Teilnehmer der Konferenz verfolgten die Prinzipien der Solidarität, Legitimität und → Restauration.

Wilhelm III. von Oranien (1650–1702). Das britische → Parlament bat ihn um Hilfe gegen Jakob II., der absolutistisch regieren wollte. Wilhelm landete am 5. November 1688 in England und vertrieb seinen Schwiegervater und Onkel Jakob ins französische Exil (→ Glorious Revolution). Nachdem Wilhelm und seine Frau der → Bill of Rights am 22. Januar 1689 zugestimmt hatten, erklärte ihn das Parlament zum neuen König von Großbritannien.

Register

Absolutismus 6, 11, 13, 16, 26, 72 f., 88, 133, 140 f., 152
Adel 8, 11, 15, 35, 37, 40, 42, 82, 98, 100, 115, 132 ff., 136, 140, 144, 147f., 153, 195 f.
Amerika 19, 41, 43, 93, 118 f., 125 f., 170 f., 210, 212 f.
Arbeiter 14, 16 f., 19, 34, 179
Asam, Gebrüder 53, 57
Aufklärung 50, 62–67, 70, 72 f., 82, 104, 126, 133, 135, 176

Bach, Johann Sebastian 53 f.
Ballhausschwur 137 f.
Barock 50–59, 61, 86–95
Bastille 137, 139 f., 171
Bauern 8, 35, 40, 42, 44, 73, 76, 78 f., 82 f., 111, 132, 140, 152, 179, 188, 190 f., 203, 207–212
Bayern 9, 26, 59, 94, 95, 100, 121, 161–166, 171, 198 f., 203, 206 ff., 210
Beamte 72 f., 144
Befreiungskriege 167
Berlin 30, 34, 42, 74, 102, 104, 185–191, 196
Bernini, G. L. 53 f.
Biedermeier 179, 181, 203
Bill of Rights 45 ff., 49, 125 f.
Bonaparte, Napoleon, s. Napoleon I.
Bundesstaat 19, 120, 175 ff., 180
Bundestag 175, 177
Bürgerkrieg 44 f., 146 ff.
Bürgertum 11, 82, 98, 144, 147 f., 179
Burschenschaft(en) 180

Code civil (Code Napoleon) 155, 157
Colbert, Jean-Baptiste 13, 18 ff., 48 f.
Commonwealth 44–47
Cromwell, Oliver 45, 48

Danton, Georges Jacques 146 ff.
Demokratie, Demokraten 69, 181, 191, 197
Deutscher Bund 175, 178 f., 184–189, 192, 203,
Deutscher Zollverein 185
Deutschland 26, 28, 61, 66 f., 77, 111 ff., 121, 157, 160, 163, 168 f., 171, 177–181, 186, 189–197, 203, 210
Diktatur, Diktator 45, 152
Direktorium 148, 154
Dualismus 31, 49

England 8, 23, 40–49, 100, 110–119, 122 ff., 136, 161, 163, 166 f., 171, 174, 184 f., 187
Europa 6, 8, 10, 22 f., 25–28, 30 f., 34 f., 40 f., 43, 49, 72 f., 82, 92 f., 112 f., 119, 121, 129, 146, 148, 155 f., 160, 162, 171 f., 174, 210

Fabrik(en) 111, 115
Feudalität 140
Föderalismus 26, 29, 49
Frankfurt am Main 46, 81, 83, 161, 175, 177, 184
Frankreich 4, 8–25, 27, 30, 40 f., 44, 49, 58, 90, 102, 110 ff., 123, 132 f., 136, 140 f., 146 ff., 152, 154 f., 160–164, 166, 169, 171, 174, 179, 184, 188, 198, 206
Franz II. (Kaiser v. Österreich) 161
Französische Revolution 132–155, 170 f.
Frauen 96–107, 143, 149, 189 f.
Friedrich II. (König v. Preußen) 7, 27–38, 48 f., 72–75, 102, 210 f.
Friedrich Wilhelm IV. (König v. Preußen) 191, 196 f.

Generalstände 136, 138, 171
Gesellschaftsvertrag 67, 69, 134
Gewaltenteilung 67, 69, 72, 126, 140, 148, 179
Gewerbefreiheit 140
Gottesgnadentum 11, 72, 174, 176, 198
Gouges, Olympe de 143
Grimm, Jakob und Wilhelm 178 f.
Großbritannien, s. England
großdeutsche Lösung 193
Grundbesitzer 132
Grundrechte 195 f.
Guillotine 146 f., 150

Habsburg(er) 30
Hambacher Fest 179, 198, 203
Handwerk(er) 34, 188, 200, 207
Hegemonie 22 f., 49
Heiliges Römisches Reich Deutscher Nation, s. Reich
Hobbes, Thomas 56, 66, 68 f.
Hofzeremoniell 15, 23, 49

Industrialisierung 110–115, 171, 202
Industrielle Revolution 110–115

Jakobiner 146, 152
Jefferson, Thomas 123, 125, 170 f.
Josephine, Kaiserin der Franzosen 155, 158 f.

Kant, Immanuel 62 ff., 70
Karikatur(en) 33, 117, 133 f., 141, 150, 176, 182 f., 197
Karlsbader Beschlüsse 178, 180
Katholizismus, Katholiken 52, 72, 75, 100
King, Martin Luther 126 f.
kleindeutsche Lösung 193
Klerus 8, 44, 132 f., 136
Kolonialismus, Kolonien 19, 40 f., 43, 110 f., 115, 118 f., 121–125, 128, 136, 161, 171, 174
König(tum) 8, 10–27, 30–38, 44–49, 72 f., 79, 82, 100, 104, 110, 133–141, 144, 146, 151, 164, 166, 171, 174, 188–193, 196–199, 204, 206
Kontinentalsperre 161, 166

Legitimität 174, 178
Liberalismus, Liberale 178 f., 198, 203
Locke, John 66–69, 72
Ludwig I. (König v. Bayern) 198–201, 203
Ludwig XIV. (König v. Frankreich) 10–25, 44, 48 f., 56 f., 59, 72, 136, 155
Ludwig XVI., König v. Frankreich 133, 141, 146, 151, 171

Magna Charta 44 f.
Manufaktur 19, 21
Marat, Jean Paul 146
Maria Theresia 7, 30 ff., 35, 37, 48 f.
Marie Antoinette (Königin v. Frankreich) 141, 146, 171
Marseillaise 149
Maximilian I. Joseph (König v. Bayern) 165
Mediatisierung 160, 163, 171
Menschenrechte 123, 140, 142 f., 152 f., 170 f.
Merian, Maria Sybilla 106 f.
Merkantilismus 18 f., 21, 48 f.
Metternich, Klemens Wenzel Fürst von 174, 178, 188, 203
Monarchie 12, 28, 45, 47, 49, 69, 138, 140 f., 146, 152, 155, 164, 193, 196
Monarchie, parlamentarische 45, 49

Register

Monarchie, konstitutionelle 152
Montesquieu, Charles de 67, 69, 72
Montgelas, Maximilian Joseph von 163 ff., 170 f.

Napoleon I. Bonaparte (Kaiser d. Franzosen) 154–171, 174 f., 177 f., 201, 203
Nation 43, 49, 123, 131, 138, 143, 152 f., 160 f., 163, 168, 171, 177 f., 191, 197
Nationalismus 178 f., 203
Nationalkonvent 146, 148
Nationalstaat 179, 189
Nationalversammlung 137 f., 140, 146, 152, 171, 189, 192 f., 196 f., 203
Neumann, Balthasar 53, 57, 86, 88, 90, 93
Newton, Isaac 63, 65, 71
Niederlande 19, 22 ff.

Österreich 23, 30 ff., 37, 48 f., 112, 146, 154, 166 f., 174 f., 179, 185 f., 188, 193, 203, 207

Paine, Thomas 153
Papst(tum) 100, 158
Paris 10, 12, 14, 25, 59, 132 f., 136 f., 141, 146, 150, 152, 154, 158 f., 167, 209
Parlament 7 f., 26, 40–47, 49, 72, 122, 189, 192, 194, 196
Parteien 192
Paulskirche 173, 189, 192–197, 203
Polen 27, 31, 33
Pressefreiheit 126, 180, 190, 195
Preußen 30, 31, 33–36, 38, 49, 72 f., 75, 82, 102, 104, 116, 161, 167, 174 f., 179, 184 f., 189, 191, 193, 196 f., 203, 210, 212 f.

Protestantismus, Protestanten 49, 72, 112 f.

Reformation 178
Reformen 34
Reich 8, 23, 26–29, 49, 72, 161, 164, 171, 177, 196, 203
Reichstag 26, 29, 49, 91, 160, 195
Religion 8, 34 f., 49, 63, 72, 75, 93, 100, 118, 198
Restauration 172, 174, 176, 178, 183, 198, 203
Revolution 16, 44 f., 110–115, 135–155, 170 f., 174, 188 f., 191, 193, 196 ff., 203
Revolutionstribunal 147
Rheinbund 161, 163 f.
Robespierre, Maximilien 146 ff., 150
Rousseau, Jean-Jacques 67, 72, 134
Russland 31, 166 f., 169, 174, 193
Russlandfeldzug 168 f., 171

Säkularisation 160, 162 f., 170 f.
Sansculotten 147
Schreckensherrschaft 147 f.
Schule 64, 67, 82 f., 98, 100, 126, 131, 165
Schutzzoll 18
Sonnenkönig, s. Ludwig XIV.
Spanien 23, 40 f., 111, 166, 169, 204
Spanischer Erbfolgekrieg 23, 206
Staat 8, 11 f., 18, 26 f., 30 f., 34 f., 37 ff., 48 f., 56, 67 ff., 72, 74, 80, 82, 88, 118, 125 f., 140, 155, 164, 175, 179, 184 f.
Staatenbund 175, 177, 184
Staatsstreich 154, 170 f.
Stand, Stände 8, 10, 28, 46, 52 f., 76, 127, 132 f., 135–139, 141, 180, 193, 195

Stehendes Heer 11, 22, 49
Stein von Rosette 154
Steuer 132
Studenten 177 ff. 188, 203

Terror 148, 150
Tuilerien 146

Universität(en) 72, 99, 178, 199
Unternehmer 185, 187
USA (Vereinigte Staaten von Amerika) 122–131

Varnhagen, Rahel 104 f.
Verfassung 28, 72, 125 ff., 137 f., 140 f., 146, 148, 151 ff., 164, 171, 174, 177, 179 f., 188, 192–198, 203
Versailles 6, 14 ff., 19, 23, 49, 58, 133, 136, 141
Völkerschlacht bei Leipzig 167, 178
Volkssouveränität 67, 152

Wahl(recht) 192
Ward, Maria 100 f.
Washington, George 123, 127, 171
Wien 37, 58 f., 174, 188, 193
Wiener Kongress 173–178, 202 f.
Wilhelm von Oranien 49
Wilhelmine Markgräfin von Bayreuth 102 f.
Wirtschaft 11, 18 ff., 30, 35, 40, 49, 82, 111 f., 161
Wittelsbacher 94
Würzburg 72, 84, 86–94

Zehnt 210
Zoll, Zölle 18, 26, 111, 139, 184, 186

220

Quellenverzeichnis

12 M6 Lautemann, Wolfgang/ Schlenke, Manfred (Hg): Geschichte in Quellen, Bd. 3. München 1976. S. 451

12 M7 wie 12 M6: S. 257

12 M8 wie 12 M6: S. 426

16 M6 Ziegler, Gilette (Hg.): Der Hof Ludwigs XIV. in Augenzeugenberichten. S. 28 f.

16 M7 Krieger, H.: Materialien für den Geschichtsunterricht, Bd. IV. S. 132

16 M8 Schmitt, Eberhard/ Volkmann, Herbert (Hg): Absolutismus und Französische Revolution: zur Umgestaltung von Staat und Gesellschaft im 18. Jh., Schülerband. München 1981. S. 24

20 M6 wie 12 M6: S. 448

21 M7 wie 20 M6

24 M5 wie 12 M6: S. 522

24 M6 wie 12 M6: S. 515

25 M9 Hepp, Frieder: Medaille auf die Zerstörung Heidelbergs. Kurpfälzisches Museum Nr. 262. Heidelberg 2007.

25 M11 Die Memoiren des Herzogs von Saint-Simon, Bd. 3; hrsg. u. übers. von Sigrid von Massenbach. Frankfurt/M. o. J. S. 338

28 M4 Pufendorf, Samuel von: Die Verfassung des deutschen Reiches. Stuttgart 1994. S. 106 f.

32 M6 wie 12 M6: S. 671

33 M10 wie 12 M6: S. 590 f.

36 M6 Friedrich II. von Preußen: Das Politische Testament von 1752. Übers. von Friedrich von Oppeln-Bronikowski. Stuttgart 1987. S. 2 f.

37 M7 Volz, Gustav Bertold (Hg.): Friedrich der Große im Spiegel seiner Zeit, Bd. 2. Berlin 1902. S. 208 f.

37 M10 wie 12 M6: S. 650 f.

38 M1 wie 36 M6: S. 52 ff.

42 M4 Marx, Karl: Das Kapital. Berlin 1957. S. 753 f.

42 M5 Farrington, Anthony: Trading Places: The East India Trading Company an Asia 1600-1834. London, 2002. (übersetzt)

43 M8 Navigationsakte des englischen Parlaments vom 9.10.1651; zit. n.: Ranke, Leopold von: Geschichte Englands, Bd. 1. New York 1889. S. 84.

46 M5 Magedant, Udo: Englands Weg zum Parlamentarismus. Frankfurt/M. 1977. S. 52.

46 M6 Quellen zur Neueren Geschichte. Heft 16. Bern 1951. S. 28 ff.

54 M5 Descartes, René: Discours de la méthode, 1637; zit. n.: Erben, Dietrich: Die Kunst des Barock. München 2008. S. 64.

64 M5 Kant, Immanuel: Was ist Aufklärung. Berlinische Monatsschrift, Bd. 4. Dezember 1784. S. 481

65 M11 Condorcet, Jean Antoine Nicolas de Caritat de: Entwurf einer historischen Darstellung der Fortschritte des menschlichen Geistes. Hrsg. und übers. von Wilhelm Alff in Zusammenarbeit mit Hermann Schweppenhäuser. Frankfurt/M. 1963. S 371

68 M6 Hobbes, Thomas: Grundzüge der Philosophie. Zweiter und dritter Teil: Lehre vom Menschen und Bürger. In Ausw. übers. u. hrsg. von Max Frischeisen-Köhler. Leipzig 1918. S. 79–90.

68 M7 Locke, John: Über die Regierung (The second treatise of government). Hrsg. von Peter Cornelius Mayer-Tasch, übers. von Dorothee Tidow. Stuttgart 1980.

69 M8 Montesquieu, Charles-Louis de Secondat, Baron de la Brède et de: Vom Geist der Gesetze. Auswahl, Übersetzung und Einleitung von Kurt Weigand. Stuttgart 1993. S. 100 ff. und 216 ff.

69 M9 wie 68 M7: S. 166–170

74 M6 Friedrich II. von Preußen: Regierungsformen und Herrscherpflichten; zit. n.: Neuhaus, Helmut (Hg.): Deutsche Geschichte in Quellen und Darstellung. Bd. 5: Zeitalter des Absolutismus 1648–1789. Stuttgart 1997. S. 232 f.

74 M7 Volz, Gustav Berthold: Die Werke Friedrich des Großen in deutscher Übersetzung, Bd. 7. S. 11

75 M8 Friedrich II. von Preußen: Das Politische Testament von 1752. Übers. von Friedrich von Oppeln-Bronikowski. Stuttgart 1987. S. 44 f.

78 M7 Dülmen, Richard van: Kultur und Alltag in der Frühen Neuzeit, Bd. 2. München 1990. S. 179

78 M9 wie 78 M7: S. 69 f.

79 M11 wie 78 M7: S. 37 f.

79 M12 wie 78 M7: S. 38 f.

81 M3 wie 78 M7: S. 212 f.

83 M3 Gräf, Holger Thomas/Pröve, Ralf: Wege ins Ungewisse. Eine Kulturgeschichte des Reisens 1500–1800. Frankfurt/M. 2001. S. 19

90 M7 Erben, Marianne: Das kleine Buch der Würzburger Residenz. Würzburg 1991. S. 8

91 M11 Mayer, Johann Prokop: Pomona Frankonia, 3 Bde., Nürnberg 1776–1801; zit. n.: Hofgarten Würzburg, Kurzführer mit Gartenplan. Hrsg. von der Bayerischen Verwaltung der staatlichen Schlösser, Gärten und Seen. München 2006.

93 M3 wie 90 M7: S. 38

99 M2 Dülmen, Andrea van (Hg.): Frauenleben im 18. Jahrhundert. München 1992. S. 249 f.

99 M4 Goethe, Johann Wolfgang von: Hermann und Dorothea, 2. Gesang, V. 169–179

101 M3 Wetter, Immolata: Mary Ward. Aschaffenburg 1985. S. 35 f.

101 M5 Wetter, Immolata: Schulungsbriefe. Annäherungen an Maria Ward mit ausgewählten Quellentexten. Augsburg 2005. S. 78 f.

103 M3 Müller, Friedrich Ludwig: Die Markgräfin. Aus dem Leben der preußischen Prinzessin Wilhelmine. Bonn 2003. S. 84

105 M3 Hoffmann, Gabriele: Frauen machen Geschichte. Von Kaiserin Theophanu bis Rosa Luxemburg. Bergisch Gladbach 1995. S. 277

Quellenverzeichnis

105 wie 105 M3: S. 275

112 M3 Weber, Max: Askese und kapitalistischer Geist; zit. n.: Weltgeschichte im Aufriss: Industrielle Revolution und soziale Frage. Hrsg. v. Werner Ripper. Frankfurt/M. 1977. S. 23 f.

112 M4 Treue, Wilhelm: Quellen zur Geschichte der Industriellen Revolution. Göttingen 1966. S. 163 ff.

113 M8 Douglas, D.C. (Hg.): English Historical Documents XI. London 1959; zit. n.: Grütter, Werner/ Lottes, Günther (Hg.): Zeiten und Menschen. Ausgabe Q. Quellen, Bd. 5: Die Industrielle Revolution. Paderborn 1982. S. 69 f.

116 M7 Verbreitung der Dampfmaschine. Mitgeteilt in den Verhandlungen des Vereins zur Beförderung des Gewerbefleißes in Preußen, Band I. 1822

117 M10 Landshut, Siegfried (Hg.): Das Zeitalter der Gleichheit. Auswahl aus dem Gesamtwerk von Alexis de Tocqueville. Stuttgart 1954, S. 245 ff.

120 M6 www.mayflowerhistory.com/PrimarySources/MayflowerCompact.php (Stand: 12.11.09, übersetzt)

120 M7 http://www.hdbg.de/auswanderung/docs/ausw_lhr-rosenheim2.pdf (Stand: 10.11.2009), S. 19

121 M9 wie 120 M7: S. 21

121 M10 Sammlung der kurpfalzbayerischen Landesverordnungen von G. Meyr vom Jahr 1784, II 1208. Nr. 20

125 M8 www.archives.gov/exhibits/charters/declaration_transcript.html (Stand: 18.10.2009)

125 M10 Bromme, Traugott: Die Verfassungen der Vereinigten Staaten von Nord-Amerika. Stuttgart 1849.

127 M4 www.usconstitution.net/dream.html (Stand: 18.10.2009)

131 M8 www.ilo169.de/index.php?option=content&task=view&id=20&Itemid=31 (Stand: 11.11.09)

134 M6 Fitzek, Alfons: Staatsanschauungen im Wandel der Jahrhunderte II. Paderborn 1977. S. 87 f.

138 M5 Paschold, Chris E./ Gier, Albert (Hg.): Die Französische Revolution. Ein Lesebuch mit zeitgenössischen Berichten und Dokumenten. Stuttgart 1989. S. 70

139 M6 wie 138 M5: S. 80

143 M7 wie 138 M5: S. 185

149 M7 Die Marseillaise; zit. n.: Pandel, Hans-Jürgen (Hg.): Geschichte konkret 2. Braunschweig 2004. S. 188

150 M8 wie 138 M5: S. 356

150 M9 Robespierre, Maximilien: Ausgewählte Texte. Hamburg 1971. S. 587 f. und S. 594 f.

153 M4 a) Paine, Thomas: Rights of Man. 1. Teil, Februar 1791; in: Common Sense and Other Political Writings. New York, 1953. S. 95 ff.
b) Maistre, Joseph de: Considérations sur la France. Ausgabe von Johannet und Vermale. Paris 1936. S. 56 ff.
c) Arndt, Ernst Moritz: Geist der Zeit, Bd. 1. Berlin 1806. S. 172 ff.

156 M7 Weis, Eberhard: Propyläen-Geschichte Europas, Bd. 4: Der Durchbruch des Bürgertums. Berlin 1981. S. 225 f.

156 M8 Napoleon Bonaparte: Die Memoiren seines Lebens, Bd. 1. Hrsg. von Friedrich Wencker-Wildenberg in Verbindung mit Friedrich M. Kircheisen. Wien/Hamburg/Zürich 1930/31. S. 25

157 M9 Code civil, deutsche Ausgabe von 1808, S. 30–38

157 M10 Standesamt Freilassing: Leitfaden für Eltern (Informationsblatt). Freilassing 2009

162 M4 Heimatverein Eschenbach e.V. (Hg.): Eschenbach und Speinshart – eine Chronik in alten Bildern. Weiden 1984. S. 132

163 M6 Denkwürdigkeiten des Bayerischen Staatsministers Maximilian Grafen von Montgelas, übers. von M. v. Freyberg-Eisenberg. Stuttgart 1887. S. 142

165 M4 Maximilian I. Joseph: Allerhöchste Verordnung vom 23. Dezember 1802.

168 M6 Kleßmann, Eckart (Hg.): Deutschland unter Napoleon in Augenzeugenberichten. München 1982. S. 398

168 M7 Körner, Theodor: Brief vom 10.03.1813; zit. n.: Wendler-Steinberg, Augusta (Hg.): Körner. Werke. o. J.

177 M6 Müller, Rainer A. (Hg.): Deutsche Geschichte in Quellen und Darstellungen. Bd. 7: Vom Deutschen Bund zum Kaiserreich 1815–1871. Stuttgart 1997. S. 55 f.

177 M7 Winkler, Heinrich August: Der lange Weg nach Westen. Deutsche Geschichte vom Ende des Alten Reiches bis zum Untergang der Weimarer Republik. 5. Auflage. München 2002. S. 71 ff.

180 M6 wie 177 M6: S. 66 ff.

180 M7 wie 177 M6: S. 71 ff.

180 M8 www.bundestag.de/dokumente/rechtsgrundlagen/grundgesetz/gg_01.html (Stand: 11.11.09)

181 M9 Kermann, Joachim (Hg.): Texte zur Landesgeschichte: Das Hambacher Fest. Speyer 1981.

181 M12 Scheffel, Victor von: „Des Biedermanns Abendgemütlichkeit" (1848); zit. n.: Durchblick 7/8. Realschule Niedersachsen. Braunschweig 2004. S. 105 f.

186 M5 Salin, Eduard, u.a. (Hg.): Friedrich List. Schriften, Reden und Briefe, Bd. 5. Berlin 1927–1935. S. 50

187 M8 Zeitschrift „Hermann" Nr. 26, 30.3.1825

190 M5 Schildt, Gerhard: Aufbruch aus der Behaglichkeit. Braunschweig 1989. S. 33 f.

190 M7 Inschrift einer Bauernstube in Ratzenried/Oberschwaben;

zit. n.: Zeit für Geschichte Bd. 3. Ausgabe G 8. Braunschweig 2006. S. 149

190 M9 Flugblatt vom 07.03.1848. Wiedergabe der in einer Versammlung „Unter den Zelten", Berlin Tiergarten, augestellten Forderung der Bürgerschaft an den König vom 7.3.1848. Ullstein Bild. Bildnr. 00013062

190 M10 Schurz, Carl: Lebenserinnerungen, Bd. 1. Berlin 1906. S. 123 f.

191 M12 Lautemann, Wolfgang/ Schlenke, Manfred (Hg.): Geschichte in Quellen, Bd. 5. München 1980. S. 154

191 M13 wie 177 M6: S. 266 f.

195 M7 wie 177 M6: S. 326 ff.

195 M8 www.bundestag.de/dokumente/rechtsgrundlagen/grundgesetz/gg_01.html (Stand: 11.11.2009); durch den Autor gekürzte Fassung

197 M4 Ranke, Leopold von: Briefwechsel Wilhelms IV. mit Bunsen. o. A., 1873. S. 233 f.

197 M6 www.bundespraesident. de/Reden-und-Interviews/ Reden-Roman-Herzog-,11072.12051/Rede-von-Bundespraesident-Roma. htm?global.back=/Reden-und-Interviews/-%2C11072%2C2/ Reden-Roman-Herzog. htm%3Flink%3Dbpr_liste (Stand: 11.11.09)

208 M6 Decker, G. und A.: Lebensverhältnisse im 16., 17. und 18. Jahrhundert. Stuttgart 1982. S. 84–86

208 M7 Junkelmann, M.: Das greulichste Spectaculum – Die Schlacht von Höchstädt 1704; in: Hefte zur bayerischen Geschichte und Kultur, Bd. 30. Augsburg 2004. S. 66

209 M8 wie 208 M7: S. 68 f.

212 M5 Bräker, Ulrich: Lebensgeschichte und natürliche Abenteuer des Armen Mannes im Tockenburg. Stuttgart 1976. S. 162

212 M6 Rohr, Julius Bernhard von: Vollständiges Hauswirtschaftsbuch. Leipzig 1772. S. 133 f.

212 M7 www.another-view-on-history.de/2008/03/24/friedrich-ii-der-grose-kartoffelbefehl-24-marz-1756/ (Stand: 11.11.09)

213 M10 Dülmen, Richard van: Kultur und Alltag in der Frühen Neuzeit, Bd. 1: Das Haus und seine Menschen im 16.–18. Jh. München 1999. S. 69

Bildverzeichnis

A1PIX, Taufkirchen: 50/51 (H), 95 M5, 201 M10 (TOF)

akg images, Berlin: Rückentitel, 10 M1 (J. da Cunha), 10 M2, 12 M5, 15 M4 (CDA/Guillernot), 17 M10 (E. Lessing), 22 M1, 26 M1, 33 M9, 36 M5, 45 M3 (Rabatti-Domingie), 48 C (E. Lessing), 48 H (Rabatti-Domingie), 51 u.re., 52 M1, 53 M3 (E. Lessing), 53 M4 (Nimatallah), 55 M10 o., u.li. + u.re. (E. Lessing), 56 M1 (British Library), 57 M4 (E. Lessing), 58 M5 o., 62 M1 + M2, 63 M3, 63 M4 (E. Lessing), 66 M1 + M2, 67 M3 (E. Lessing), 73 M3 (SMB/Alte Nationalgalerie), 73 M4, 77 M3, 80 M1, 83 M5, 86 u.li. + 87 o.re. (Bildarchiv Monheim), 88 M2 (Bildarchiv Steffens), 89 M4 + 90 M8 + 91 M9 (Bildarchiv Monheim), 92 M1 (E. Lessing), 96/97, 101 M3, 103 M4, 103 M5 (E. Lessing), 109 o., u.li. + u.re., 110 M1 + M2, 114 M1, 115 M4, 116 M7 + M8, 117 M9, 122 M1 + M2 (North Wind Picture Archives), 123 M4, 128 M2, 132 M1, 132 M2 + 133 M3 (E. Lessing), 133 M4, 134 M5, 137 M2, 139 M7, 141 M3 + M5, 142 M6, 146 M1, 146 M2 (E. Lessing), 147 M4 re., 150 M10, 151 M11, 154 M1, 154 M2 (VISIOARS), 155 M3, 156 M5, 157 M11 (L. Lecat), 158 M1 + M2 (E. Lessing), 161 M2, 164 M2, 172/173, 172 o., 174 M1, 176 M4, 178 M1, 185 M4, 189 M3, 192 M1, 196 M2, 204 u., 205 o., 206 M1 (P.M.R. Maeyaert), 210 M2, 211 M3 + M4

all-five.de, Berlin: 198 M1

AP Photo, Frankfurt/M.: 124 M7 (C. Dharapak)

argus, Hamburg: 200 M6 (Frischmuth)

Artothek, Weilheim: 99 M3 (Blauel), 164 M1

artur architekturbilder agentur, Essen: 59 M6 o.re. (B. Staubach)

Bayerische Staatsbibliothek, München: 28 M5 (Reichstagssitzung Einbl. XI, 189)

Bayerische Verwaltung der staatlichen Schlösser, Gärten und Seen, München: 91 M11, 102 M1, 209 M10 + M11 (U. Pfeuffer)

Bibliothèque nationale de France, Paris: 13 M10, 143 M8, 152 M1

Bildagentur Schapowalow, Hamburg: 7 o. (R. Harding), 60 M1 (Huber)

Bildarchiv Preußischer Kulturbesitz, Berlin: 11 M3 (RMN/G. Blot), 14 M1 (RMN/C.Jean/ J. Schormans), 15 M3 (RMN), 18 M1 (RMN), 27 M2 (Staatliche Kunstsammlungen, Dresden/ J. Karpinski), 31 M3 + M4 (SPSG), 35 M2 (SPSG), 38 M2 (SPSG), 48 A (RMN), 48 D + G (SPSG), 74 M5, 82 M2, 83 M4 (H. Buresch), 88 M1 (SMB/ Kunstbibliothek), 94 M1 (SMB/ Skulpturensammlung und Museum für Byzantinische Kunst/ A. Voigt), 104 M1, 105 M5, 141 M4 (SMB/Kunstbiliothek/K. Petersen), 151 M13, 156 M6 (RMN/R.-G. Ojéda), 167 M3 (Albertina, Wien), 177 M5 (SBB), 181 M11 (Bayerische Staatsbibliothek), 181 M13 (L. Braun), 182 M2, 187 M11, 188 M2, 189 M4 (D. Katz), 190 M6 + M8, 191 M11 + M14, 192 M2 (D. Katz), 193 M3 (SBB/R. Schacht), 196 M1, 197 M3 + M5, 198 M2, 204/205 (J. Liepe)

Bildarchiv Steffens, Mainz: 123 M3 (R. Bauer)

Bridgeman Art Library, London: 7 u.re., 43 M9 (© Bristol City Museum and Art Gallery), 137 M3 (Giraudon), 147 M4 li., 148 M5 (Musee de la Revlution Francaise, Vizille), 151 M12, 206 M3 (National Army Museum, London)

223

Bildverzeichnis

CORBIS, Düsseldorf: 54 M6 (Atlantide Phototravel), 131 M10 (R. Gehmann)
Creativ Team Friedel & Bertsch, Heilbronn: 180 M9

Das Fotoarchiv, Essen: 200 M7 (T. Krüger)
ddp, Berlin: 209 M9 (J. Koch)
Deutsches Historisches Museum, Berlin: 38 M3, 45 M4, 75 M9, 155 M4, 185 M3

Elmar Hahn Verlag, Veitshöchheim: 92 M2, 93 M4

F1online, Frankfurt/M.: 118 M1 (Tips Images)
Fly-FOTO.de, Kandel: 24 M8 (W. Riehm)
Fotolia.com: 19 M4 (D. Davis), 23 M3 (Ionesufer), 86/87 (Werner-Hilpert), 108 o. (PB)

Germanisches Nationalmuseum, Nürnberg: 182 M1
Getty Images, München: 42 M7 (National Geographic/C. Coulson), 126 M1 (W.T. Cain)
Geus, E., Gochsheim: 8 M1–M3, 30 M1, 199 M4
Graf von Moy, Stepperg: 168 M5
Güttler, Berlin: 6 u.

Historisches Museum der Stadt Wien: 174 M2
Historisches Museum Frankfurt/M.: 81 M5 (H. Ziegenfusz)
Höpfner, C., Stettfeld: 19 M5, 50 u.

imago, Berlin: 6/7 (GranAngular), INTERFOTO, München: Titel (mova), 120 M5 (Illustrated London News Ltd/Mary Evans), 166 M2 (Mary Evans Picture Library), 167 M4 (Karger/Decker)
Intro:, Berlin: 201 M11 (S. Kiefer)

Kapuzinergruft, Wien: 37 M9
Kaupp, R., Dieburg: 178 M2
Kečkeš, P. jun., CZ-As: 212 M8
Kinkelin, Worms: 20 M8
Kreisstadt Saarlouis: 25 M10
Kunstsammlungen der Veste Coburg: 208 M5
Kurpfälzisches Museum der Stadt Heidelberg: 23 M4

Langner + Partner, Hemmingen: 140 M2

Markt Aidenbach: 207 M4
Mary Evans Picture Library, London: 40 M1, 48 F
mauritius images, Mittenwald: 58 M5 u. (Westend61), 59 M6 o.li. (imagebroker/G. Zwerger), 94 M4 (imagebroker/C. Handl), 199 M3 (F. Hollweck)
Müller, B., Bartensleben: 187 M9
Musée de la Ville, Paris: 147 M3
Museen der Stadt Bamberg: 98 M1
Museo Nacional del Prado, Madrid: 166 M1
Museum für Hamburgische Geschichte, Hamburg: 77 M5
Museum für Post und Kommunikation, Frankfurt/M.: 82 M1
Musiol, J., Braunschweig: 100 M1

Oster, K., Mettmann: 36 M4

Pfannenschmidt, D., Hannover: 78 M6
Picture Alliance, Frankfurt/M.: 33 M11 (akg-images), 54 M9 (akg-images), 67 M4 (akg-images), 126 M2 (akg-images), 136 M1 (L. Chamussy/Witt/SIPA), 179 M4 (akg-images)

SCALA, Florenz: 89 M3, 93 M5
Schwarzstein, J., Hannover: 135 M7
SLUB Sächsische Landesbibliothek, Dresden: 187 M10 (Deutsche Fotothek)
Staatliche Kunstsammlungen, Dresden: 210 M1 (Kupferstichkabinett)
Staatliche Münzsammlung, München: 163 M7
Staats- und Stadtbibliothek, Augsburg: 29 M7 (Sign. 2 Lw Einblattdrucke nach 1500-140)
Staatsarchiv Nürnberg: 76 M2
Stadtarchiv Regensburg: 80 M2
Stadtmuseum Neustadt: 179 M5
Stepper, R., Bildach: 102 M2

The Art Archive: 35 M3 + 48 E (Historisches Museum, Wien/G. Dagli Orti)
Tonn, D., Bovenden: 28 M6, 42 M6, 48/49, 64 M6, 68 M5, 70 o. + u., 84/85 o., 90 M5, 125 M9, 170/171 o., 194 M5, 202/203 o.

ullstein bild, Berlin: 37 M8 (Imagno), 44 M1 (SIPA), 44 M2 + 48 B (Granger Collection), 72 M1 (CARO/Muhs), 72 M2 (Imagebroker.net), 169 M8 (Archiv Gerstenberg), 173 u. (CARO/Muhs), 179 M3, 186 M6 (CARO/Westermann), 188 M1 (Imagebroker.net) 200 M5 (Archiv Gerstenberg), 201 M8 (Schnürer), 201 M9 (W. Otto)

vario images, Bonn: 7 u.li., 95 M3
Verkehrsmuseum, Nürnberg: 115 M3

Weippert, M. Estenfeld: 52 M2, 61 M3, 86 o.li., 95 M6

alle übrigen Karten und Schaubilder: Westermann Kartographie/Technisch Graphische Anstalt, Braunschweig